基于DEA的方向规模收益测度研究

杨国梁　刘文斌　著

科学出版社
北京

内 容 简 介

本书主要聚焦于 DEA 框架下的规模收益和方向规模收益分析方法。本书研究工作的创新点为将经济学中规模收益的概念通过引入方向因子扩展为方向规模收益、通过 DEA 模拟前沿生产函数，并将方向规模收益的概念引入 DEA 框架中，在现有 DEA 框架下以科研机构为例，测度方向规模收益和方向规模弹性、最优投入方向及方向阻塞效应。本书的研究成果适用于真实的数据，可以比现有其他方法提供更丰富的信息。

本书可为相关领域的研究人员、高校教师、研究生和相关的实践者提供参考。

图书在版编目(CIP)数据

基于 DEA 的方向规模收益测度研究 / 杨国梁，刘文斌著．—北京：科学出版社，2021.6

ISBN 978-7-03-068746-3

Ⅰ．①基… Ⅱ．①杨… ②刘… Ⅲ．①收益-研究 Ⅳ．①F014.4

中国版本图书馆 CIP 数据核字(2021)第 086210 号

责任编辑：杨逢渤 / 责任校对：樊雅琼

责任印制：吴兆东 / 封面设计：无极书装

科学出版社 出版

北京东黄城根北街 16 号

邮政编码：100717

http://www.sciencep.com

北京凌奇印刷有限责任公司 印刷

科学出版社发行 各地新华书店经销

*

2021 年 6 月第 一 版 开本：787×1092 1/16

2023 年 3 月第三次印刷 印张：12

字数：285 000

定价：148.00 元

（如有印装质量问题，我社负责调换）

前　言

数据包络分析(data envelopment analysis,DEA)方法是运筹学、经济学与统计学交叉研究的一个新领域。DEA 方法的基本思想是根据多项投入指标和多项产出指标,基于结构化的数据,利用线性规划的方法,对具有可比性的同类型单位进行相对有效性评价。DEA 方法是 Charnes 等于 1978 年提出的基于投入产出数据的相对有效性评价方法。DEA 方法的基本思想起源于 Farrell 在 1957 年对生产率的研究,DEA 方法主要应用于投入产出效率评价、全要素生产率分析、生产函数构建及组织标杆设定等领域,在公共管理、企业管理及科技管理等领域有着广泛的应用前景。

本书主要研究内容是将经济学中规模收益的概念通过引入方向因子扩展为方向规模收益(包含方向阻塞),并在现有 DEA 框架下以科研机构为案例进行。具体包括:

其一,提出方向规模收益的概念,解决规模收益经济学定义与生产活动实际情况之间的偏差问题。经济学中传统规模收益的定义是生产要素按相同比例变化而引起产出的变化率(径向变化)。但多投入多产出的非传统生产过程(如公共部门)往往不是按相同比例扩张各类投入要素。在这种情况下,如何描述生产过程规模变化过程中的规模收益情况是一个重要的问题。针对这种现象,第 4 章在帕累托(Pareto)偏好下,从全局和局部视角,通过引入投入和产出的方向因子定义方向规模收益和方向规模弹性的概念,并给出具体函数表达。当投入和产出的方向因子均为径向时,方向规模收益和方向规模弹性与经济学中传统定义完全相同。

其二,解决现有 DEA 框架下方向规模收益和方向规模弹性的估算问题。第 5 章通过 DEA 方法模拟被评对象生产函数,并将方向规模收益的概念引入 DEA 框架中,提出被评对象方向规模收益的分析方法,包括:①采用方向规模收益的思想，扩展DEA方法框架下规模收益的概念，并给出被评对象在指定方向上的方向规模收益分析方法和方向规模弹性的定量表达。通过DEA方法对决策单元（decision making unit，DMU）规模收益进行测度，DMU单元分为两类：一类是前沿面上的DMU单元（指强有效DMU单元）的规模收益情况（可变规模收益假定下）；另一类是生产可能集内部的DMU单元（含弱有效DMU单元）的规模收益情况。通过DMU单元在前沿面上的投影点的位置，并根据投影点的规模收益情况，可推断生产可能集内部的DMU单元的规模收益情况。本书采用有限差分法和上下界方法从不同角度进行研究，并最终得到相应的方向规模收益的判定程序。根据方向规模收益的分析结果，将投入可能区域划分成方向规模收益递增区、递减区和不变区。不同投入要素按不同比例变化，被评对象方向规模收益可能有所不同。②基于指定方向上的方向规模收益情况，研究提出被评对象规模变化的最优投入方向的分析方法。第5章讨论了DEA框架下如何确定在指定方向上的方向规模收益和方向规模弹性的问题。随之而来的问题是如果需要增加（减少）被评对象的规模，那么其最优投入方向是什么？沿什么方向增加（减少）投入，可以最优提升被评对象的规模效率？第6章回答被评对象最优投入方向的问题，给出了前沿面上的DMU单元（含投影点）的方向规模弹性与最优投入方向的分析方法。③研究提出方向规模收益与阻塞效应的关系。当投入超过一定的界限后，其平均投入产出率有可能会趋于下降，此时称为规模收益递减。如果进一步增加投入，甚至有可能导致阻塞效应，即随着投入的增加，产出反而下降。第7章探讨方向规模收益与阻塞之间的关系，以及如何判断DMU单元发生了阻塞效应，提出方向阻塞的概念，并通过有限差分法和上下界方法从不同角度进行了研究，并对方向阻塞与传统的强阻塞和弱阻塞之间的关系给出了证明。

其三，第8章采用中国科学院生物领域研究所相关投入产出数据，对各研究所相对效率进行分析，同时针对部分研究所进行了方向规模收益和方向阻塞效应分析。分析结果显示，采用以上方法得出的研究成果适用于真实的数据，可以提供比现有方法更丰富的信息。

本书主要研究内容的构思发端于2010年前后，经反复思考、研究及修正，距今历时约10年，方始完成书稿并付梓。囿于时间与能力，本书内容难免存在不足和疏漏，但作者仍力图准确翔实地展示相关研究成果，旨在抛砖引玉，力争为广大读者提供一些参考和借鉴，或能启发一点灵感。最后需要提出的是，本书研究内容得到国家自然科学基金（71201158）的支持，作者在此对国家自然科学基金委员会及对本书研究过程中所有给予指导和帮助的各位专家表示诚挚的感谢和崇高的敬意。

杨国梁　中国科学院科技战略咨询研究院　研究员
刘文斌　北京师范大学–香港浸会大学联合国际学院　教授
2020 年 11 月 16 日

目　录

第1章　绪　　论

1.1　研究背景与意义

科学政策的首要目的,一是确保得到公共资金支持的科学研究的诚信,二是确保此类科学研究的产出率(古斯顿,2010)。美国政府投资于科学,其产生的益处或者价值是什么？这个问题存在于美国所有时期的科学政策中。针对这个问题,19 世纪 80 年代,美国政府关注的是受资助研究的经济价值。但是在 20 世纪 70 年代后期经济不振之后,美国政府开始关注怎样提升受其资助的科学研究所产生的经济结果,即产出率。同时,随着科学变得不那么特殊,并越来越与公共政策的其他领域一样,美国科学研究机构与其他机构一道,都归入了 1993 年美国国会颁布的《政府绩效与结果法案》(*Government Performance and Results Act*, GPRA)的适用范围之内。GPRA 法案以立法的形式确立了对政府的行政机构和科研机构进行绩效评估的制度,旨在提高绩效、加强管理。GPRA 法案的颁布实施有其历史的延续性。20 世纪 60 年代,美国的计划项目预算系统(Planning-Programming-Budgeting System, PPBS)重点强调项目管理和预算的计划性;70 年代,它被目标管理(management by objective)和零基预算(zero-base budget)所取代;80 年代,在目标管理和零基预算的基础上,美国政府在预算管理中更加强调三个动机:一是提高效率;二是质量管理;三是目标管理。更好地提高效率和更好地测量效率和效果是美国政府颁布实施 GPRA 的重要原因。由此可见,美国政府对于联邦科研机构的管理理念是将科技作为生产力进行管理的。

科学政策是科技政策的一部分。21 世纪之前,美国科技政策研究缺乏足够的系统性和科学性,难以支撑政府做出最佳的科技投资决策,因此美国政府于

2005 年提出了发展科技政策方法学(science of science policy,SoSP)的倡议,将科技政策研究作为一门新兴交叉学科进行发展,重点是开展定量化、可视化、逻辑化的方法和工具的研究,搭建科技数据的挖掘和展示平台,将 SoSP 作为建立美国政府"基于证据的决策系统"的重要举措。SoSP 致力于为政府科技政策提供定量化的数据基础、方法和工具,帮助政策制定者更好地理解科技创新活动的规律,并开展对科技事业的评价。

2008 年 9 月,金融危机爆发并席卷全球,美国、欧洲、日本等主要经济体陷入全面衰退状态。经过美国国会参议院和众议院内部激烈辩论以及国会与奥巴马政府多次的协商后,基于凯恩斯主义经济学理论,2009 年 2 月 13 日美国第 111 次国会上众议院和参议院通过了总额为 7870 亿美元的"一揽子"刺激经济复苏的方案,即《2009 年美国复苏与再投资法案》(*The American Recovery and Reinvestment Act of* 2009,ARRA)[①]。ARRA 法案涉及的 7870 亿美元中有约 76 亿美元直接投资于科学研究[①]。Ehrenberg 和 Smith(2005)采用生产函数模型研究科学投资如何创造就业岗位的问题。Goldston(2009)则指出,美国政府投资于科学是基于科学研究可以很快创造更有竞争力的公司和更多更好的工作岗位。例如,美国信息技术与创新基金会(Information Technology and Innovation Foundation,ITIF)的一份报告指出,200 亿美元的科研投入可以每年新增(维持)约 402 000 个工作岗位。Mervis(2009)和 Hand(2009)指出在金融危机中,美国政府投资科学研究可以促进经济增长以及创造就业岗位。ARRA 法案中 76 亿美元直接投资于科学研究便是基于这一理念。此外,奥巴马竞选总统的承诺包括使政府工作流程合理化、削减政府开支、提高政府工作效率[②]。由于 GPRA 法案和 ARRA 法案的要求及其竞选承诺,奥巴马政府面临向公众展示 ARRA 法案中用于科学研究的资金如何对美国经济社会产生影响,特别是如何保留并创造工作机会及促进经济复苏。

根据 GPRA 法案和 ARRA 法案的要求,为了满足向公众展示科学研究的资金如何对美国经济社会产生影响的需要,在 SoSP 框架下,美国政府发起了 STAR METRICS 项目,旨在通过政府和研究机构之间的合作,创建跨部门共享的数据

---

① http://en.wikipedia.org/wiki/American_Recovery_and_Reinvestment_Act_of_2009[2012-05-01].

② http://www.balancedscorecard.org/BSCResources/GovernmentPerformance/tabid/377/Default.aspx[2012-05-01].

库以及数据展示工具,从而从定量角度对联邦 R&D 投入的影响进行展示与评价。

STAR METRICS 项目是“美国再投资中的科学技术:测度研究对创新、竞争力和科学的影响”(Science and Technology for America's Reinvestment: Measuring the Effect of Research on Innovation, Competitiveness and Science)的简称。此项目在美国科技政策办公室(Office of Science and Technology Policy, OSTP)的指导下,由美国国立卫生研究院(National Institutes of Health, NIH)负责改为美国国立卫生研究院和美国国家科学基金会(National Science Foundation, NSF)共同牵头负责,其目标是由联邦政府、资助机构与大学合作开发一个基于实证的框架来测度科研投资的效果,向公众展示科研投资的收益,并组织大学和资助机构共同构建一个支撑该框架的开放式的数据基础(Lane, 2009, 2010; Lane and Bertuzzi, 2011)。正如美国科技政策办公室(Office of Science and Technology Policy, OSTP)主任 John P. Holdren 所指出的:有必要用可靠的证据展示美国在研究与开发活动上的投资所获得的收益,STAR METRICS 项目就是其中重要的组成部分。

首先,STAR METRICS 项目将创造一个跨部门的机制对联邦资金资助的研究机构的科学家及支撑人员的人数做出解释;其次,STAR METRICS 项目将基于这些信息,构建科技对经济效益的影响的测度方法(如创造就业岗位),更好地测度科学研究成效(如通过引用和专利来测度新科学的产生和接受),以及测度科研投资的社会效益(如公共健康方面);最后,STAR METRICS 项目将开发和扩展现有的研究工具,同时将对资助机构和受资助方的负担降至最低。在项目进行的过程中,各方面的利益相关者将对项目进展的成效不断进行评估。值得一提的是,STAR METRICS 项目还有一个特色是项目初期阶段由项目负责人(principal investigator, PI)与大学相关人员自愿报名参加并形成的项目工作组。STAR METRICS 项目的产出形式包括三类:一是科学投资在就业岗位的保留和创造方面的标准测度方法;二是科学投资对经济、科学和社会的长期影响的系统、标准和有效的测度方法;三是形成科技政策方法学研究共同体。STAR METRICS 项目的终极目标是构建一个成熟的研究领域、联邦政策层面成熟的分析工具集合(将科技政策提升到和税收政策一样的层面),构建科研资助机构和大学共享的科研管理数据平台以及科技政策研究者共享的政策研究数据平台①。其中,科研机构的资源使用效率和规模收益(returns to scale,RTS)情况是重点研究内容之一。由此可见,公共科研机构的效率和规模收益情况是美国等科技发达国家重点关注的问题。

在我国,随着1995年"科教兴国"战略的提出,我国逐步加强对科学研究的投入。香港《明报》2010年11月19日报道:2000~2008年,中国研发总支出从896亿元剧增至4616亿元,年均增幅达22.8%;研发总支出占GDP的比例也从2000年的0.9%升至2008年的1.54%。《国家"十二五"科学和技术发展规划》中指出,到2015年研究与实验发展经费支出占GDP的比例要提高到2.2%。国家统计局、科技部等六部门联合发布的《第二次全国科学研究与实验发展(R&D)资源清查主要数据公报》则显示:2009年按实际工作时间计算的R&D人员全时当量达到229.1万人年,是2000年的2.5倍。联合国教育、科学及文化组织发布的《教科文组织2010年科学报告》指出,在过去的十年间,中国培养的科学与工程专业博士生数量仅次于美国,居全球第二,研究人员的数量也逐渐逼近美国和欧盟。以中国科学院为例,自1998年知识创新工程实施以来,国家加大了对中国科学院的财政支持与投入,截至2011年,国家科技教育领导小组批准,财政部会同国家发展和改革委员会核定的中国科学院试点经费超过500亿元。2011年,中国科学院"创新2020"正式全面启动,中国科学院科研经费及科研人员将在现有基础上大幅增加。在这样的背景下,国家大规模增加财政科技投入是否得到了有效利用?目前国家对机构划拨经费的体量与划拨比例是否适应机构可持续发展的要求?未来科研经费管理的重点是继续加大投入还是调整结构?各创新单元(高校、国家级科研机构等)是否达到了最优规模?各创新单元之间财政科技投入如何分配?这些问题涉及合理配置我国有限的科技资源,从而达到资源使用效率最大化,是国家宏观科技管理层面亟待了解与掌握的重要问题,是当前我国科技体制改革的重要依据之一。要回答这些问题,要先了解科研机构的科技资源使用效率及规模收益情况。由此,为了更有效地使用有限的科技资源、支撑国家宏观科技资源配置,有必要对我国科研机构的资源使用效

① http://www.cendi.gov/presentations/01_12_10_Lane_Julia.pdf[2012-05-01].

率及规模收益情况进行研究。

1.2 相关概念

1.2.1 科研机构

在界定科研机构之前，首先给出事业单位的定义。《事业单位登记管理暂行条例》2004 年修订，将事业单位定义为：国家为了社会公益目的，由国家机关举办或者其他组织利用国有资产举办的，从事教育、科技、文化、卫生等活动的社会服务组织。1999 年全国人民代表大会常务委员会第十次会议通过的《中华人民共和国公益事业捐赠法》中，公益性非营利的事业单位被定义为：依法成立的，从事公益事业的不以营利为目的的教育机构、科学研究机构、医疗卫生机构、社会公共文化机构、社会公共体育机构和社会福利机构等。成思危主编的《中国事业单位改革——模式选择与分类引导》一书中将事业单位定义为：为了社会公益目的，由各级政府、企业法人、社团人或公民个人出资，以及上述法人和自然人的某种合资形式依法举办的，依法自主运作，独立承担民事责任，从事教育、科技、卫生、体育等方面的非营利性社会服务活动的独立法人。从上述事业单位的定义中可以看出，科研机构是事业单位的重要构成部分之一。通常，科研机构是指有明确的研究方向和任务，有一定水平的学术带头人和一定数量、质量的研究人员，有开展研究工作的基本条件，长期有组织地从事研究与开发活动的机构。

1.2.2 相对效率

The problem of measuring the productive efficiency of an industry is important to both the economic theorist and the economic policy maker. If the theoretical arguments as to the relative efficiency of different economic systems are to be subjected to empirical testing, it is essential to be able to make some actual measurements of efficiency. Equally, if economic planning is to concern itself with particular industries, it is important to know how far a given industry can be expected to increase its output by simply increasing its efficiency, without absorbing further resources.

——Farrell(1957)

Farrell(1957)认为一个生产过程的效率(economic efficiency, EE)由两部分组成，即技术效率(technical efficiency, TE)和配置效率(allocative efficiency, AE)。效率又可以分为基于投入的效率和基于产出的效率。以基于投入的生产效率为例：基于投入的技术效率反映生产过程在给定产出水平的情况下使用最小投入的能力；基于投入的配置效率反映生产过程在给定产出水平的情况下采用成本最低的投入组合的能力，又被称为基于投入的价格效率(price efficiency, PE)。

图 1-1 展示了两个投入单个产出的生产过程，其中等产量线 Q 代表给定产出水平情况下两个投入(x_1 和 x_2)的最小可能组合。因此，A 点的基于投入的技术效率(TE)可以表示为 TE $= OB/OA$。然而，如果考虑两个投入的价格因素，发现最小投入可能的组合在 C 点的成本最低，即如果想达到 C 点的成本水平，需要从 B 点沿径向收缩投入到 C 点。因此，A 点基于投入的配置效率(AE)可以表示为 AE $= OD/OB$。

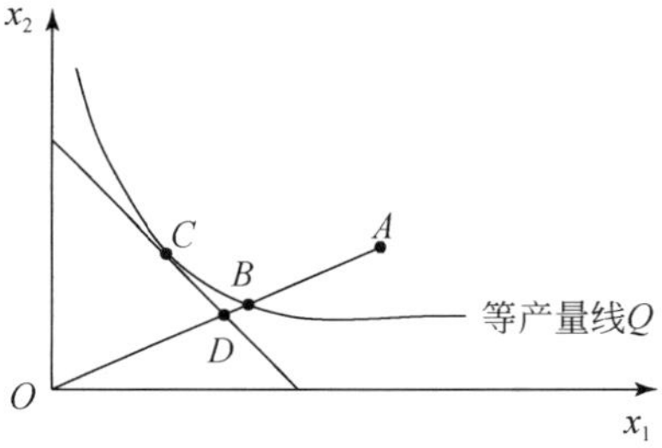

图 1-1 基于投入的技术效率和配置效率

1.2.3 规模收益

Returns to scale are technical properties of the production function. If we increase the quantity of all factors employed by the same (proportional) amount, output will increase. The question of interest is whether the resulting output will increase by the same proportion, more than proportionally, or less than proportionally. In other words, when we double all inputs, does output double, more than double or less than double? These three basic outcomes can be identified respectively as increasing returns to scale (doubling inputs more than doubles output), constant returns to scale (doubling inputs doubles output) and decreasing returns to scale (doubling inputs less than doubles output). The concept of returns to scale is as old as economics itself, although they remained anecdotal and were not carefully defined until perhaps Alfred Marshall (1890: Bk. Ⅳ, Chs. 9-13). Marshall used the concept of returns to scale to capture the idea that firms may alternatively face "economies of scale" (i. e. advantages to size) or "diseconomies of scale" (i. e. disadvantages to size). Marshall's presented an assortment of rationales for why firms may face changing returns to scale and the rationales he offered up were sometimes technical (and thus applicable in general), sometimes due to changing prices (thus only applicable to situations of imperfect competition).

——http://homepage. newschool. edu/ ~ het/essays/product/returns. htm # understanding

规模收益是组织绩效分析所关心的一个重要问题。它可以帮助决策者决策是应该扩大还是减少组织规模,从而提高组织运行的绩效。规模收益是经济学中一个经典的概念,涉及生产要素变化与产量变化之间的关系。如果生产规模的变化是所有生产要素以相同比例扩大(或减少)引起的,则规模收益关注所有投入成比例变化时产出的变化率(Pindyck and Rubinfeld,2000)。生产过程的规模收益情况有三种:①如果产量增加(减少)的比例大于生产要素增加(减少)的比例,则该生产处于规模收益递增(increasing returns to scale,IRS);②如果产量增加(减少)的比例等于生产要素增加(减少)的比例,则该生产处于规模收益不变(constant returns to scale,CRS);③如果产量增加(减少)的比例小于生产要素增加(减少)的比例,则该生产处于规模收益递减(decreasing returns to scale, DRS)。详见第3章。

1.2.4 偏好(序)

偏好是建立在方案集上的一种基本的二元关系(binary relation),用于描述决策者对方案的喜好程度。例如,方案集 A 中方案 a 优于方案 b,或方案 a 不劣于方案 b 等。下面简要介绍偏好(序)(岳超源,2003)。

1.2.4.1 基本的二元关系

(1)严格序(严格优于)“$>$”

$a>b$ 的含义为 a 优于 b。严格优于“$>$”满足传递性和非对称性,即

1)传递性:若 $a,b,c\in A$,且 $a>b,b>c$,则 $a>c$。

2)非对称性:若 $a,b\in A$,且 $a>b$,则不可能有 $b>a$。

(2)无差异“$\sim$”

$a\sim b$ 的含义是 a 无差异于 b。无差异“$\sim$”满足传递性、对称性和自反性,即

1)传递性:若 $a,b,c\in A$,且 $a\sim b,b\sim c$,则 $a\sim c$。

2)对称性:若 $a,b\in A$,且 $a\sim b$,则 $b\sim a$。

3)自反性:$\forall a\in A,a\sim a$。

(3)弱序“$\geq$”

$a\geq b$ 的含义是 a 不劣于 b,亦即 a 优于或无差异于 b。弱序“$\geq$”满足连通性、传递性、与无差异“$\sim$”和严格优于“$>$”的一致性。

1)连通性:对 $\forall a,b\in A,a\geq b$,或 $b\geq a$,或两者同时成立。

2)传递性:若 $a,b,c\in A$,且 $a\geq b,b\geq c$,则 $a\geq c$。

3)与无差异“$\sim$”的一致性:$a\sim b$ 当且仅当 $a\geq b$ 且 $b\geq a$。

4)与严格优于“$>$”的一致性:$a>b$ 当且仅当 $a\geq b$ 且非 $b\geq a$。

1.2.4.2 二元关系的性质

关于二元关系的性质有如下定义:

令 R 是定义在方案集 A 上的二元关系,则

1)R 在 A 上是连通的(或称完全的),当且仅当对任何 $x,y\in A$,存在 xRy,或者 yRx,或者两者同时成立。

2)R 在 A 上是传递的,当且仅当对任何 $x,y,z\in A$,若 xRy,且 yRz,则 xRz。

3)R 在 A 上是自反的,当且仅当对所有 $x\in A$,有 xRx。

4)R 在 A 上是非自反的,当且仅当对所有的 $x\in A$,xRx 不成立。

5)R 在 A 上是负向传递的,当且仅当对任何 $x,y,z\in A$,若非 xRy 且非 yRz,则非 xRz。

6)R 在 A 上是拟传递的,当且仅当对任何 $x,y,z\in A$,若 xRy 且非 yRz 且 yRz 且非 zRy,则 xRz 且非 zRx。

7)R 在 A 上是对称的,当且仅当对 A 中的任何 $x,y\in A$,若 xRy,则 yRx。

8)R 在 A 上是非对称的,当且仅当对 A 中的任何 $x,y\in A$,若 xRy,则必有非 yRx。

9)R 在 A 上是反对称的,当且仅当对 A 中的任何 $x,y\in A$,若 xRy 且 yRx,则必有 $x=y$。

10)R 在 A 上是非循环的,当且仅当 A 中不存在 $x_1,x_2,\cdots,x_n$,使 x_1Rx_2 且 x_2Rx_3 且…且 $x_{n-1}Rx_n$ 且 x_nRx_1。或者说,R 在 A 上是非循环的,当且仅当对 A 中任何 $x_1,x_2,\cdots,x_n$,x_1Rx_2 且 x_2Rx_3 且…且 $x_{n-1}Rx_n\nRightarrow x_nRx_1$。

任何二元关系要能作为序关系至少应具有传递性。在传递性的基础上加上其他性质,就能构成各种序关系。常见的序关系如下。

1)拟序(预序):具有传递性和自反性的二元关系;

2)弱序:具有传递性、自反性和连通性;

3)(自反的)偏序:具有传递性、自反性和反对称性的二元关系;

4)线性序(简单序):具有传递性、自反性、反对称性和连通性;

5)严格偏序:传递且非自反的二元关系;

6)严格序(强序):传递、连通、非自反的二元关系。

这些序的层次结构见图 1-2。

1.2.5 测度函数

测度函数是在给定决策者偏好的基础上,测量方案好坏程度的某种尺度,用于回答如果方案 a 优于方案 b,那么方案 a 比方案 b 好多少的问题。测度函数可以分为绝对距离和相对距离。

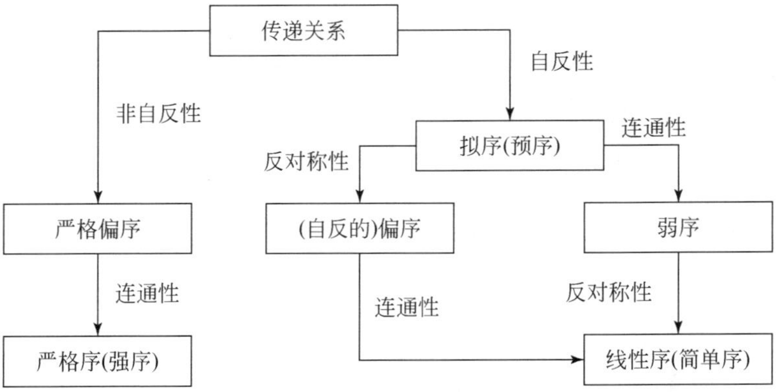

图 1-2　各种序的层次结构

1.2.5.1　绝对距离

(1)范数距离(向量范数)

定义 1-1　设 n 维向量 $x=(x_1,x_2,\cdots,x_n)^{\mathrm{T}}\in R^n$,称非负实数 $\|x\|$ 为向量 x 的范数,其满足

1)正性:$\|x\|\geqslant 0$,且 $\|x\|=0\Leftrightarrow x=0$;

2)齐次性:对任意实数 $\|kx\|=|k|\|x\|$;

3)三角不等式:对任意 $x,y\in R^n$,有 $\|x+y\|\leqslant\|x\|+\|y\|$。

常用的向量范数:设 n 维向量 $x=(x_1,x_2,\cdots,x_n)^{\mathrm{T}}\in R^n$,分别称 $\|x\|_2=\left(\sum_{i=1}^{n}x_i^2\right)^{\frac{1}{2}}$,$\|x\|_1=\sum_{i=1}^{n}|x_i|$,$\|x\|_\infty=\max_{1\leqslant i\leqslant n}|x_i|$ 为向量 x 的 2-范数,1-范数,∞-范数。

通过范数可以定义向量 x,y 之间的范数距离:$d(x,y)=\|x-y\|$,其中 $d(x,y)$ 表示 $x,y\in R^n$ 之间的范数距离,为 $R^n\times R^n$ 到 $[0,+\infty)$ 的函数。

(2)马氏距离

定义 1-2　设 x,y 是从均值向量为 μ、协方差矩阵为 Σ 的总体 G 中抽取的两个样本向量,定义 X,Y 两点之间的马氏距离为:$d_{\mathrm{m}}(x,y)=(x-y)^{\mathrm{T}}\Sigma^{-1}(x-y)$,其中 $d_{\mathrm{m}}(x,y)$ 表示 $x,y\in R^n$ 之间的马氏距离,为 $R^n\times R^n$ 到 $[0,\infty)$ 的函数。可以证明,

马氏距离满足如下四条基本公理：

1) $d_m(x,y)\geqslant 0,\forall x,y\in R^n$；

2) $d_m(x,y)=0$，当且仅当 $x=y$；

3) $d_m(x,y)=d_m(y,x),\forall x,y\in R^n$；

4) $d_m(x,y)\leqslant d_m(x,z)+d_m(z,y),\forall x,y,z\in R^n$。

此外，还有多种其他形式的绝对距离。

1.2.5.2 相对距离

(1) 径向测度距离

径向测度来源于经济学家对生产效率测量的研究（Koopmans，1951；Farrell，1957），其定义如下。

定义 1-3 设 n 维向量 $x,y\in R^n$，令 $d_{\text{radial}}(x,y)$ 表示 $x,y\in R^n$ 之间的径向测度距离，则

$$d_{\text{radial}}(x,y)=\max\{\theta\mid\theta x\leqslant y\} \tag{1-1}$$

(2) 几乎径向测度距离

定义 1-4 设 n 维向量 $x,y\in R^n$，令 $d_{\text{almostradial}}(x,y)$ 表示 $x,y\in R^n$ 之间的几乎径向测度距离，则

$$d_{\text{almostradial}}(x,y)=\max\left\{\theta+\varepsilon\sum_i s_i^+\,\middle|\,\theta x+s^+\leqslant y,s^+\geqslant 0\right\} \tag{1-2}$$

式中，s^+ 为松弛变量；ε 为非阿基米德无穷小量。

(3) Russell 测度距离

Färe-Lovell（Russell）测度由 Färe 和 Lovell（1978）提出，而 Russell（1988，1990）在这一领域做了系统的研究工作，因此该测度又被称为 Russell 测度，Russell 测度定义如下。

定义 1-5 设 n 维向量 $x,y\in R^n$，令 $d_{\text{Russell}}(x,y)$ 表示 $x,y\in R^n$ 之间的 Russell 测度距离，则

$$d_{\text{Russell}}(x,y)=\max\left\{\frac{1}{n}\sum_i \theta_i \middle| \Theta x\leqslant y,\theta_i\geqslant 1\right\} \tag{1-3}$$

式中，Θ 为对角矩阵 $\text{diag}\{\theta_1,\cdots,\theta_n\}$。

(4)基于松弛变量的测度距离

Tone(2001a)提出了一种基于松弛变量的测度(slacks based measure,SBM)，其定义如下。

定义 1-6 设 n 维向量 $x,y\in R^n$，令 $d_{\text{SBM}}(x,y)$ 表示 $x,y\in R^n$ 之间的 SBM 测度距离，则

$$d_{\text{SBM}}(x,y)=\max\left\{1+\frac{1}{n}\sum_i \frac{s_i^+}{x_i} \middle| x+s^+\leqslant y,s^+\geqslant 0\right\} \tag{1-4}$$

式中，s^+为松弛变量。

虽然 SBM 测度与 Russell 测度的形式不同，但是它们之间具有等价性，容易证明。

此外，还有多种其他形式的相对距离，如 Zieschang 测度距离(Zieschang，1984)、方向测度距离(Chambers,1996,1998)等。

1.3 国内外研究现状

1.3.1 生产函数

经济学中相对效率和规模收益的定义需要借助生产函数的概念。Wichsteed(1894)提出单产出多投入生产函数的具体形式：$y=f(x_1,x_2,\cdots,x_m)$，其中，y 代表产出；$(x_1,x_2,\cdots,x_m)$代表各类投入。Pareto(1906)对生产函数进行了深入的研究，提出了等产量线等概念。随后，Frisch、Samuelson、Hicks、Shephard 等在 20 世纪 30～40 年代对生产函数的若干性质进行了研究。Koopmans(1951)和 Debreu(1959)则通过向量空间和凸分析方法对生产函数进行了分析。基于新古典经济学(neoclassical economics)的视角，多投入单产出生产函数的性质可以被定义如下：令 $X=(x_1,x_2,\cdots,x_m)$代表一组投入，定义投入空间为投入的可接受

集,即任何一个投入都是非负有限的实数。因此,任何一组投入均处于 m 维欧几里得空间中的非负象限 R_+^m,则 R_+^m 为投入空间。令 y 为产出,y 是一个有限的数,即 $y \in R$。则生产函数可以表述为函数 $f: R_+^m \to R$。$f(x_1, x_2, \cdots, x_m)$ 代表给定的可接受投入所产生的最大可能产出。

对于生产函数 $f: R_+^m \to R$ 来说,其一般需要满足如下假设:①对所有非负有限的投入 $X = (x_1, x_2, \cdots, x_m)$ 来说,产出 $f(X)$ 为有限非负的一个实数;②$f(0, 0, \cdots, 0) = 0$;③如果 $X \geqslant X'$,则 $f(X) \geqslant f(X')$(单调性:投入的增长不会引起产出的下降①);④$f: R_+^m \to R$ 为二阶连续可微函数;⑤集合 $V(y) = \{X \mid f(X) \geqslant y\}$ 为凸集;⑥集合 $V(y) = \{X \mid f(X) \geqslant y\}$ 为闭集,并且对任意 $y>0$ 均为非空集合②。经济学中常见的生产函数有:固定替代比例生产函数、固定投入比例生产函数[也被称为里昂惕夫(Leonief)生产函数]、柯布-道格拉斯(Cobb-Douglas)生产函数。

目前,对于科研机构知识生产函数的研究主要有两个可能路径。

一是从理论上探讨知识生产过程中投入和产出的函数关系。Griliches(1979)通过假设知识生产函数为 Cobb-Douglas 型,得到知识生产函数的基本形式:$Y = DC^{\alpha} L^{\beta} K^{\gamma} e^{\lambda t + u}$。其中,$C$、$L$ 和 K 分别为知识水平、研究人员和科技投入;Y 为科研产出;D 为一个常数;t 为时间序列;e 为自然对数的底;$\alpha, \beta, \gamma, \lambda$ 为需要进行估计的参数;u 为误差。翟立新等(2005)基于以上知识生产函数构建了公共科研机构绩效评价模型;李强等(2006)则追溯了知识生产函数的研究起源及其发展历程,评述了 Griliches-Jaff 和 Romer-Jones 两个知识生产函数模型的最新研究进展,并指出由于研发过程的专业性、复杂性和不确定性,对投入与产出的度量难以全面而完整,因而知识生产函数只对大的样本空间和较长的时间序列有效,其中 Griliches-Jaff 知识生产函数模型是采用 Cobb-Douglas 生产函数的形式进行表述,Romer(1990)认为任意给定时刻新的知识产出取决于研究人员的投入数量和现有的知识存量,表示为:$A = \delta A^{\phi} L_A^{\lambda}$(其中,$A$ 为知识存量;L_A 为研发人员数;δ, ϕ, λ 为常数)。

知识生产函数中的参数估计主要有多元回归分析方法和线性规划方法:①多元回归分析方法是一种以总体残差平方和最小为准则的方法,得到的生产

① 在研究阻塞现象时,会突破这条假设。

② 通过 DEA 方法拟合的前沿生产函数不满足此条假设。

函数是“平均”意义下的生产函数，即部分实际 DMU 位于生产函数图形的上方，这与生产函数本身的概念有所偏差；②线性规划方法用“最接近”所有样本点的外包络面作为生产函数的图形（又称为前沿生产函数），比多元回归分析方法更接近生产函数的原本含义。但需要指出的是，线性规划方法需要预先假定生产函数为 Cobb-Douglas 型；而多元回归分析方法虽然不需要假定生产函数为 Cobb-Douglas 型，但需要假设一个生产函数的基本形式，然后通过观察值估计生产函数中的参数。

二是用已知的 DMU 单元观察值来拟合生产函数。拟合生产函数的方法主要是 DEA 方法。DEA 方法通过生产可能集（Production Possibility Set，PPS）的有效前沿面（凸性假定下）来拟合前沿生产函数。DEA 方法可以处理多输入多输出问题，也可以判别出任意一个 DMU 单元是否位于前沿面上。对于不在前沿面上的点，DEA 方法还能通过投影（projection）将其移到前沿面上。值得指出的是，采用 DEA 模型确定前沿生产函数一般不需要预先假设生产函数的形式[①]。

从以上分析可以发现，第一类研究路径基本都是基于知识生产函数为 Cobb-Douglas 型这一假设（注：Romer 模型除外，其忽略了经费投入的影响），利用观察值进行参数估计从而确定生产函数中的参数；第二类研究（DEA 方法）直接利用观察值拟合生产函数，这类研究一般并不需要预先假定知识生产函数的类型。同时从实践上看，目前国内外针对公共部门（包括科研机构）多投入多产出规模收益的分析主要是采用 DEA 方法（Fox，2002；孟溦等，2006；周伟和李全生，2009a，2009b）。本书也将采用 DEA 方法模拟生产函数，并进行科研机构相对效率和规模收益分析。

1.3.2 经济学上的规模收益

在帕累托偏好下，基于生产函数、规模收益的概念可以分为全局定义和局部定义两种，全局定义针对整个生产函数，局部定义针对生产函数上某个具体的点，即规模弹性。

---

① 部分 DEA 模型也假设了生产函数的基本形式，如 Cobb-Douglas 型 DEA 模型等。

多投入多产出情况下,规模收益的全局定义为:令所有投入均按相同比例变化,则生产函数记为:$F(\beta y_1,\cdots,\beta y_s,tx_1,\cdots,tx_m)=0$。其中,$t$ 为投入变化的比例,β 为各类产出变化的最大可能比例。Starrett(1977)指出:$\beta=\max\{\sigma:F(\sigma Y,tX)=0\}$。令 $\rho=(\beta-1)/(t-1)$,如果对任意 $t>0$,$t\neq1$ 有:①$\rho>1$,表明该生产函数为规模收益递增;②$\rho=1$,表明该生产函数为规模收益不变;③$\rho<1$,表明该生产函数为规模收益递减。

局部定义或规模弹性定义为:令 $\beta=\max\{\sigma:F(\sigma Y,tX)=0\}$,则对任意 $t>0$,$t\neq1$,令 $\Delta X=tX-X$,$\Delta Y=\beta Y-Y$,则定义$(Y_0,X_0)$$(X_0\in R_m^+,Y_0\in R_s^+)$的规模弹性为 $e(Y_0,X_0)=\lim\limits_{t\to1}(\beta-1)/(t-1)$(Banker et al.,1984)。如果①$e(Y_0,X_0)>1$,当且仅当 DMU$(Y_0,X_0)$为规模收益递增;②$e(Y_0,X_0)=1$,当且仅当 DMU$(Y_0,X_0)$为规模收益不变;③$e(Y_0,X_0)<1$,当且仅当 DMU$(Y_0,X_0)$为规模收益递减。

当生产函数连续可微时,Førsund(1996)将规模弹性的定义从多投入单产出扩展到多投入多产出的情形。生产函数上的点$(Y_0,X_0)$$(X_0\in R_m^+,Y_0\in R_s^+)$的规模弹性定义为

$$e(Y_0,X_0)=\left(-\sum_{i=1}^{m}\frac{\partial F}{\partial x_i}x_i\Big/\sum_{r=1}^{s}\frac{\partial F}{\partial y_r}y_r\right)\Big|_{(Y_0,X_0)} \tag{1-5}$$

如果①$e(Y_0,X_0)>1$,当且仅当 DMU(Y_0,X_0)为规模收益递增;②$e(Y_0,X_0)=1$,当且仅当 DMU(Y_0,X_0)为规模收益不变;③$e(Y_0,X_0)<1$,当且仅当 DMU(Y_0,X_0)为规模收益递减。需要指出的是,Banker(1984)和 Førsund(1996)的定义是等价的。

经济学中传统规模收益定义基于各类投入和产出的等比例变化(径向变化),但在现实科研活动中,组织规模的增加往往是各类投入不等比例变化引起的。因此,当各类投入不等比例变化时如何表征 DMU 单元的规模收益情况还需要进一步研究。

1.3.3 DEA 方法

DEA 方法是 Charnes 等于 1978 年提出的基于投入产出数据的相对有效性评价方法。DEA 方法的基本思想起源于 Farrell(1957)对生产率的研究,他指出前人对生产单元生产率的研究工作没有综合考虑多种投入和多种产出,存在诸

多局限。基于此，他将生产率的概念扩展到了生产效率。

DEA 方法目前是估算多投入多产出情况下 DMU 单元相对效率和规模收益应用最为广泛的数理方法之一(Banker,1984;Banker et al.,1984,2004;Banker and Maindiratta,1986;Banker and Thrall,1992;Borger et al.,1996;Färe et al.,1994;Golany and Yu,1997;Jahanshahloo et al.,2004,2005;Zhu and Shen,1995;Tone,2001a,2001b;Kerstens and Vanden Eeckaut,1999;Seiford and Zhu,1999;Farrell,1957;Soleimani-Damaneh et al.,2006,2010;Zarepisheh et al.,2010;Wei and Yan,2004;Sueyoshi and Sekitani,2005,2007;Cook and Seiford,2009)。DEA 模型的优点是可以在不需要给出投入产出数理函数关系和权重假设的前提下，仅利用投入和产出数据的观察数据，就能给出综合的标量值，从而评价同类型 DMU 单元的相对有效程度(Charnes et al.,1978)。相对效率的概念与经典经济学中的生产率概念紧密相关(Brinkerhoff and Dressler,1990)。现有关于生产率的文献认为，生产率可以通过 5 种方式提高：①产出不变，投入降低；②投入不变，产出增加；③产出增加，投入降低；④投入增加，产出增加更多；⑤产出降低，投入降低更多。在 DEA 方法相关的概念中，前三种方式与“技术效率”有关，后两种方式与“规模效率”有关。这两种效率在经济学的生产效率领域已经有学者进行了探讨(Färe et al.,1985)。

DEA 方法的应用对象是同类型的 DMU 单元。同类型 DMU 单元具有以下三个特征：一是它们具有同样的目标和任务；二是它们具有同样的外部环境；三是它们具有同样的输入和输出指标。每个 DMU 单元都代表一定的经济意义，它的基本特点是具有相同的输入和输出，并在将输入转化为输出的过程中，实现自身的目标。

第 2 章　数据包络分析方法综述

DEA 方法是 Charnes 等于 1978 年提出的基于投入产出数据的相对有效性评价方法。DEA 方法中包含若干关键要素,具体包括:①生产可能集;②测度;③偏好;④变量的类型;⑤问题的层次;⑥数据是否是确定的。以上这些要素的组合,可以形成不同的 DEA 模型,用于解决不同的问题。本章旨在围绕以上关键要素对 DEA 方法近年的若干重要研究工作和模型进行梳理和分类,并简要介绍了 DEA 模型的若干应用。

2.1　研究背景

DEA 方法是基于投入产出数据的相对有效性评价方法(Charnes et al., 1978)。DEA 方法的基本思想起源于 Farrell(1957)对生产率的研究,他指出前人对 DMU 生产率的研究工作没有综合考虑多种投入和多种产出,存在诸多局限。基于此,他将生产率的概念扩展到了生产效率。目前,DEA 方法已经成为多投入多产出情况下 DMU 相对有效性和规模收益等方面研究中应用最为广泛的数理方法之一(魏权龄,2004)。

DEA 方法的应用对象是同类型的 DMU 单元。同类型 DMU 单元具有以下三个特征:一是它们具有同样的目标和任务;二是它们具有同样的外部环境;三是它们具有同样的投入和产出指标。每个 DMU 单元都代表一定的经济意义,在将投入转化为产出的过程中,实现自身的目标。

DEA 方法中包含若干关键要素,这些关键要素决定 DEA 模型的具体形式和用途。这些要素包括:①生产可能集,生产可能集可以假定为规模收益不变、可变、非递增和非递减等;②测度,测度是指在给定偏好的基础上,用来测量 DMU 单元绩效好坏的某种测量尺度,包括径向测度、Russell 测度等;③偏好,常用的偏好有帕累托偏好、平均偏好、矩阵偏好等;④变量的类型,DMU 单元的投入产出数据可以有不同的类型,如非任意变化变量(non-discretionary variable)、不可控变量(non-controllable variable)、有界变量(bounded variable)、反向变量(undesirable variable)等;⑤问题的层次,当研究对象是一个复杂的系统时,建立的指标体系往往具有多层次,出现串并联混合的结构;⑥数据是否是确定的。以上这些要素的组合,可以形成不同的 DEA 模型,用于解决不同的问题。Liu 等(2006)深入研究了 DEA 方法中的生产可能集、测度和偏好三个要素。

本章旨在围绕以上关键要素对 DEA 方法近年的若干重要研究工作和模型进行梳理和分类。余下部分组织方式如下:2.2 节介绍确定数据的 DEA 模型,包括基于不同生产可能集假定的 DEA 模型、基于不同测度的 DEA 模型、蕴含不同偏好的 DEA 模型、基于不同变量类型的 DEA 模型、多层次 DEA 模型及其他 DEA 模型,如超效率 DEA 模型等;2.3 节介绍不确定数据的 DEA 模型,包括基于统计特性的 DEA 模型、区间数和模糊数 DEA 模型等;2.4 节介绍 DEA 模型的若干应用,包括相对有效性评价、规模收益分析、最小成本问题、最大收益问题、最大利润问题、技术进步贡献率(全要素生产率)的估算、区域经济预警、系统分类等诸多领域的应用;2.5 节给出本章的结论和研究展望。

2.2 确定数据的 DEA 模型

2.2.1 基于不同生产可能集假定的 DEA 模型

首先,我们给出 Banker(1984)提出的生产可能集的定义。考虑 n 个 DMU 单元,每个 DMU 单元 $DMU_j(j=1,\cdots,n)$ 有 m 个投入 $x_{ij}(i=1,\cdots,m)$,s 个产出 $y_{rj}(r=1,\cdots,s)$。

定义 2-1 定义 PPS=$\{(X,Y)\mid$产出 Y 可由投入 X 生产出来$\}$为生产可能集。根据 Banker(1984)的研究,生产可能集需要满足以下 4 条假设:

假设 1(凸性) 对$(X,Y)\in$ PPS,$(X',Y')\in$ PPS 和 $\mu\in[0,1]$,有 $\mu(X,Y)+(1-\mu)(X',Y')\in$ PPS。

假设 2(锥性) 如果$(X,Y)\in$ PPS,$k\geqslant 0$,那么 $k(X,Y)=(kX,kY)\in$ PPS。

假设3(无效性)　定义$(X,Y)\in \text{PPS}$,如果$X'\geqslant X$,那么$(X',Y)\in \text{PPS}$;如果$y'\leqslant y$,那么$(X,Y')\in \text{PPS}$。

假设4(最小性)　生产可能集PPS是满足上述假设1～假设3的所有集合的交集。

在满足假设1～假设4的基础上,对于已有的观察值(X_j,Y_j),可得

$$\text{PPS}=\left\{(X,Y)\ \middle|\ k\sum_{j=1}^{n}\mu_jX_j\leqslant X,k\sum_{j=1}^{n}\mu_jY_j\geqslant Y,\mu_j\geqslant 0,\sum_{j=1}^{n}\mu_j=1,k>0\right\} \tag{2-1}$$

若令$k\mu_j=\lambda_j,j=1,\cdots,n$,则式(2-1)为

$$\text{PPS}=\left\{(X,Y)\ \middle|\ \sum_{j=1}^{n}\lambda_jX_j\leqslant X,\sum_{j=1}^{n}\lambda_jY_j\geqslant Y,\lambda_j\geqslant 0\right\} \tag{2-2}$$

若把假设2去掉的同时加上$\sum_{j=1}^{n}\lambda_j=1$约束,则式(2-2)变为

$$\text{PPS}=\left\{(X,Y)\ \middle|\ \sum_{j=1}^{n}\lambda_jX_j\leqslant X,\sum_{j=1}^{n}\lambda_jY_j\geqslant Y,\lambda_j\geqslant 0,\sum_{j=1}^{n}\lambda_j=1\right\} \tag{2-3}$$

另外,有的时候还会考虑如下形式的生产可能集:

$$\text{PPS}=\left\{(X,Y)\ \middle|\ \sum_{j=1}^{n}\lambda_jX_j\leqslant X,\sum_{j=1}^{n}\lambda_jY_j\geqslant Y,\lambda_j\geqslant 0,\sum_{j=1}^{n}\lambda_j\leqslant 1\right\} \tag{2-4}$$

$$\text{PPS}=\left\{(X,Y)\ \middle|\ \sum_{j=1}^{n}\lambda_jX_j\leqslant X,\sum_{j=1}^{n}\lambda_jY_j\geqslant Y,\lambda_j\geqslant 0,\sum_{j=1}^{n}\lambda_j\geqslant 1\right\} \tag{2-5}$$

$$\text{PPS}=\{(X,Y)\mid X\geqslant X_j,Y\leqslant Y_j,X,Y\geqslant 0,j=1,\cdots,n\} \tag{2-6}$$

式(2-2)为基于规模收益不变假定的生产可能集;式(2-3)为基于规模收益可变假定的生产可能集;式(2-4)为基于非递减规模收益假定的生产可能集;式(2-5)为基于非递增规模收益假定的生产可能集;式(2-6)为基于自由处置壳(free disposal hull,FDH)假定的生产可能集。

此外,如果假定生产可能集有效前沿面为Cobb-Douglas生产函数,则需要考虑将假设1(凸性)替换为假设5(几何凸性),并去掉假设2(Banker and Maindiratta,1986)。

假设5(几何凸性)　如果$(X_j,Y_j)\in \text{PPS},j=1,\cdots,n$,则对于满足$\sum_{j=1}^{n}\lambda_j=1$的$\lambda_j\geqslant 0$,有$(X_0',Y_0')\in T$,这里$X_0'$和$Y_0'$的第$i$个分量和第$r$个分量分别为

$x'_{i0}=\prod_{j=1}^{n}x_{ij}^{\lambda_j}(i=1,\cdots,m)$ 和 $y'_{r0}=\prod_{j=1}^{n}y_{rj}^{\lambda_j}(r=1,\cdots,s)$ 。

此时生产可能集为

$$\mathrm{PPS}=\left\{(X,Y)\left|\begin{array}{c}0<\prod_{j=1}^{n}x_{ij}^{\lambda_j}\leqslant x_i,i=1,\cdots,m;\prod_{j=1}^{n}y_{rj}^{\lambda_j}\geqslant y_r>0,r=1,\cdots,s\\ \sum_{j=1}^{n}\lambda_j=1,\lambda_j\geqslant 0,j=1,\cdots,n;X=(x_1,\cdots,x_m)^{\mathrm{T}},Y=(y_1,\cdots,y_s)^{\mathrm{T}}\end{array}\right.\right\}$$

(2-7)

2.2.1.1 基于生产可能集规模收益不变假定的DEA模型(CCR-DEA模型)

Farrell(1957)指出测量DMU单元的生产效率对相关政策制定具有重要意义,并将生产率的概念扩展到了生产效率。Charnes等(1978)则基于投入产出分析的原理,通过式(2-8)对DMU单元相对有效性进行评价。

$$\max\left\{\theta=\frac{\sum_r u_r y_{r0}}{\sum_i v_i x_{i0}}\left|\begin{array}{c}\sum_r u_r y_{rj}-\sum_i v_i x_{ij}\leqslant 0;j=1,\cdots,n\\ u_r,v_i\geqslant\varepsilon,r=1,\cdots,s;i=1,\cdots,m\end{array}\right.\right\}\tag{2-8}$$

式中,ε 为非阿基米德无穷小。式(2-8)目标函数为产出与投入的比,因此称为基于投入的模型。类似地,相应的目标函数换成投入与产出的比,则为基于产出的模型。式(2-8)也称为基于投入的CCR-DEA模型。

式(2-8)为分式规划,经过Charnes-Cooper变换$\left[\text{令}\ \mu_r=tu_r,\nu_i=tv_i,\text{其中}\ t=\left(\sum_{i=1}^{m}v_ix_{ij}\right)^{-1}\right]$,可以转化为线性规划模型:

$$\max\left\{\theta=\sum_r\mu_r y_{r0}\left|\begin{array}{c}\sum_{i=1}^{m}\nu_i x_{i0}=1;\sum_r\mu_r y_{rj}-\sum_i\nu_i x_{ij}\leqslant 0,j=1,\cdots,n\\ \mu_r,\nu_i\geqslant\varepsilon,r=1,\cdots,s;i=1,\cdots,m\end{array}\right.\right\}\tag{2-9}$$

式(2-9)又被称为CCR-DEA模型的乘数模型或对偶模型。式(2-9)的对偶模型可以写为

$$
\begin{aligned}
&\min \theta = \theta_0 - \varepsilon\Big(\sum_r s_r^+ + \sum_i s_i^-\Big) \\
&\text{s. t.} \quad \sum_j \lambda_j x_{ij} + s_i^- = \theta_0 x_{i0} \quad i = 1,\cdots,m \\
&\qquad \sum_j \lambda_j y_{rj} - s_r^+ = y_{r0} \qquad r = 1,\cdots,s \\
&\qquad \lambda_j \geqslant 0, j = 1,\cdots,n; s_i^-, s_r^+ \geqslant 0, i = 1,\cdots,m; r = 1,\cdots,s
\end{aligned}
\tag{2-10}
$$

式(2-10)又被称为 CCR-DEA 模型的包络模型。需要注意的是,CCR-DEA 模型中隐含了生产可能集规模收益不变假定[式(2-2)]。

2.2.1.2　基于生产可能集规模收益可变假定的 DEA 模型(BCC-DEA 模型)

Banker(1984)基于生产可能集规模收益可变假定[式(2-3)],扩展了 Charnes 等(1978)的工作,提出了 BCC-DEA 模型。类似地,BCC-DEA 模型也分为基于投入的 BCC-DEA 模型和基于产出的 BCC-DEA 模型。以基于投入的 BCC-DEA 模型为例,其乘数模型(带非阿基米德无穷小变量 ε)为

$$
\begin{aligned}
&\max \theta = \sum_r \mu_r y_{r0} + \mu_0 \\
&\text{s. t.} \quad \sum_i \nu_i x_{i0} = 1 \\
&\qquad \sum_r \mu_r y_{rj} - \sum_i \nu_i x_{ij} + \mu_0 \leqslant 0 \quad j = 1,\cdots,n \\
&\qquad \mu_r, \nu_i \geqslant \varepsilon, r = 1,\cdots,s; i = 1,\cdots,m; \mu_0 free
\end{aligned}
\tag{2-11}
$$

基于投入的 BCC-DEA 模型(带非阿基米德无穷小变量)的包络模型为

$$
\begin{aligned}
&\min \theta = \theta_0 - \varepsilon\left(\sum_r s_r^+ + \sum_i s_i^-\right) \\
&\text{s. t.} \quad \sum_j \lambda_j x_{ij} + s_i^- = \theta_0 x_{i0} \quad i = 1,\cdots,m \\
&\qquad \sum_j \lambda_j y_{rj} - s_r^+ = y_{r0} \qquad r = 1,\cdots,s \\
&\qquad \sum_j \lambda_j = 1, \lambda_j \geqslant 0, j = 1,\cdots,n; s_i^-, s_r^+ \geqslant 0, i = 1,\cdots,m; r = 1,\cdots,s
\end{aligned}
\tag{2-12}
$$

2.2.1.3 Cobb-Douglas 型 DEA 模型

基于式(2-7)定义的生产可能集，Banker 和 Maindiratta(1986)基于产出的 Cobb-Douglas 型 DEA 模型如下：

$$\max\left\{\theta = \alpha_0 \left| \prod_{j=1}^{n} y_{rj}^{\lambda_j} \geq \alpha_0 y_{r0}, r = 1,\cdots,s; \prod_{j=1}^{n} x_{ij}^{\lambda_j} \leq x_{i0}, i=1,\cdots,m; \lambda_j \geq 0, j=1,\cdots,n \right.\right\} \tag{2-13}$$

以式(3-13)引入乘子(松弛变量)，再取自然对数，得到如下含非阿基米德无穷小变量的 DEA 模型：

$$\begin{aligned} &\max \theta = \hat{\alpha}_0 + \varepsilon\left[\sum_{r=1}^{s} \hat{\psi}_{r0} + \sum_{i=1}^{m} \hat{\xi}_{i0}\right] \\ &\text{s. t.}\quad \hat{\alpha}_0 + \hat{y}_{r0} + \hat{\psi}_{r0} = \sum_{j=1}^{n} \lambda_j \hat{y}_{rj} \quad r = 1,\cdots,s \\ &\qquad \hat{x}_{i0} - \hat{\xi}_{i0} = \sum_{j=1}^{n} \lambda_j \hat{x}_{ij} \quad i = 1,\cdots,m \\ &\qquad \sum_{j=1}^{n} \lambda_j = 1, \lambda_j \geq 0, j = 1,\cdots,n; \hat{\psi}_{r0}, \hat{\xi}_{i0} \geq 0, i = 1,\cdots,m; r = 1,\cdots,s \end{aligned} \tag{2-14}$$

式中，符号“^”为自然对数值。

2.2.1.4 NIRS 模型、NDRS 模型和 FDH 模型

基于非递减规模收益假定的生产可能集[式(2-4)]和基于非递增规模收益假定的生产可能集[式(2-5)]，分别有 NIRS 模型和 NDRS 模型(Färe et al., 1985,1994)。以基于投入的带非阿基米德无穷小变量的包络模型为例：

$$\begin{aligned} &\min \theta = \theta_0 - \varepsilon\left(\sum_{r} s_r^+ + \sum_{i} s_i^-\right) \\ &\text{s. t.}\quad \sum_{j} \lambda_j x_{ij} + s_i^- = \theta_0 x_{i0} \quad i = 1,\cdots,m \\ &\qquad \sum_{j} \lambda_j y_{rj} - s_r^+ = y_{r0} \quad r = 1,\cdots,s \\ &\qquad \sum_{j} \lambda_j \geq 1(\text{NIRS}) \text{ or } \sum_{j} \lambda_j \leq 1(\text{NDRS}) \\ &\qquad \lambda_j, s_i^-, s_r^+ \geq 0, i = 1,\cdots,m; r = 1,\cdots,s; j = 1,\cdots,n \end{aligned} \tag{2-15}$$

基于 FDH 假定的生产可能集[式(2-6)],Deprins 等(1984)提出了 FDH 模型,随后 Tulkens(1993)对 FDH 模型进行了扩展和推广,具体如式(2-16)所示:

$$\min\{\theta \mid \theta x_0 - X\lambda \geqslant 0, y_0 - Y\lambda \leqslant 0, e\lambda = 1, \lambda_j \in \{0,1\}, \forall j\} \tag{2-16}$$

式中,X 和 Y 为投入和产出矩阵;$\lambda_j \in \{0,1\}$ 为 λ_j 为 0 或 1 的二元变量。

2.2.2　基于不同测度的 DEA 模型

经济学家在研究如何测量生产效率的过程中,提出了多种测度函数。Farrell(1957)扩展了 Koopmans(1951)和 Debreu(1951)关于资源使用率的研究,将生产效率分解为技术效率和配置效率,并提出可以用径向测度测量 DMU 的技术效率。Färe 和 Lovell(1978)与 Russell(1988,1990)定义了 Russell 测度,允许 DMU_0 按照各类投入(或产出)的方向自由扩张,并测度各类投入(或产出)最大扩张比例的算术平均值。此外,还有基于松弛变量的测度(Tone,2001a)、Zieschang 测度及方向测度(Luenberger,1992,1995)等。

2.2.2.1　加性模型

Charnes 等(1985)提出加性模型(或称为 Pareto- Koopmans 模型),见式(2-17):

$$\begin{aligned}
\min \theta &= \sum_i s_i^- + \sum_r s_r^+ \\
\text{s.t.}\quad & \sum_j \lambda_j x_{ij} + s_i^- = x_{i0} \quad i = 1,\cdots,m \\
& \sum_j \lambda_j y_{rj} - s_r^+ = y_{r0} \quad r = 1,\cdots,s \\
& \sum_j \lambda_j = 1, \lambda_j \geqslant 0, s_i^-, s_r^+ \geqslant 0, i = 1,\cdots,m; r = 1,\cdots,s; j = 1,\cdots,n
\end{aligned} \tag{2-17}$$

当式(2-17)最优值为 0 时,DMU_0 为 DEA 有效。由于不同投入和产出之间可能存在不可公度性(Russell,1988),同时目标函数并不是 DMU 单元真正的绩效测度,因此 Charnes 等(1985)建议式(2-17)目标函数采用如下形式:

$$Q_0 = \frac{1}{m+s}\left(\frac{\sum_i s_i^-}{x_{i0}} + \frac{\sum_r s_r^+}{y_{r0}}\right) \tag{2-18}$$

为了与 CCR-DEA 模型或 BCC-DEA 模型中效率的概念一致，Sueyoshi(1990)与 Chang 和 Sueyoshi(1991)对加性模型进行了研究，提出将 $1-Q_0$ 作为目标函数，但 $1-Q_0$ 不一定满足 $0 \leqslant 1-Q_0 \leqslant 1$。Green 等(1997)则提出目标函数修正为

$$Q_0 = \frac{1}{m+s}\left(\frac{\sum_i s_i^-}{x_{i0}} + \frac{\sum_r s_r^+}{y_{r0}+s_r^+}\right) \tag{2-19}$$

2.2.2.2 基于 Russell 测度的 DEA 模型

基于 Russell 测度的 DEA 模型首先由 Färe 和 Lovell(1978)年提出，随后 Paster 等(1999)对基于 Russell 测度的 DEA 模型进行了修正，见式(2-20)：

$$\begin{aligned}
&\min \theta = \frac{\sum_i (\theta_i/m)}{\sum_r (\varphi_r/s)} \\
&\text{s.t.} \quad \sum_j \lambda_j x_{ij} \leqslant \theta_i x_{i0} \quad i=1,\cdots,m \\
&\qquad \sum_j \lambda_j y_{rj} \geqslant \varphi_r y_{r0} \quad r=1,\cdots,s \\
&\qquad \sum_j \lambda_j = 1, \lambda_j \geqslant 0, 0 \leqslant \theta_i \leqslant 1, i=1,\cdots,m; \varphi_r \geqslant 1, r=1,\cdots,s; j=1,\cdots,n
\end{aligned} \tag{2-20}$$

2.2.2.3 基于 SBM 测度的 DEA 模型

Tone(2001a)提出了一种基于 SBM 测度的 DEA 模型，其定义如下：

$$\begin{aligned}
&\min \theta = \frac{1 - \frac{1}{m}\sum_{i=1}^{m} \frac{s_i^-}{x_{i0}}}{1 + \frac{1}{s}\sum_{r=1}^{s} \frac{s_r^+}{y_{r0}}} \\
&\text{s.t.} \quad \sum_j \lambda_j x_{ij} + s_i^- = x_{i0} \quad i=1,\cdots,m \\
&\qquad \sum_j \lambda_j y_{rj} - s_r^+ = y_{r0} \quad r=1,\cdots,s \\
&\qquad \sum_j \lambda_j = 1, \lambda_j, s_i^-, s_r^+ \geqslant 0, r=1,\cdots,s; i=1,\cdots,m; j=1,\cdots,n
\end{aligned} \tag{2-21}$$

虽然基于 SBM 测度与 Russell 测度的 DEA 模型的形式不同，但是容易证明它们之间具有等价性。在同时考虑投入和产出的情况下，基于 SBM 测度的 DEA 模型可以转化成线性规划模型(Tone，2001a)。

2.2.2.4　RAM 模型

Cooper 等(1999)给出了 RAM 模型(range adjustment model)，目标函数中的投入和产出的松弛变量由相应的 R^x 和 R^y 进行调整，见式(2-22)：

$$\max \theta = \sum_{i=1}^{m} R_i^x s_i^- + \sum_{r=1}^{s} R_r^y s_r^+$$
$$\text{s.t.} \quad \sum_j \lambda_j x_{ij} + s_i^- = x_{i0} \quad i = 1,\cdots,m$$
$$\sum_j \lambda_j y_{rj} - s_r^+ = y_{r0} \quad r = 1,\cdots,s \tag{2-22}$$
$$\sum_j \lambda_j = 1, \lambda_j \geqslant 0, s_i^-, s_r^+ \geqslant 0, i = 1,\cdots,m; r = 1,\cdots,s; j = 1,\cdots,n$$

其中，

$$R_i^x = (m+s)^{-1}(\max\{x_{ij} \mid j=1,\cdots,n\} - \min\{x_{ij} \mid j=1,\cdots,n\})^{-1} \tag{2-23}$$

$$R_r^y = (m+s)^{-1}(\max\{y_{rj} \mid j=1,\cdots,n\} - \min\{y_{rj} \mid j=1,\cdots,n\})^{-1} \tag{2-24}$$

2.2.2.5　其他模型

Cooper 等(2011)提出了效率有界可调整测度(bounded adjusted measure，BAM)模型，并给出了在生产可能集规模收益可变假定约束下的模型具体形式以及约束加性模型。此外，还有基于 Zieschang 测度及方向测度的 DEA 模型。

2.2.3　蕴含不同偏好的 DEA 模型

偏好是建立在备选方案集上的一种二元关系，表达决策者对备选方案优劣的判断。偏好可分为理性偏好和非理性偏好。通常假设理性偏好关系具有自反性、传递性和完全性。帕累托偏好是一种理性偏好，即 A 比 B 好意味着 A 的任何一方面都不劣于 B(Pareto，1906)。此外，矩阵偏好、锥偏好等也是理性偏好。前文所述的 DEA 模型中大都蕴含着帕累托偏好，蕴含其他理性偏好的 DEA 模型如下所示。

2.2.3.1 权重约束模型

常用的引入偏好的方法是为DEA模型增加权重约束,即为经典的CCR-DEA模型和BCC-DEA模型增加合适的权重约束。通常权重约束是通过DEA模型的乘数模型引入的。Allen等(1997)指出,权重约束主要分为四类:①绝对权重约束(absolute weights restriction);②保证区域类型Ⅰ(assurance regions of type Ⅰ,AR-Ⅰ);③保证区域类型Ⅱ(assurance regions of type Ⅱ,AR-Ⅱ);④虚拟投入和产出上的权重约束(weight restrictions on virtual input and outputs)。以CCR-DEA乘数模型[式(2-9)]为例,总结权重约束的类型(表2-1)。

表2-1 CCR-DEA乘数模型的权重约束类型汇总①

类型	权重约束	
	在投入上的权重约束	在产出上的权重约束
绝对权重约束	$\delta_i \leqslant v_i \leqslant \tau_i$	$\rho_r \leqslant u_r \leqslant \eta_r$
保证区域类型Ⅰ	$\kappa_i v_i + \kappa_{i+1} v_{i+1} \leqslant v_{i+2}$	$\omega_r u_r + \omega_{r+1} u_{r+1} \leqslant u_{r+2}$
	$\alpha_i \leqslant \dfrac{v_i}{v_{i+1}} \leqslant \beta_i$	$\theta_r \leqslant \dfrac{u_r}{u_{r+1}} \leqslant \phi_r$
保证区域类型Ⅱ	$\gamma_i v_i \leqslant u_r$	
虚拟投入和产出上的权重约束	$\psi_i \leqslant \dfrac{v_i x_{ij}}{\sum_{i=1}^{m} v_i x_{ij}} \leqslant \vartheta_i$	$\varpi_r \leqslant \dfrac{u_r y_{rj}}{\sum_{r=1}^{s} u_r y_{rj}} \leqslant \sigma_r$

此外,权重约束模型的相关研究工作有Roll等(1991)、Cook等(1990)、Dyson和Thanassoulis(1988)、Thompson等(1986,1990)、Cooper等(2006)、Cook等(2000)、Cook和Zhu(2007,2008)等的研究。

2.2.3.2 锥比例约束DEA模型

Charnes等(1989)提出决策者偏好结构为锥偏好时的锥比例约束DEA模型,见式(2-25):

① 字母($\delta_i, \tau_i, \rho_r, \eta_r, \kappa_i, \omega_r, \alpha_i, \beta_i, \theta_r, \phi_r, \gamma_i, \psi_i, \vartheta_i, \varpi_r, \sigma_r$)是预先确定的常数,用以反映决策者偏好。

$$\max\left\{\theta=\frac{U^{\mathrm{T}}Y_0}{V^{\mathrm{T}}X_0}\middle|\begin{array}{c}V^{\mathrm{T}}X-U^{\mathrm{T}}Y\in K\\ V\in V\backslash\{0\};U\in U\backslash\{0\}\end{array}\right\} \tag{2-25}$$

式中，$X=(X_1,X_2,\cdots,X_0,\cdots,X_n)$为$m\times n$矩阵；$Y=(Y_1,Y_2,\cdots,Y_0,\cdots,Y_n)$为$s\times n$矩阵；$V\subset R_+^m$，$U\subset R_+^s$为闭凸锥，且$\mathrm{Int}V\neq\phi$，$\mathrm{Int}U\neq\phi$；$K\subset R_+^n$为闭凸锥，并且$\delta_j=(0,\cdots,0,1,0,\cdots,0)^{\mathrm{T}}\in -K^*$，$\delta_j$为第$j$个分量为1、其余分量为0的$n$维向量；$K^*$为$K$的极锥，并由式：$K^*=\{k\mid \hat{k}^{\mathrm{T}}k\leqslant 0,\forall\hat{k}\in K\}$定义。随后，Charnes等(1990)对锥比例约束DEA模型的最优解情况进行了深入的研究。

2.2.3.3　其他模型

还有一些蕴含其他理性偏好的DEA模型，包括平均偏好DEA模型、矩阵偏好DEA模型以及字典序偏好DEA模型(Zhang et al.,2009)。

2.2.4　基于不同变量类型的DEA模型

2.2.4.1　NDV-DEA模型

Banker和Morey(1986a)提出了存在非任意变化变量的DEA模型——NDV-DEA模型，其核心思想是某些变量不能任意变化。令D表示可随意变化的投入变量集合，ND代表不能随意变化的投入变量集合，具体模型如下：

$$\begin{aligned}&\min\theta=\theta_0-\varepsilon\left(\sum_{i\in D}s_i^-+\sum_r s_r^+\right)\\ &\text{s. t.}\quad \sum_j\lambda_j x_{ij}+s_i^-=\theta_0 x_{i0}\quad i\in D\\ &\qquad\ \sum_j\lambda_j x_{ij}+s_i^-=x_{i0}\qquad i\in \mathrm{ND}\\ &\qquad\ \sum_j\lambda_j y_{rj}-s_r^+=y_{r0}\qquad r=1,\cdots,s\\ &\qquad\ \lambda_j,s_i^-,s_r^+\geqslant 0,r=1,\cdots,s;i=1,\cdots,m;j=1,\cdots,n\end{aligned} \tag{2-26}$$

Cooper等(2006)、Ruggiero(1996,1998,2007)、Syrjanen(2004)以及Muñiz等(2006)对此模型进行了深入探讨。

2.2.4.2　NCV-DEA 模型

在 NDV-DEA 模型中，ND 代表不能任意变化的投入变量集合，但 $s_i^- \geqslant 0$ 意味着 $\sum_j \lambda_j x_{ij} \leqslant x_{i0}, i \in \text{ND}$。但是现实应用中存在的某些投入或产出变量必须维持在固定的水平上，即存在不可控变量。令 N_1 和 N_2 分别代表不可控变量的集合，$\bar{N}_1$ 和 $\bar{N}_2$ 代表可控的变量集合，则相应的存在不可控变量的 NCV-DEA 模型如下：

$$
\begin{aligned}
&\min \theta = \theta_0 - \varepsilon\left(\sum_{i \in \bar{N}_1} s_i^- + \sum_{r \in \bar{N}_2} s_r^+\right) \\
&\text{s.t.} \quad \sum_j \lambda_j x_{ij} + s_i^- = \theta_0 x_{i0} \quad i \in \bar{N}_1 \\
&\qquad \sum_j \lambda_j x_{ij} = x_{i0} \quad i \in N_1 \\
&\qquad \sum_j \lambda_j y_{rj} - s_r^+ = y_{r0} \quad r \in \bar{N}_2 \\
&\qquad \sum_j \lambda_j y_{rj} = y_{r0} \quad r \in N_2 \\
&\qquad \lambda_j \geqslant 0, j = 1, \cdots, n; s_i^-, s_r^+ \geqslant 0, i \in \bar{N}_1; r \in \bar{N}_2
\end{aligned}
\tag{2-27}
$$

2.2.4.3　BND-DEA 模型

存在有界变量的 DEA 模型——BND-DEA 模型由 NCV-DEA 模型演化而来，它将 NCV-DEA 模型中的不可控变量的约束变化成上下界约束（Cooper et al., 2000）。BND-DEA 模型见式（2-28）：

$$
\begin{aligned}
&\min \theta = \theta_0 - \varepsilon\left(\sum_{i \in \bar{N}_1} s_i^- + \sum_{r \in \bar{N}_2} s_r^+\right) \\
&\text{s.t.} \quad \sum_j \lambda_j x_{ij} + s_i^- = \theta_0 x_{i0} \quad i \in \bar{N}_1 \\
&\qquad L_0^x \leqslant \sum_j \lambda_j x_{ij} \leqslant U_0^x \quad i \in N_1 \\
&\qquad \sum_j \lambda_j y_{rj} - s_r^+ = y_{r0} \quad r \in \bar{N}_2 \\
&\qquad L_0^y \leqslant \sum_j \lambda_j y_{rj} \leqslant U_0^y \quad r \in N_2 \\
&\qquad \lambda_j \geqslant 0, j = 1, \cdots, n; s_i^-, s_r^+ \geqslant 0, i \in \bar{N}_1; r \in \bar{N}_2
\end{aligned}
\tag{2-28}
$$

式中，(L_0^x, U_0^x)和(L_0^y, U_0^y)为DMU_0单元非任意变化投入和产出的上界和下界。

2.2.4.4　存在反向变量的DEA模型

常见的DEA模型大都隐含如下假定：产出越多越好，投入越小越好。然而在现实情况中，有些投入或产出指标却不是这种情况，如将电厂的污染情况作为产出指标之一的情况。有很多学者对此问题进行了研究，包括Seiford和Zhu(2002)、Färe和Grosskopf(2004)、Hua和Bian(2007)等。他们的研究大都是将反向变量进行转化，变化成正向变量进行研究。Liu等(2010)通过重新定义生产可能集，对存在反向变量的DEA模型进行了深入的研究，提出了完备的理论框架。他们提出的模型如下：

$$
\begin{aligned}
&\min \frac{\alpha}{\beta} - \varepsilon(|s^{DI}| + |s^{UI}| + |s^{DO}| + |s^{UO}|) \\
&\text{s. t.} \quad \sum_{j=1}^{n} Y_j^{DO}\lambda_j - s^{DO} = \beta Y_0^{DO} \\
&\qquad \sum_{j=1}^{n} X_j^{UI}\lambda_j - s^{UI} = \beta X_0^{DO} \\
&\qquad \sum_{j=1}^{n} Y_j^{UO}\lambda_j + s^{UO} = \alpha Y_0^{UO} \\
&\qquad \sum_{j=1}^{n} X_j^{DI}\lambda_j + s^{DI} = \alpha X_0^{UO} \\
&\qquad \lambda \in S, \beta \geqslant 1, 0 \leqslant \alpha \leqslant 1
\end{aligned}
\tag{2-29}
$$

式中，$(X,Y)=(X^{DI},X^{UI},Y^{DO},Y^{UO})$包含正向和反向的投入和产出变量；$S=\{\lambda_j \geqslant 0, j=1,\cdots,n\}$或者$S=\{\lambda_j \geqslant 0, \sum_{j=1}^{n}\lambda_j = 1, j=1,\cdots,n\}$。

2.2.4.5　序数变量DEA模型

DMU单元的评价指标除了定量指标以外往往还有定性指标。Cook等(1993,1996)将定性指标的问题引入DEA模型之中，并通过若干组0~1变量构建序数变量(ordinal variables)DEA模型。Kim等(1999)将序数变量DEA模型应用到韩国电话局评价问题中。Cook和Zhu(2006)则提出了一个带有序数变量的 IDEA 模型,并指出 IDEA 模型与 Cook 等(1993,1996)提出的模型具有等价性。

2.2.4.6 非明确投入的 DEA 模型

在评价实践中,经常会有没有明确的投入数据的情形,如仅有效率数据、仅有产出数据等。基于这种考虑,Thanassoulis 等(1996)和 Despotis(2005a,2005b)等对带有效率数据的 DEA 模型进行了研究。Liu 等(2011)则提出了将效率数据和仅有产出数据等都归为非明确数据(without explicit inputs,WEI),构建相应的 DEA-WEI 模型,并将决策者价值判断引入模型之中,见式(2-30):

$$\max\left\{\theta \mid \sum_{j} \lambda_j y_{rj} \geqslant \theta y_{r0}, r=1,\cdots,s; \sum_{j=1}^{n} \lambda_j = 1, \lambda_j \geqslant 0, j=1,\cdots,n\right\} \tag{2-30}$$

Yang 等(2012)则深入研究了 DEA-WEI 模型与效用函数之间的关系,并结合多属性效用理论(MAUT)提出了带有非线性项的 DEA-WEI 模型。

2.2.4.7 DMU 单元存在不同类别的 DEA 模型

在评价实践中,DMU 单元往往可以细分为不同类别。例如,处于不同竞争条件的超市或银行等。这种情况下,DMU 单元往往需要进行分类评价。Banker 和 Morey(1986b)将 DMU 单元分为管理者可以控制的和不能控制的两类,并构建了相应的 DEA 模型,主要特色是将分类变量通过若干组 0 ~ 1 变量进行表达,并增加约束 $\sum_j \lambda_j d_{ij}^{(k)} \leqslant d_{i0}^{(k)}$,保证 DMU 单元的参照点只能在本类或更低类别中,从而实现 DMU 单元的分类评价。随后,Syrjanen(2004)重新研究了此问题,并提出了此类问题的一个框架性模型。Löber 和 Staat(2010)在前人的基础上提出了一个改进模型,降低了计算复杂性。

2.2.5 多层次 DEA 模型

2.2.5.1 两阶段 DEA 模型

现实经济活动中往往存在 DMU 单元分为两个阶段的情况,即第一阶段通过投入而获得的产出会成为第二阶段的投入。Seiford 和 Zhu(1999)提出了一个两阶段的案例,并采用 DEA 分别测度两个阶段的相对有效性,但没有考虑到两个阶段之间的联系。基于此,Kao 和 Hwang(2008)考虑了两个阶段之间的联系并构建了相应的模型。Chen 等(2009)指出 Kao 和 Hwang(2008)的工作是基于生产可能集规模收益不变假定,并提出可采用加权求和的方法得到两个阶段的综合相对有效性。Wang 和 Chin(2011)则指出可以采用调和平均数,并将 Kao 和 Hwang(2008)的模型推广到生产可能集规模收益可变假定之下。

2.2.5.2　网络 DEA 模型

传统的 DEA 模型虽然可以评价决策单元的有效性,但是存在一个缺陷,即已有的模型都没有考虑到组织内部的不同单元之间的联系(Tone and Tsutsui,2009;Färe,1991;Färe et al.,1996)。现实中,很多组织都有多个独立的部门或单元,这些单元之间存在着相互联系(Tone and Tsutsui,2009)。基于此,Färe 和 Grosskopf(2000)提出网络 DEA 模型,他们认为传统的 DEA 模型将 DMU 单元视为"黑箱",而网络 DEA 模型可以打开"黑箱",从而评价 DMU 单元整体和内部各部分的相对有效性。Tone 和 Tsutsui(2009)提出了基于松弛变量的网络 DEA 模型,并对电厂的绩效进行了评价。Cook 等(2010)通过网络 DEA 模型对 DMU 单元的整体和内部各组成单元的相对有效性进行了评价。Hsieh 和 Lin(2010)采用网络 DEA 模型对台湾旅游宾馆进行了有效性评价。陈慈(2009)则深入研究了网络 DEA 模型的理论基础。Tone 和 Tsutsui(2009)指出网络 DEA 模型下 DMU 单元的规模收益情况需要进一步研究。

2.2.5.3　多层次 DEA 模型

从 DEA 模型的实践应用经验来看,被评单元 DMU 的数量应该为投入产出指标数的 2 ~ 3 倍及以上,否则 DEA 模型对 DMU 单元的区分能力会降低。因此,在投入产出指标较多并且指标间具有层级结构的情况下,需要采用多层次 DEA 模型来对 DMU 单元进行有效性评价。Meng 等(2008)提出一种两层次的 DEA 模型,并以中国科学院基础领域研究所为案例进行了评价。此外,Cook 等(1998)、Cook 和 Green(2005)也在此方面做了相应的研究工作。

2.2.6 其他 DEA 模型

2.2.6.1 超效率 DEA 模型

DEA 方法中一个重要问题是如何区分前沿面上的有效 DMU 单元。Andersen 和 Petersen(1993)针对此问题提出了超效率 DEA 模型。其基本思想是将有效 DMU 单元从参照集中提取出来,计算其超效率得分,并将其作为排名的基础。以基于投入的带非阿基米德无穷小变量的包络模型(径向测度)为例:

$$
\begin{aligned}
&\min \theta = \theta_0 - \varepsilon\left(\sum_r s_r^+ + \sum_i s_i^-\right) \\
&\text{s. t.} \quad \sum_{j,j\neq 0} \lambda_j x_{ij} + s_i^- = \theta_0 x_{i0} \quad i = 1,\cdots,m \\
&\qquad\quad \sum_{j,j\neq 0} \lambda_j y_{rj} - s_r^+ = y_{r0} \quad r = 1,\cdots,s \\
&\qquad\quad \lambda_j, s_i^-, s_r^+ \geqslant 0, r = 1,\cdots,s; i = 1,\cdots,m; j = 1,\cdots,n
\end{aligned}
\tag{2-31}
$$

Tone(2002)深入研究了超效率 DEA 模型,并提出了一个基于 SBM 测度的超效率 DEA 模型。此外,还有 Rousseau 和 Semple(1995)、Seiford 和 Zhu(1998a)等在这方面的研究工作。

2.2.6.2 交叉效率 DEA 模型

DMU_0的交叉效率定义为 $\theta_{j0} = \sum_{r=1}^{s}\mu_r^* y_{rj} \Big/ \sum_{i=1}^{k}\nu_i^* x_{ij}$ [其中,(μ_r^*, ν_i^*)为 DMU_0 的基于投入的 CCR-DEA 模型,见式(2-9)的最优解],反映 DMU_j 对 DMU_0 的交叉评价结果(Sexton et al.,1986)。基于此,可以得到一个 $n×n$ 的交叉效率矩阵(n 代表 DMU 单元的个数)。Sexton 等(1986)以及 Doyle 和 Green(1994)针对 CCR-DEA 模型中可能存在多重最优解的问题,提出了相应的解决办法和模型,包括"进取"模型和"保守"模型。Wang 和 Chin(2011)提出采用有序加权平均算子来进行交叉效率的合成。此外,Wang 等(2011)梳理了 DEA 交叉效率评价中权重的确定问题。Wang 等(2011)则通过理想 DMU 单元和非理想 DMU 单元来合成交叉效率矩阵。Liang 等(2008)提出博弈交叉效率的概念,并给出将每个 DMU

单元视为博弈方的博弈交叉效率模型。

2.2.6.3 二阶 DEA 模型

传统的 DEA 模型通过分段线性函数模拟生产函数,而事实上生产函数可能是高维的曲线(可能不满足凸性假定)。基于此,Kuosmanen 和 Post(2002)提出了二阶 DEA 模型(quadratic data envelopment analysis,QDEA),并通过数值模拟得出 QDEA 模型比传统的 DEA 模型在效率评价方面表现更好的结论。Yang 等(2012)则研究了 DEA-WEI 模型的二阶形式,并讨论了多种偏好下的二阶 DEA-WEI 模型的性质。

2.2.7 DEA 时序分析

2.2.7.1 窗口数据

Charnes 等(1985)采用 DEA 方法和窗口数据技术研究了美国空军保养单元不同时间点的效率情况,其核心思想是将 DMU 单元在不同时期的表现作为不同的 DMU 单元进行评价,从而考察其相对有效性在不同时期的变化情况。Sun(1988)分析了窗口数据技术的特性。Cooper 等(2006)讨论了这种方法的优势和不足,其中一个主要不足是初期和末期的 DMU 单元不如中间期的使用频率高。基于此,Sueyoshi(1992)提出了 DMU 单元逐步递增的方法(又称为"round robin")来进行窗口数据分析。

2.2.7.2 时序数据

Malmquist(1953)提出全要素生产率(TFP)的概念,分析组织生产率的变化。Färe 等(2004)基于 DEA 模型构建了 Malmquist 生产率指数。例如,基于 0 期和 t 期数据的 DMU_j 的 Malmquist 生产率指数定义为 $M_j(0,t)=D_{j0}^0/D_{jt}^0$。Malmquist 生产率指数(基于投入的)可以分解成为技术变化(TC)和相对效率变化(EC)两个组成部分,见式(2-32):

$$M_j(0,t)=[D_{jt}^t/D_{jt}^0]\times[D_{j0}^0/D_{jt}^t]=\mathrm{TC}_j(0,t)\times\mathrm{EC}_j(0,t) \tag{2-32}$$

其中,技术变化指前沿面的移动,相对效率变化指技术效率的改进。

2.2.7.3 灵敏度分析

Cook 和 Seiford(2009)指出，DEA 模型的敏感性分析主要针对如下问题：如果 DEA 模型中的数据发生变化，那么这些变化如何影响 DMU 单元的相对效率值？这个问题目前主要有三个研究方向，见表 2-2。

表 2-2　DEA 模型敏感性分析的三个研究方向

研究方向	研究内容	主要工作与结论
问题规模的研究	增加或减少 DMU 单元，从而观察 DMU 单元相对效率得分的敏感性	这方面的研究主要有 Wilson(1995)、Banker 等(1996c)、Ahn 和 Seiford(1993)等。他们提出一个经验公式 $n \geqslant \max\{m \times s, 3(m+s)\}$，其中，$n$ 为 DMU 单元数，m 和 s 分别为投入和产出的指标数
直接的数据扰动	研究投入产出指标值的变化对 DMU 单元绩效的影响	Charnes 和 Neralic(1992)、Neralic(1998,2004)等
间接的数据扰动	对一个给定的 DMU 单元，在其相对效率得分不变的情况下，最大可能的投入和产出的变化	Charnes 等(1992)针对有效 DMU 单元和非有效 DMU 单元的最大可能的投入和产出变化分别进行了研究

2.3 不确定数据的 DEA 模型

2.3.1 基于统计特性的 DEA 模型

Thore(1987)和 Land 等(1992,1994)提出将机会约束规划的思想应用到 DEA 模型中，Cooper 等(1996,2004)则建立了基于统计特性的 DEA 模型，见式(2-33)：

$$\max\left\{\theta = P\left(\frac{\sum_r \mu_r \tilde{y}_{r0}}{\sum_i \nu_i \tilde{x}_{i0}} \geqslant \beta_0\right) \middle| P\left(\frac{\sum_r \mu_r \tilde{y}_{rj}}{\sum_i \nu_i \tilde{x}_{ij}} \leqslant \beta_j\right) \geqslant 1-\alpha_j, j=1,\cdots,n; \mu_r, \nu_i \geqslant 0, \forall r,i\right\} \tag{2-33}$$

式中，P 为概率；$\tilde{x}_{ij}$，$\tilde{y}_{rj}$为已知分布的随机变量；α_j 和 β_0 为相应的阈值。此外，这

方面的研究还有 Cooper 等(1998)、Olesen 和 Petersen(1995)等。

2.3.2　区间数 DEA 模型

Jahanshahloo(2009)和 Hatami-Marbini 等(2011)指出,实际 DMU 单元的投入产出数据有时会是不确定的(inaccurate)、不精确的(imprecise)和模糊的(vague),其具体表现可能为概率形式、区间数、序数形式、定性数据或者模糊数据。Despotis 和 Smirlis(2002)提出了针对区间数的 DEA 模型,Jahanshahloo(2004)则针对区间数 DEA 模型进行了灵敏度分析。Jahanshahloo(2009)提出了区间数 DEA 模型的广义模型。以区间数 BCC-DEA 模型为例:

$$\max\left\{\theta=u^{\mathrm{T}}\bar{y}_0+\mu_0\ \middle|\ \begin{array}{c} u^{\mathrm{T}}\bar{y}_j-v^{\mathrm{T}}\bar{x}_j+\mu_0\leqslant 0,j=1,\cdots,n \\ v^{\mathrm{T}}\bar{x}_0=1,u\geqslant 1\varepsilon,v\geqslant 1\varepsilon \end{array}\right\} \tag{2-34}$$

式中,$\bar{y}_j,\bar{x}_j,\bar{y}_0,\bar{x}_0$ 均为区间数向量。设 $\bar{x}_{ij}=[x_{ij}^l,x_{ij}^u]$ 和 $\bar{y}_{rj}=[y_{rj}^l,y_{rj}^u]$,则 DMU_0 相对效率的上下限分别由式(2-35)和式(2-36)确定。

$$\max\left\{\bar{\theta}=u^{\mathrm{T}}y_0^u+\mu_0\ \middle|\ \begin{array}{c} u^{\mathrm{T}}y_j^l-v^{\mathrm{T}}x_j^u+\mu_0\leqslant 0,j=1,\cdots,n,j\neq 0 \\ u^{\mathrm{T}}y_0^u-v^{\mathrm{T}}x_0^l+\mu_0\leqslant 0 \\ v^{\mathrm{T}}x_0^l=1,u\geqslant 1\varepsilon,v\geqslant 1\varepsilon \end{array}\right\} \tag{2-35}$$

$$\max\left\{\bar{\theta}=u^{\mathrm{T}}y_0^l+\mu_0\ \middle|\ \begin{array}{c} u^{\mathrm{T}}y_j^u-v^{\mathrm{T}}x_j^l+\mu_0\leqslant 0,j=1,\cdots,n,j\neq 0 \\ u^{\mathrm{T}}y_0^l-v^{\mathrm{T}}x_0^u+\mu_0\leqslant 0 \\ v^{\mathrm{T}}x_0^u=1,u\geqslant 1\varepsilon,v\geqslant 1\varepsilon \end{array}\right\} \tag{2-36}$$

如果假设式(2-34)~式(2-36)中的 $\mu_0=0$,则以上两个模型为相应的区间数 CCR-DEA 模型。

2.3.3　模糊数 DEA 模型

Zadeh(1965,1975,1978)提出了模糊集理论(fuzzy set theory),该理论在多个领域得到了应用(Chiou et al.,2005;Ho et al.,2010)。Sengupta(1992a,1992b)最先将模糊集理论引入 DEA 方法之中,构建模糊数 DEA 模型。以基于投入的模糊数 CCR-DEA 模型为例,其模型和对偶模型(乘数形式),见式(2-37)和式(2-38),其中,符号"⌒"表示模糊数。

$$\min\left\{\theta_p \left| \begin{array}{l} \sum_{j=1}^{n}\lambda_j \widehat{x}_{ij} \leqslant \theta_p \widehat{x}_{ip}; i=1,\cdots,m; \sum_{j=1}^{n}\lambda_j \widehat{y}_{rj} \leqslant \theta_p \\ \widehat{y}_{rp}; r=1,\cdots,s; \lambda_j \geqslant 0, j=1,\cdots,n \end{array}\right.\right\} \tag{2-37}$$

$$\max\left\{\theta = \sum_{r=1}^{s}\mu_r \widehat{y}_{rp} \left| \begin{array}{l} \sum_{i=1}^{m}\nu_i \widehat{x}_{ip} = 1; \sum_{r=1}^{s}\mu_r \widehat{y}_{rj} - \sum_{i=1}^{m}\nu_i \widehat{x}_{ij} \leqslant 0 \\ \mu_r, \nu_i \geqslant 0, r=1,\cdots,s; i=1,\cdots,m; j=1,\cdots,n \end{array}\right.\right\} \tag{2-38}$$

在式(2-37)中增加约束$\sum_{j=1}^{n}\lambda_j=1$以及在式(2-38)中增加相应的变量$\mu_0$,可得相应的 BCC-DEA 模型。Hatami-Marbini 等(2011)指出,目前模糊数 DEA 模型的相关研究可以分为四类:容忍方法、α 水平方法、模糊排序方法和可能性方法。

2.4 DEA 模型的若干应用

2.4.1 DEA 模型与相对有效性评价

DEA 方法作为一种 DMU 单元相对有效性评价方法,评价 DMU 单元相对效率情况是各类 DEA 模型的基本功能。DEA 前沿面可以模拟生产函数(前沿生产函数),因此各类 CCR-DEA 模型的最优解可以用来衡量特定约束下的生产效率或技术效率(TE),各类 BCC-DEA 模型的最优解可用于衡量特定约束下的纯技术效率。此外,相应的 DEA 模型还可以用于衡量配置效率(AE)等各类生产效率。

在 DEA 方法的相关研究中,技术效率又可以分为纯技术效率(PTE)和规模效率(SE)。纯技术效率指纯粹由技术原因引起的效率变化,规模效率指纯粹由规模原因引起的效率变化。技术效率和纯技术效率与规模效率之间的关系为 TE=PTE×SE。A 点的纯技术效率PTE=BD/AD;A 点的规模效率 SE=CD/BD;A 点的技术效率为 TE=PTE×SE=BD/AD×CD/BD=CD/AD(图 2-1)。

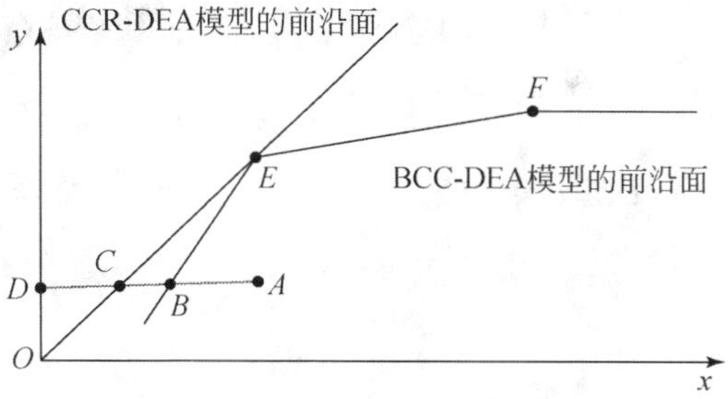

图 2-1　基于投入的技术效率

配置效率反映在投入价格以及生产技术固定的条件下，生产过程使用最适合比例投入组合的能力，即生产过程是否在最小成本下生产，又称为价格效率(PE)。技术效率和配置效率共同组成总经济效率(TEE)①。

下面通过一个例子说明如何应用 DEA 模型进行相对有效性评价。本例中共有13个DMU单元，3个投入指标和2个产出指标。采用基于投入的径向测度CCR-DEA模型[式(2-10)]和BCC-DEA模型[式(2-12)]，各DMU单元效率值见表2-3。

表 2-3　应用 DEA 模型进行相对有效性评价结果

DMU	投入			产出		CCR-DEA 模型	BCC-DEA 模型	技术效	纯技术效	规模效
单元	X_1	X_2	X_3	Y_1	Y_2	效率值	效率值	率(TE)	率(PTE)	率(SE)
DMU_1	10	0.8	540	0.9	70	0.6811	0.7567	0.6811	0.7567	0.9001
DMU_2	15	1.0	480	1.0	95	0.8333	0.8333	0.8333	0.8333	1
DMU_3	12	2.1	510	0.8	75	0.6274	0.7843	0.6274	0.7843	0.7999
DMU_4	10	0.6	420	0.9	90	0.9000	0.9524	0.9000	0.9524	0.9450
DMU_5	18	0.5	600	0.7	80	0.5600	0.6667	0.5600	0.6667	0.8400
DMU_6	7	0.9	520	1.0	50	0.9064	1	0.9064	1	0.9064
DMU_7	10	0.3	500	0.8	70	0.7999	1	0.7999	1	0.7999
DMU_8	12	1.5	550	0.75	75	0.5727	0.7273	0.5727	0.7273	0.7874
DMU_9	14	1.8	570	0.65	55	0.4561	0.7017	0.4561	0.7017	0.6500
DMU_{10}	8	0.9	450	0.85	90	0.8400	0.9180	0.8400	0.9180	0.9150
DMU_{11}	6	0.3	450	0.95	100	1	1	1	1	1
DMU_{12}	7	0.3	420	1.0	100	1	1	1	1	1
DMU_{13}	8	0.3	400	1.0	95	1	1	1	1	1

数据来源：盛昭瀚等(1996)

① 总经济效率又被称为整体效率(overall efficiency，OE)或成本效率(cost efficiency，CE)。

由表2-3中可以看出，DMU_{11}、DMU_{12}和DMU_{13}技术效率为1；DMU_6、DMU_7、DMU_{11}、DMU_{12}和DMU_{13}纯技术效率为1；DMU_2、DMU_{11}、DMU_{12}和DMU_{13}规模效率为1。据此可分析影响各DMU单元技术效率、纯技术效率和规模效率的深层次原因，并将其作为制定相关政策的依据。

2.4.2 DEA模型与规模收益

通过DEA模型估算DMU单元的规模收益最先由Banker(1984)和Banker等(1984)提出。Banker(1984)对经济学中规模收益的概念进行扩展，把规模收益从经典经济学引入DEA模型的框架之中，并且通过基于径向测度的CCR-DEA模型对DMU单元的规模收益情况进行了估算。随后，Banker等(1984)提出了可变规模收益假定下的BCC-DEA模型，并分析了如何应用BCC模型来估算规模收益情况。目前，基于DEA模型的规模收益研究大体可以分为四类，具体见表2-4。

表2-4 基于DEA模型的规模收益研究

主要方法	基本结论和相关研究
采用CCR-DEA模型	一个众所周知的确定被评单元规模收益情况的方法是在不变规模收益假定下计算DEA模型中的$\sum_{j=1}^{n}\lambda_j^*$。这方面的研究有Banker(1984)，Chang和Guh(1991)，Ganley和Cubbin(1992)，Banker和Thrall(1992)，Zhu和Shen(1995)，Banker等(1996a，1996b)，Seiford和Zhu(1998b，1999)
采用BCC-DEA模型	作为第一类研究的扩展，可以在可变规模收益假定下通过支撑超平面在生产可能集上的截距来估算被评单元的规模收益情况(Banker et al.，1984)。这个截距体现为DEA模型凸约束中的一个对偶变量。因此，可以通过截距的符号(正的、负的、0)来判定被评单元的规模收益情况，或者通过分析DMU单元在一个小的邻域内的性质来判定其规模收益情况。这方面的研究主要有Banker和Thrall(1992)，Tone(1996)，Golany和Yu(1997)，Sueyoshi(1999)，Cooper等(2000)，Tone和Sahoo(2003)
采用FGL-DEA模型及定量研究规模弹性	此类研究最早可以追溯到Färe和Grosskopf(1985)与Färe等(1983，1985，1994)的研究。他们通过分析规模效率来判断被评单元是否达到了规模收益最优(规模收益不变)，他们通过一系列径向测度DEA模型效率的比例对DMU单元的规模收益情况进行估算。这些比例是通过一系列模型的最优解得到的，而这些模型的不同在于约束条件有所不同。在这类研究工作之中，Førsund(1996)不仅讨论了规模收益的类型，还讨论了如何定量地衡量规模收益的大小。Fukuyama(2000)则进一步扩展到了规模弹性的定量估算方法，他的研究结果显示了定性定量判定方法的重要性，并且给出了规模弹性测量的理论综述

续表

主要方法	基本结论和相关研究
应用非径向测度的 DEA 模型	上述三类研究工作都是基于径向测度的 DEA 模型。而径向测度的 DEA 模型存在明显的不足,即会遗漏松弛变量的信息。为了弥补这些问题,Zhu(1996,2001),Tone(2001a,2002)和 Chen(2003)等提出多种非径向测度的 DEA 模型,包括基于 Russell 测度的 DEA 模型、加性模型等。很自然地,我们会想到需要利用非径向模型来衡量规模收益情况。例如,Banker 等(2004)讨论了加性模型和乘积模型下的规模收益问题。Sueyoshi 和 Sekitani(2005)探索了生产方案包括反馈过程的动态 DEA 模型中的规模收益问题。Zarepisheh 等(2010)研究了 Cobb-Douglas 型 DEA 模型的规模收益估算问题。此外,还有 Lozano 和 Gutiérrez(2009)、Sueyoshi 和 Sekitani(2007)的研究工作等

实际的规模收益分析往往还涉及阻塞效应的概念,即在不使其他投入或产出恶化的前提下,某个(或某些)投入的减少会造成某个(或某些)最大可能产出的增加(Cooper et al.,2004,2011)。本质上说,阻塞效应描述的是投入过量的问题(Wei and Yan,2004)。

Färe 等(1983,1985)采用定量方法对阻塞效应进行了研究,并提出了相应的 DEA 模型(FGL-DEA 模型),随后 Cooper 等(1996)提出了另一种用于研究阻塞效应的 DEA 模型(CTT 模型),Cooper 等(2001)比较了以上两种模型的异同。Wei 和 Yan(2004)、Tone 和 Sahoo(2004)基于弱处置假定,重新构建了生产可能集,并构建基于新生产可能集的 DEA 模型(WY-TS 模型)对阻塞效应进行判定。Kao(2010)梳理了以上三类阻塞效应的研究工作,并指出 CTT 模型和 WY-TS 模型对阻塞效应的区分能力比 FGL-DEA 模型更强,同时 WY-TS 模型还能区分纯技术效率和阻塞效应,而 CTT 模型做不到这一点。Sueyoshi 和 Sekitani(2009)则研究了多重投影(multiple projections)情况下的阻塞效应问题。

2.4.3　DEA 模型的其他应用

由于通过 DEA 模型的前沿面可以模拟生产函数,经济学中与生产函数相关的很多问题都可以通过 DEA 模型进行分析。例如,最小成本问题、最大收益问题、最大利润问题等。此外,DEA 模型还广泛用于技术进步贡献率(全要素生产率)的估算、区域经济预警、系统分类等诸多领域,并处于蓬勃发展之中(盛昭瀚等,1996)。

2.5 本章小结

本章凝练了 DEA 方法中包含的六大关键要素,这些要素决定 DEA 模型的具体形式和用途,具体包括:①生产可能集;②测度;③偏好;④变量的类型;⑤问题的层次;⑥数据是否是确定的。以上这些要素的组合,可以形成不同的 DEA 模型,用于解决不同的问题。本章围绕以上关键要素对 DEA 模型近年的若干重要研究工作和模型进行梳理和分类,并简要介绍了 DEA 模型的若干应用。优秀的研究工作还有很多,限于篇幅未能一一列举。作为管理科学的一个新的研究领域,DEA 模型相关的研究工作(包括方法与实践)正在以指数规律不断增长(Gattoufi et al.,2004)。整体来看,DEA 模型未来可能的研究方向有:

一是网络 DEA 模型的相关研究。网络 DEA 模型是目前研究的热点之一,虽然陈慈(2009)构建了网络 DEA 模型的理论基础,但是还存在很多问题有待进一步研究,包括动态网络 DEA 模型、网络 DEA 模型下 DMU 单元规模效率、配置效率以及规模收益情况等。

二是交叉效率 DEA 模型中的效率合成问题。Wang 和 Chin(2011)指出,现有交叉效率的研究主要聚焦在其应用和交叉效率矩阵的生成上,很少有研究关注交叉效率合成的过程。交叉效率合成目前应用最广的方法就是等权加和。由此可见,对交叉效率 DEA 模型中的效率合成问题的研究还不充分。

三是 QDEA 模型相关研究。传统的 DEA 模型通过前沿面对生产函数采用分段线性函数来进行估计,而事实上生产函数可能是高维的曲线。基于此,Kuosmanen 和 Post(2002)提出了 QDEA 模型,并指出 QDEA 模型在效率评价方面比传统的 DEA 模型表现更好。目前,QDEA 模型相关研究还有待进一步加强,包括 DMU 单元的规模收益研究等。

四是方向规模收益研究。Banker(1984)将经济学中规模收益的概念引入 DEA 框架之中,提出通过 DEA 模型对 DMU 单元的规模收益进行估算的方法,把 DEA 模型的应用领域从相对效率评价扩展到规模收益估算。他的定义采用了径向测度的思想,延续了现有经济学中关于规模收益问题的定义。因此,还需要在研究的基础上进一步研究当各类投入不等比例变化时,DMU 单元的方向规模收益情况。

第 3 章　经济学中的规模收益和规模弹性

3.1　研 究 背 景

规模收益是组织绩效分析所关心的一个重要问题。它可以帮助决策者决定是应该扩大还是减少组织规模,从而提高组织运行的绩效。规模收益是经济学中一个经典的概念,涉及生产要素变化与产量变化之间的关系。如果生产规模的变化是所有生产要素以相同比例扩大(或减少)引起的,则规模收益关注所有投入成比例变化时产出的变化率(Pindyck and Rubinfeld,2000)。生产过程的规模收益情况有三种:①如果产量增加(减少)的比例大于生产要素增加(减少)的比例,则该生产规模收益递增;②如果产量增加(减少)的比例等于生产要素增加(减少)的比例,则该生产处于规模收益不变;③如果产量增加(减少)的比例小于生产要素增加(减少)的比例,则该生产处于规模收益递减。

经济学中规模收益的定义需要借助生产函数的概念。Wichsteed(1894)提出单产出多投入生产函数的具体形式:$y=f(x_1,x_2,\cdots,x_m)$,其中,y 为产出,$(x_1,x_2,\cdots,x_m)$为各类投入。Pareto(1906)对生产函数进行了深入的研究,提出了“等产量线”等概念。随后,Frisch、Samuelson、Hicks、Shephard 等在 20 世纪 30 ~ 40 年代对生产函数的若干性质进行了研究。Koopmans(1951)以及 Debreu(1959)则通过向量空间和凸分析方法对生产函数进行了分析。基于新古典经济学的视角,多投入单产出生产函数的性质可以定义如下:令 $X=(x_1,x_2,\cdots,x_m)$ 为一组投入,定义投入空间为投入的可接受集,即任何一个投入都是非负有限的实数。因此,任何一组投入均处于 m 维欧几里得空间中的非负象限 R_+^m,则 R_+^m 为投入空间。令 y 为产出,y 是一个有限的数,即 $y\in R$。则生产函数可以表述为函数 f:$R_+^m\rightarrow R$。$f(x_1,x_2,\cdots,x_m)$为给定的可接受投入所产生的最大可能产出。

对于生产函数$f:R_+^m \to R$来说，一般需要满足如下假设。①对所有非负有限的投入$X=(x_1, x_2, \cdots, x_m)$来说，产出$f(X)$为有限非负的一个实数；②$f(0,0,\cdots,0)=0$；③如果$X \geqslant X'$，则$f(X) \geqslant f(X')$（单调性：投入的增长不会引起产出的下降）；④$f:R_+^m \to R$为二阶连续可微函数；⑤集合$V(y)=\{X|f(X) \geqslant y\}$为凸集；⑥集合$V(y)=\{X|f(X) \geqslant y\}$为闭集，并且对任意$y>0$，$V(y)$均为非空集合。经济学中常见的生产函数有：固定替代比例生产函数、固定投入比例生产函数（也被称为Leonief生产函数）和Cobb-Douglas生产函数。

目前，对于科研机构知识生产函数的研究主要有两个可能路径：一是从理论上探讨知识生产过程中投入和产出的函数关系。Griliches（1979）通过假设知识生产函数为Cobb-Douglas生产函数，得到知识生产函数的基本形式：$Y=DC^{\alpha}L^{\beta}K^{\gamma}e^{\lambda t+u}$。其中$C$、$L$和$K$分别为知识水平、研究人员和科技投入，$Y$为科研产出，$D$为一个常数，$t$为时间序列，e为自然对数的底；$\alpha,\beta,\gamma,\lambda$为需要进行估计的参数；$u$为误差。Romer（1990）认为任意给定时刻新的知识产出取决于研究人员的投入数量和现有的知识存量，表示为：$A=\delta A^{\phi}L_A^{\lambda}$（其中，$A$为知识存量；$L_A$为研发人员数；$\delta,\phi,\lambda$为常数）。

知识生产函数中的参数估计主要有多元回归分析方法和线性规划方法：①多元回归分析方法是一种以总体残差平方和最小为准则的方法，得到的生产函数是“平均”意义下的生产函数，即部分实际DMU单元位于生产函数图形的上方，这与生产函数本身的概念有所偏差；②线性规划方法用“最接近”所有样本点的外包络面作为生产函数的图形（又称为前沿生产函数），比多元回归分析方法更接近生产函数的原本含义。但需要指出的是，线性规划方法需要预先假定生产函数为Cobb-Douglas生产函数；而多元回归分析方法虽然不需要假定生产函数为Cobb-Douglas生产函数，但需要假设一个生产函数的基本形式，然后通过观察值估计生产函数中的参数。

二是用已知的DMU单元观察值来拟合生产函数。拟合生产函数的方法主要是DEA模型。DEA模型通过生产可能集的有效前沿面（凸性假定下）来拟合前沿生产函数，其可以处理多输入多输出问题，也可以判别出任意一个DMU单元是否位于前沿面上。对于不在前沿面上的点，可通过投影将其移到前沿面上。值得指出的是，采用DEA模型确定前沿生产函数一般不需要预先假设生产函数的形式。

从以上分析可以发现，第一类研究路径基本都是基于知识生产函数为 Cobb-Douglas 生产函数这一假设（Romer 模型除外，但它忽略了经费投入的影响），利用观察值进行参数估计，从而确定生产函数中的参数；第二类研究（DEA 模型）直接利用观察值拟合生产函数，一般并不需要预先假定知识生产函数的形式。同时从实践上看，目前国内外针对公共部门（包括科研机构）多投入多产出规模收益的分析主要是采用 DEA 模型（Fox，2002）。

3.2　生 产 函 数

经济学中规模收益的定义需要借助生产函数的概念。Wichsteed（1894）提出单产出多投入生产函数的具体形式：$y=f(x_1, x_2, \cdots, x_m)$。其中，$y$ 为产出；$(x_1, x_2, \cdots, x_m)$ 为各类投入。以上定义不包括多产出的情形。单产出两个投入的生产函数见图 3-1。

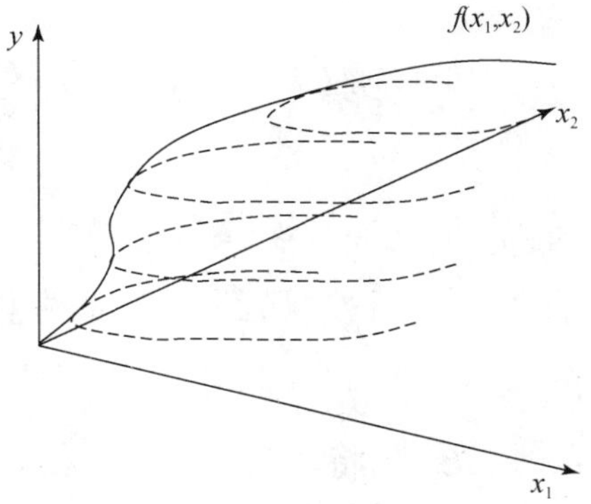

图 3-1　单产出两个投入的生产函数

Pareto（1906）对生产函数进行了深入的研究，提出了“等产量线”等概念。随后，Frisch、Samuelson、Hicks、Shephard 等在 20 世纪 30 ~ 40 年代对生产函数的若干性质进行研究。Koopmans（1951）以及 Debreu（1959）则通过向量空间和凸分析方法对生产函数进行分析。

基于新古典经济学的视角，多投入单产出生产函数的性质可以被定义如下：令 $X=(x_1, x_2, \cdots, x_m)$ 为一组投入，定义投入空间为投入的可接受集，即任何一个投入都是非负有限的实数。因此,任何一组投入均处于 m 维欧几里得空间中的非负象限 R_+^m,则 R_+^m 为投入空间。令 y 为产出,y 是一个有限的数,即 $y\in R$。则生产函数可以表述为函数 $f:R_+^m\to R$。$f(x_1,x_2,\cdots,x_m)$ 为给定的可接受投入所产生的最大可能产出。生产函数 $f:R_+^m\to R$ 一般需要满足如下假设。

1)对所有非负有限的投入 $X=(x_1,x_2,\cdots,x_m)$ 来说,产出 $f(X)$ 为有限非负的一个实数;

2)$f(0,0,\cdots,0)=0$;

3)如果 $X\geqslant X'$,则 $f(X)\geqslant f(X')$(单调性:投入的增长不会引起产出的下降);

4)$f:R_+^m\to R$ 为二阶连续可微函数;

5)集合 $V(y)=\{X|f(X)\geqslant y\}$ 为凸集;

6)集合 $V(y)=\{X|f(X)\geqslant y\}$ 为闭集,并且对任意 $y>0$,$V(y)$ 均为非空集合。

经济学中常见的生产函数有:固定替代比例生产函数、固定投入比例生产函数(Leonief 生产函数)和 Cobb-Douglas 生产函数。

3.3 规模收益与规模弹性

在帕累托偏好下,基于生产函数,规模收益的概念可以分为全局定义和局部定义两种,全局定义针对整个生产函数,局部定义针对生产函数上的某个具体的点,即规模弹性。经典经济学中,对生产函数的分析主要基于只有一种产出的情况(Frisch,1965)。Førsund(1996)则将规模弹性的概念扩展到多产出的情形。

3.3.1 单投入单产出生产函数

令 $y=f(x)$,其中 y 代表产出量,x 代表投入量。假设 $y=f(x)$ 为连续可微函数的前提条件。

(1)全局定义

如果有:

1)对任意 $t>1$,任意 x 均有 $f(tx)>tf(x)$,表明该生产函数为规模收益递增;

2）对任意 $t \geqslant 0$，任意 x 均有 $f(tx)=tf(x)$，表明该生产函数为规模收益不变；

3）对任意 $t>1$，任意 x 均有 $f(tx)<tf(x)$，表明该生产函数为规模收益递减。

（2）局部定义或规模弹性

经济学中规模弹性被定义为在某一点投入的微小变化引起的产出的变化情况的对比：在原有规模（$t=1$）的基础上，增加或减少生产规模 t 时，产量 $f(x)$ 的变化速度。因此，得到生产技术在要素组合为 x 时的规模收益弹性为 $e(x)=\dfrac{\mathrm{d}f(t)/f(t)}{\mathrm{d}t/t}=\dfrac{1}{f(x)}\dfrac{\mathrm{d}f(tx)}{\mathrm{d}t}(t=1)$。

$$\lim_{t\to 1}\frac{\dfrac{f(tx)-f(x)}{t-1}}{f(x)} \tag{3-1}$$

根据式（3-1），任意点的规模弹性为

$$e[f(x),x]=\frac{xf'(x)}{f(x)} \tag{3-2}$$

对 $[f(x_0),x_0]$ 来说：$e[f(x_0),x_0]>1$，此点规模收益递增；$e[f(x_0),x_0]=1$，此点规模收益不变；$e[f(x_0),x_0]<1$，此点规模收益递减。

3.3.2 多投入单产出生产函数

采用 $y=f(x_1,x_2,\cdots,x_m)$ 表达生产函数。其中，y 为产出量；$(x_1,x_2,\cdots,x_m)$ 为 m 种投入量，如人力、资本等。假定 $y=f(x_1,x_2,\cdots,x_m)$ 为连续可微函数。经济学中传统规模收益定义基于各类投入和产出的等比例变化（径向变化）。

（1）全局定义

如果：

1）对任意 $t>1$，任意 $(x_1,x_2,\cdots,x_m)$ 均有 $f(tx_1,tx_2,\cdots,tx_m)>tf(x_1,x_2,\cdots,x_m)$，表明该生产函数为规模收益递增；

2）对任意 $t \geqslant 0$，任意 $(x_1,x_2,\cdots,x_m)$ 均有 $f(tx_1,tx_2,\cdots,tx_m)=tf(x_1,x_2,\cdots,x_m)$，表明该生产函数为规模收益不变；

3）对任意 $t>1$，任意 $(x_1,x_2,\cdots,x_m)$ 均有 $f(tx_1,tx_2,\cdots,tx_m)<tf(x_1,x_2,\cdots,$

x_m),表明该生产函数为规模收益递减。

(2)局部定义或规模弹性

在某一点投入的微小变化引起的产出的变化情况的对比:

$$\lim_{t\to 1}\frac{\dfrac{f(tx_1,tx_2,\cdots,tx_m)-f(x_1,x_2,\cdots,x_m)}{t-1}}{f(x_1,x_2,\cdots,x_m)} \tag{3-3}$$

根据式(3-3),任意点$[y_0,X_0(x_1,x_2,\cdots,x_m)]$的规模弹性为

$$e(y_0,X_0)=\sum_{i=1}^{m}x_i\frac{\dfrac{\partial f(x_1,x_2,\cdots,x_m)}{\partial x_i}}{f(x_1,x_2,\cdots,x_m)} \tag{3-4}$$

对于(y_0,X_0)来说:①$e(y_0,X_0)>1$,此点规模收益递增;②$e(y_0,X_0)=1$,此点规模收益不变;③$e(y_0,X_0)<1$,此点规模收益递减。

3.3.3 多投入多产出生产函数

假设连续可微的生产函数为

$$F(Y,X)=0,Y\in R_+^s,X\in R_+^m,\frac{\partial F(Y,X)}{\partial x_i}\leqslant 0,\frac{\partial F(Y,X)}{\partial y_j}\geqslant 0,r=1,\cdots,s;i=1,\cdots,m$$

(1)全局定义

令所有投入均按相同比例变化,则生产函数记为

$$F(\beta y_1,\cdots,\beta y_s,tx_1,\cdots,tx_m)=0 \tag{3-5}$$

式中,t为投入变化的比例;β为各类产出变化的最大可能比例。Starrett(1977)指出$\beta=\max\{\sigma:F(\sigma Y,tX)=0\}$。令$\rho=\dfrac{\beta-1}{t-1}$,如果对任意$t>0,t\neq 1$有

(a)$\rho>1$,则表明该生产函数为规模收益递增;

(b)$\rho=1$,则表明该生产函数为规模收益不变;

(c)$\rho<1$,则表明该生产函数为规模收益递减。

(2)局部定义或规模弹性

由于$\beta=\max\{\sigma:F(\sigma Y,tX)=0\}$,则对任意$t>0,t\neq 1$,令$\Delta X=tX-X,\Delta Y=\beta Y-$

Y,则定义$(Y_0,X_0)$$(X_0\in R_m^+,Y_0\in R_s^+)$的规模弹性为(Banker et al.,1984)

$$e(Y_0,X_0)=\lim_{t\to 1}\frac{\beta-1}{t-1} \tag{3-6}$$

这里假设式(3-6)极限总是存在。

如果:

(a)$e(Y_0,X_0)>1$,则 DMU(Y_0,X_0)为规模收益递增;

(b)$e(Y_0,X_0)=1$,则 DMU(Y_0,X_0)为规模收益不变;

(c)$e(Y_0,X_0)<1$,则 DMU(Y_0,X_0)为规模收益递减。

如果生产函数连续可微,Førsund(1996)将规模弹性的定义从多投入单产出扩展到多投入多产出的情形。方法如下:将式(3-5)进行微分,有

$$\sum_{r=1}^{s}\frac{\partial F}{\partial y_r}y_r\frac{\mathrm{d}\beta}{\mathrm{d}t}+\sum_{i=1}^{m}\frac{\partial F}{\partial x_i}x_i=0 \tag{3-7}$$

从式(3-7)可知:

$$e(Y_0,X_0)=\frac{\mathrm{d}\beta}{\mathrm{d}t}=-\left.\frac{\sum_{i=1}^{m}\frac{\partial F}{\partial x_i}x_i}{\sum_{r=1}^{s}\frac{\partial F}{\partial y_r}y_r}\right|_{(Y_0,X_0)} \tag{3-8}$$

即点$(Y_0,X_0)$$(X_0\in R_m^+,Y_0\in R_s^+)$的规模弹性定义为

$$e(Y_0,X_0)=-\left.\frac{\sum_{i=1}^{m}\frac{\partial F}{\partial x_i}x_i}{\sum_{r=1}^{s}\frac{\partial F}{\partial y_r}y_r}\right|_{(Y_0,X_0)} \tag{3-9}$$

如果:

(a)$e(Y_0,X_0)>1$,则 DMU(Y_0,X_0)为规模收益递增;

(b)$e(Y_0,X_0)=1$,则 DMU(Y_0,X_0)为规模收益不变;

(c)$e(Y_0,X_0)<1$,则 DMU(Y_0,X_0)为规模收益递减。

需要指出的是,式(3-6)和式(3-9)是等价的。

3.4　DEA 框架中的规模收益判定

目前,国内外针对公共部门(包括科研机构)多投入多产出规模收益分析采

用的方法主要是 DEA 模型(Fox,2002),通过生产可能集前沿面来模拟生产函数,通过其基本性质来判断公共部门的规模收益情况。通过 DEA 模型计算 DMU 单元的规模收益情况最先由 Banker(1984)和 Banker 等(1984)提出。

Banker(1984)对规模收益概念进行扩展,他把规模收益的概念从经典经济学引入 DEA 模型的框架之中,并且通过基于径向测度的 CCR-DEA 模型对 DMU 单元的规模收益情况进行了估算。随后,Banker 等(1984)提出了可变规模收益假定下的 BCC-DEA 模型,并分析了如何应用 BCC 模型来估算规模收益情况。这些学者主要是通过在 CCR-DEA 模型中添加一个凸约束的方式来估算 DMU 单元的规模收益。但是以上方法需要假定有效 DMU 单元之间不存在线性相关关系。事实上,大部分 DEA 应用的有效 DMU 单元之间均存在线性相关关系。Chang 和 Guh(1991)通过具体的实例说明了这个问题,Banker 和 Thrall(1992)深入研究了在有效 DMU 单元之间存在线性相关关系的情况下通过 DEA 模型对 DMU 单元的规模收益情况进行判定的方法。总的来看,基于 DEA 的规模收益研究可以分为以下五类。

(1)采用 CCR-DEA 模型

一个众所周知的确定被评单元规模收益情况的方法是在不变规模收益假定下计算 DEA 模型中的 $\sum_{j=1}^{n}\lambda_j^*$,具体如下。

记 CCR-DEA 模型为

$$
\begin{aligned}
&\theta^* = \min\theta \\
\text{s.t.}\quad & \sum_{j=1}^{n}\lambda_j x_j \leqslant \theta x_0 \\
& \sum_{j=1}^{n}\lambda_j y_j \geqslant y_0 \\
& \lambda_j \geqslant 0 \quad j = 1,\cdots,n
\end{aligned}
\tag{3-10}
$$

在式(3-10)中,可以通过 λ_j 的最优值来判断 DMU_0的规模收益情况,即

(a)若 $\sum_{j=1}^{n}\lambda_j^* = 1$,则 DMU_0为规模收益不变;

(b) 若 $\sum_{j=1}^{n} \lambda_j^* < 1$,则 DMU_0为规模收益递增;

(c)若 $\sum_{j=1}^{n} \lambda_j^* > 1$,则 DMU_0为规模收益递减。

以上结论是在 CCR-DEA 模型有唯一解时得出的。在这方面的研究有 Banker(1984),Chang 和 Guh(1991),Ganley 和 Cubbin(1992),Banker 和 Thrall (1992),Zhu 和 Shen(1995),Banker 等(1996a,1996b),Seiford 和 Zhu(1998,1999)等。此类研究存在的一个主要问题是可以确定规模收益的类型(不变、递增、递减),但不能给出规模收益的具体数值。

(2)采用 BCC-DEA 模型

作为第一类研究的扩展,我们可以在可变规模收益假定下通过支撑超平面在生产可能集上的截距来估算被评单元的规模收益情况(Banker,1984)。这个截距体现为 DEA 模型凸约束中的一个对偶变量。我们可以通过截距的符号(正的、负的、0)来判定被评单元的规模收益情况。具体如下:

记 BCC-DEA 模型为

$$
\begin{aligned}
\sigma^* = & \max u^{\mathrm{T}} y_0 + \mu_0 \\
\text{s. t.} \quad & u^{\mathrm{T}} y_0 - v^{\mathrm{T}} x_0 + \mu_0 \leqslant 0 \quad j=1,\cdots,n \\
& v^{\mathrm{T}} x_0 = 1 \\
& u \geqslant 0, v \geqslant 0, \mu_0 \text{free}
\end{aligned}
\tag{3-11}
$$

对于式(3-11)的最优解 μ_0^*,有

(a)当且仅当 $\mu_0^* > 0$,DMU_0为规模收益递增;

(b)当且仅当 $\mu_0^* = 0$,DMU_0为规模收益不变;

(c)当且仅当 $\mu_0^* < 0$,DMU_0为规模收益递减。

在这方面的研究主要有 Banker 和 Thrall (1992) ,Tone(1996),Sueyoshi (1999),Cooper 等(2000,2004),Tone 和 Sahoo(2003),Golany 和 Yu(1997),Jahanshahloo 等(2005)。这类研究的主要贡献在于不仅可以判断规模收益的类型,还可以给出规模收益程度的定性判断。

(3)采用 FGL-DEA 模型及定量研究规模弹性

此类研究最早可以追溯到 Färe 和 Grosskopf(1985)与 Färe 等(1983,1985,1994)的研究。他们通过分析规模效率来判断被评单元是否达到了规模收益最优(规模收益不变),他们通过一系列基于径向测度的 DEA 模型的效率的比例对 DMU 单元的规模收益情况进行估算。这些比例是通过一系列模型的最优解得到的,而这些模型的不同在于约束条件有所不同。他们的研究工作不存在前两类研究工作中多重最优解的问题(有效 DMU 单元之间存在线性相关关系),但是他们的研究工作还是局限于判断规模收益情况的类型。在这类研究工作之中,Førsund(1996)不仅讨论了规模收益的类型,还讨论了如何定量地衡量规模收益的大小。Fukuyama(2000)则将研究进一步扩展到了规模弹性的定量估算方法,他的研究结果显示了定性定量判定方法的重要性,并且给出了规模弹性测量的理论综述。Huang 等(1997)、Kerstens 和 Vanden Eeckaut(1999)、Read 和 Thanassoulis(2000)等也对规模弹性做了深入的研究。但是,他们的研究工作没有考虑到多参照集的情况以及多投影的情况。

(4)基于成本的规模收益测量

除了基于生产的 DMU 单元规模收益情况的测度研究外,还有一些研究旨在分析基于成本的规模收益测量。例如,Färe 和 Grosskopf(1985)提出一个规模弹性的计算方法,随后 Färe 等(1994)将它应用到了基于成本的规模收益测量。Seitz(1970)也深入研究了规模弹性问题,并应用了一个基于成本的规模分解方法。Sueyoshi(1999)则研究了基于生产和基于成本的规模弹性之间的关系,并得出它们互斥的结论。

(5)应用基于非径向测度的 DEA 模型

众所周知,目前存在多种 DEA 模型,其中,大家广泛了解的是径向模型,包括 CCR-DEA 模型和 BCC-DEA 模型等。CCR-DEA 模型是基于不变规模收益假定的径向模型,BCC-DEA 模型则是基于可变规模收益假定的径向模型。很自然地,我们会想到利用其他的 DEA 模型来衡量规模收益情况,特别是非径向模型。

例如,Banker 等(2004)讨论了加性模型和乘积模型下的规模收益问题。Sueyoshi 和 Sekitani(2005)则探索了生产方案包括反馈过程的动态 DEA 模型情况下的规模收益问题。Zarepisheh 等(2010)则研究了 Cobb-Douglas 型 DEA 模型的规模收益估算问题。此外,还有 Lozano 和 Gutiérrez(2009)与 Sueyoshi 和 Sekitani(2007),Sueyoshi 和 Goto(2011)等的研究工作。

以上前四类研究工作都是基于径向测度的 DEA 模型,而基于径向测度的 DEA 模型存在明显的不足,即会遗漏松弛变量的信息。为了弥补这些问题,Zhu(1996,2001)、Tone(2001a,2002)和 Chen(2003)等提出了大量的非径向测度的 DEA 模型,包括基于 Russell 测度的 DEA 模型、加性模型等。

目前,已有部分学者将基于非径向测度的 DEA 模型用于规模收益分析(第五类研究)。其中, Lozano 和 Gutiérrez(2009)采用了基于 Russell 测度的 DEA 模型,分析了西班牙41 个机场的规模收益情况;Khodabakhsh 等(2010)则研究了如何应用加性模型估算模糊数 DEA 模型中的规模收益问题;Sueyoshi 和 Sekitani(2005)则采用一种 RAM 方法代替传统的径向 DEA 方法,在理论上分析了规模收益的判定方法。Soleimani-Damaneh 等(2006)则研究了 FDH 模型如何进行规模收益分析。Krivonozhko 等(2012,2014)采用两阶段方法,首先估算 DEA 前沿面上小的平面上某个内点的规模收益情况,然后对整个小的平面上所有点的规模收益情况进行判定。整体来看,这些研究对规模收益的定义没有突破,都是基于 Banker(1984)对多投入多产出情况下规模收益的定义(径向测度)。

3.5 本章小结

综上所述,目前公共科研机构资源主要通过 DEA 模型模拟生产函数来分析使用效率及规模收益。经济学中规模收益的经典定义在某些情况下难以直接用于科研机构规模收益分析,需要定义方向规模收益,对各类投入非等比例变化时科研机构规模收益情况进行描述。而应用 DEA 模型进行规模收益分析的现有研究都是建立在 Banker(1984)基于径向测度对规模收益的定义(传统定义)的基础之上,需要研究在方向规模收益概念下如何通过 DEA 模型进行科研机构规模收益分析。目前研究的不足主要体现在以下两个方面。

1）现有经济学中规模收益的概念难以满足科研机构规模收益分析的需要。对于多投入多产出的非传统生产过程（如科研机构）来说，由于科研活动的复杂性，其往往并不按相同比例扩张各类投入要素。在这种情况下，如何描述生产过程规模变化过程中的规模收益情况，并进一步研究投入按何种比例增加或减少，从而实现生产规模的扩大或减小，以及资源使用效率的最优化？这些问题的答案都是决策者做出下一步生产决策的重要依据。经济学中传统规模收益定义基于各类投入和产出的等比例变化（径向变化），当各类投入不等比例变化时，规模收益情况还需要进一步研究。

2）应用DEA模型进行规模收益分析的现有研究都是建立在Banker（1984）基于径向测度对规模收益的定义（传统定义）的基础之上，需要研究在方向规模收益概念下如何通过DEA模型进行科研机构规模收益分析。Banker（1984）提出通过DEA模型对DMU单元的规模收益进行估算的方法，把DEA模型的应用领域从相对效率评价扩展到了规模收益估算。他针对规模收益和最大产出规模点的定义，采用了径向测度的思想。目前，通过DEA模型估算DMU单元的规模收益情况是建立在Banker（1984）对DEA框架下的规模收益的定义的基础上的。在这个定义中，各类投入（或产出）的变化比例需要相同，然后才能通过基于径向测度的DEA模型对规模收益的情况进行估算，随后大量通过DEA模型对规模收益进行估算的研究都是基于此定义。以上定义基于传统经济学中各类投入（产出）等比例变化的传统规模收益的定义，难以满足多投入多产出条件下，各类投入（产出）不成比例变化时的科研机构规模收益研究。

因此，未来的研究工作还可以从以下两个方面展开。

（1）方向规模收益的经济学相关研究

规模收益本身是一个经济学概念，在经济学中有广泛的应用，方向规模收益是规模收益概念的扩展（杨国梁，2012；杨国梁等，2013）。未来还可以深入探讨方向规模收益的经济学性质（如齐次性等）以及一系列基于经济学中常见生产函数的方向规模收益研究，如在科研机构及生产中广泛应用的Cobb-Douglas生产函数以及固定投入比例生产函数等。

(2) DEA 框架下方向规模收益的相关研究

杨国梁(2012)、杨国梁和刘文斌(2014)主要通过方向规模弹性(方向规模收益的局部定义)的值来对 DMU 单元方向规模收益进行判定,这是定量研究的思路。杨国梁和刘文斌(2015)、Yang 等(2014)采用杨国梁(2012)与杨国梁和刘文斌(2014)的方法,基于 DEA 模型对中国科学院生物领域研究所规模收益情况进行了应用研究。事实上,应用研究往往只需要定性判定方向规模收益的情况,就可以发展新的定性判定 DMU 单元方向规模收益的方法,从而降低计算的复杂度。再有,应用其他各类 DEA 模型判断方向规模收益也是研究内容之一,如 Cobb-Douglas 型 DEA 模型等,其中在应用基于非径向测度的 DEA 模型进行方向规模收益估算的过程中存在四类问题:一是线性规划的多重最优解问题;二是多重参照集问题;三是多重支撑超平面问题;四是多重投影问题,需要对它们进行深入的研究。

第 4 章　方向规模收益与方向规模弹性

规模收益是组织绩效分析所关心的一个重要问题。它可以帮助决策者决策是应该扩大还是减少组织规模,从而提高组织运行的绩效。经济学中传统规模收益的定义是基于生产要素按相同比例变化而引起的产出的变化率(径向变化)。但对于多投入多产出的非传统生产过程(如公共部门)来说,其往往并不是按相同比例扩张各类投入要素。在这种情况下,如何描述生产过程规模变化的过程中的规模收益情况是一个重要的问题。针对这种现象,本章在帕累托偏好下,从全局和局部视角定义了方向规模收益和方向规模弹性的概念,并给出具体函数表达。同时本章也分析了方向规模收益与技术效率、配置效率等概念的不同。

4.1　研究背景

传统规模收益的定义是基于生产要素按相同比例变化而引起的产出的变化率。传统规模收益的定义隐含帕累托偏好,即投入增加(减少)意味着所有生产要素都增加(减少)。偏好是建立在备选方案集上的一种二元关系,表达决策者对备选方案优劣的判断。偏好可分为理性偏好和非理性偏好。通常假设理性偏好关系具有自反性、传递性和完全性,非理性偏好则可能不满足这些假设。帕累托偏好是一种理性偏好,即 A 比 B 好意味着 A 的任何一方面都不劣于 B(Pareto, 1906)。帕累托偏好在经济学中有广泛的应用。

对于多投入多产出的非传统生产过程(如公共部门)来说,其往往并不是按相同比例扩张各类投入要素。在这种情况下,如何描述生产过程规模变化过程中的规模收益情况,并进一步研究投入按何种比例增加或减少从而实现生产规模的扩大或减小,以及资源使用效率的最优化,这些问题的答案都是决策者做出下一步生产决策的重要依据。经济学中传统规模收益定义基于各类投入和产出的等比例变化(径向变化),当各类投入和产出不等比例变化时规模收益情况还需要进一步研究。基于此,本章拟探讨投入和产出不成比例变化时,如何描述多投入多产出生产过程的规模收益问题。

本章其余部分组织如下:4.2 节定义了多投入单产出和多投入多产出生产函数下的方向规模收益与方向规模弹性;4.3 节将方向规模收益和方向规模弹性与生产过程中的技术效率、规模效率和配置效率等概念进行了对比;4.4 节以经济学中常见的固定替代比例生产函数、固定投入比例生产函数和 Cobb-Douglas 生产函数为例,分析了这些生产函数的方向规模弹性和方向规模收益问题;4.5 节给出了本章的结论。

4.2　方向规模收益与方向规模弹性的定义

翟立新等(2005)认为从本质上看,公共科研机构实质上是具有多种投入和多种产出的复杂投入产出系统,是将科技人力资源和研究开发资本等投入,通过研发过程的知识溢出转化成为论文、专著、专利、成果,以及改进的产品和工艺、服务等产出的生产系统。在科研组织中,由于科研活动的复杂性,各类投入要素的变化比例往往并不相同,见例 4-1。

例 4-1　1998 ~ 2007 年,中国科学院科技投入和产出均得到大幅增长。选取若干指标为例:中国科学院总收入从 1998 年的 493 598 万元增长到 2007 年的 1 703 971万元;国际收录论文数从 1998 年的 5478 篇增长到 2007 年的 24 045 篇。其中,各投入指标和各产出指标每年的变化比例均不相同,见表 4-1。

表 4-1　中国科学院若干投入产出指标 1998 ~ 2007 年变化情况

年份	投入指标				产出指标		
	总收入/万元	增长比例/%	R&D 人员全时当量(FTE)	增长比例/%	国际收录论文数/篇	发明专利/个	
						申请	授权
1998	493 598	10. 46	30 611	−7. 11	5 478	694	76
1999	545 206	30. 92	28 436	−1. 24	8 249	775	108
2000	713 798	12. 93	28 084	−10. 27	9 186	1 218	442
2001	806 083	24. 98	25 199	9. 71	10 165	1 526	455

续表

年份	投入指标					产出指标	
	总收入/万元	增长比例/%	R&D 人员全时当量(FTE)	增长比例/%	国际收录论文数/篇	发明专利/个	
						申请	授权
2002	1 007 421	−2. 94	27 646	11. 90	11 740	2 002	583
2003	977 810	24. 94	30 937	12. 80	14 516	2 617	1 055
2004	1 221 649	4. 38	34 898	6. 73	15 738	2 944	1 484
2005	1 275 183	14. 12	37 246	4. 47	22 257	3 328	1 498
2006	1 455 250	17. 09	38 911	13. 87	23 589	3 510	1 536
2007	1 703 971	N/A	44 307	N/A	24 045	3 907	1 659

数据来源:《中国科学院统计年鉴》(1999 ~ 2008 年)

由表 4-1 可见,科研组织的各类投入并不一定按等比例变化。应用基于径向测度思想的传统规模收益定义,与投入变化的现实情况相去甚远。因此,需要考虑投入和产出不成比例变化下的方向规模收益。需要指出的是,方向规模收益仍然是基于帕累托偏好。

在讨论方向规模收益和方向规模弹性之前,先定义一个针对向量的范数,由 $\|\ \|$ 表示。令 $T=(t_1,t_2,\cdots,t_m)^{\mathrm{T}}$,$S=(s_1,s_2,\cdots,s_m)^{\mathrm{T}}$,$\|T\|$ 满足如下假定。

1)齐次性:$\|\lambda T\|=\lambda\|T\|$,$\lambda\geqslant 0$;

2)$\|T\|=0\Leftrightarrow t_i=0,i=1,\cdots,m$;

3)三角不等式:$\|T+S\|\leqslant\|T\|+\|S\|$;

4)$t_i=t,t\geqslant 0,i=1,\cdots,m\Rightarrow\|T\|=t$;

5)对称性:$\|(t_1,t_2,\cdots,t_m)^{\mathrm{T}}\|=\|(t_m,t_{m-1},\cdots,t_1)^{\mathrm{T}}\|$,$m$ 为正整数;

6)$\|T\|$ 方向连续可微。

例如,$\|T\|_{\text{Arithmetic}}=\sum_{i=1}^{m}\frac{t_i}{m}$,$\|T\|_{\text{Geometric}}=\sqrt[m]{\prod_{i=1}^{m}t_i}$ 都是此范数的特例。

4.2.1 多投入单产出方向规模收益

多投入单产出方向规模收益的定义的直观展示见图 4-1、图 4-2。传统的规模收益关注所有投入成比例变化时产出的变化率。在多投入多产出生产函数中,投入和产出成比例变化即为按径向比例变化。图 4-1 中 C 点的规模收益情况即为投入 1 和投入 2 按等比例变化一定幅度时,产出的变化幅度与投入变化幅度的比值。事实上,在多投入多产出情况下,生产函数为多元函数,其在某点的投入并不一定按径向比例变化,特别是在公共部门(包括科研组织)中。以 C 点为例,其方向规模收益见图 4-2。可以说,传统经济学规模收益是基于径向比例的定义,是方向规模收益的一个特例。

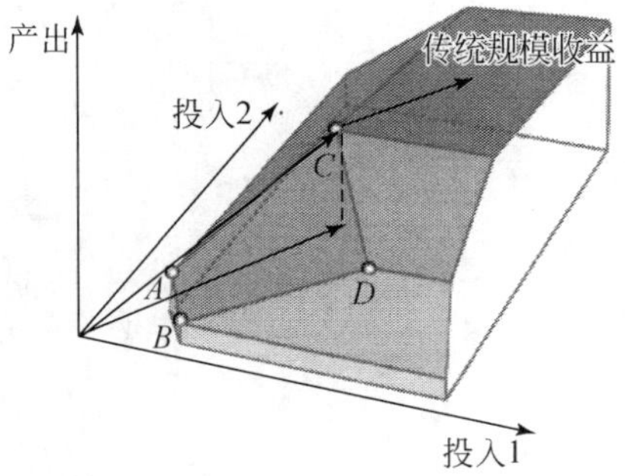

图 4-1　传统规模收益

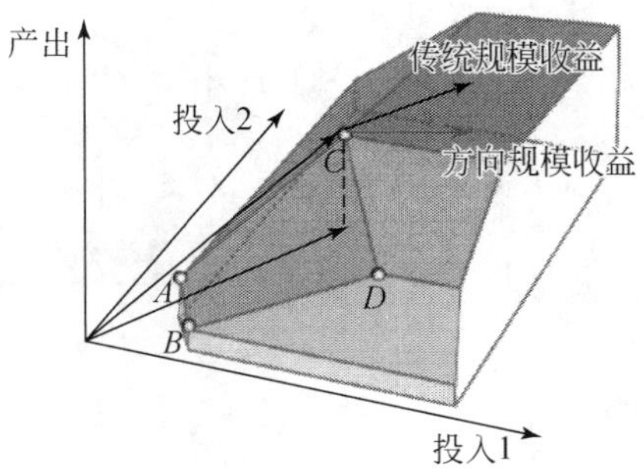

图 4-2　传统规模收益与方向规模收益的关系

多投入单产出方向规模收益和方向规模弹性的定义如下。采用 $y=f(X)=f(x_1,x_2,\cdots,x_m)$ 表达单产出多投入生产函数。其中, y 为产出量, $X=(x_1,x_2,\cdots,x_m)^{\mathrm{T}}$ 为 m 种投入的量,如人力、资本等。假定 $y=f(x_1,x_2,\cdots,x_m)$ 为连续可微函数。引入投入可按不同比例变化的思想,将生产函数记为 $\beta y=f(t_1x_1,\cdots,t_mx_m)$。其中,$\beta$ 为产出的变化系数;t_i 为各类投入的变化系数,$i=1,\cdots,m$。令 $t_i-1=\omega_it$,t 为投入的变化量,$\omega_i\geqslant0$ 为投入的方向因子,$i=1,\cdots,m$。这里定义 $\beta=\max\{\sigma:\sigma y=f(t_1x_1,\cdots,t_mx_m)\}$。

4.2.1.1　方向规模收益的全局定义

定义 4-1　对连续可微的多投入单产出生产函数 $y=f(x_1,x_2,\cdots,x_m)$,生产函数中的投入可按不同比例变化,记为

$$\beta y=f(t_1x_1,\cdots,t_mx_m) \tag{4-1}$$

式中,β 为产出的变化系数;t_i 为各类投入的变化系数,$i=1,\cdots,m$。令 $t_i-1=\omega_it$,t 为投入的变化量,$\omega_i\geqslant0$ 为投入的方向因子,$i=1,\cdots,m$,$\beta=\max\{\sigma:\sigma y=f(t_1x_1,\cdots,t_mx_m)\}$。令 $\rho=\dfrac{(\beta-1)}{t}$,如果对满足 $1+\omega_it>0,i=1,\cdots,m,t\neq0$ 的任意 β 有

(a)$\rho>1$,则表明该生产函数为规模收益递增;

(b)$\rho=1$,则表明该生产函数为规模收益不变;

(c)$\rho<1$,则表明该生产函数为规模收益递减。

4.2.1.2 方向规模弹性

$\beta=\max\{\sigma:\sigma y=f(t_1x_1,\cdots,t_mx_m)\}$,其中$\beta,\sigma$为产出的变化系数;$t_i(i=1,\cdots,m)$为各类投入的变化系数,并有$t_i-1=\omega_i t,(i=1,\cdots,m)$。其中$t$为投入的变化量;$\omega_i\geqslant 0\ (i=1,\cdots,m)$为投入的方向因子。因此,令投入向量为$X=(x_1,x_2,\cdots,x_m)^{\mathrm{T}}$,$\Delta X=\|T\|X-X$,$\Delta y=\beta y-y$,其中$T=(t_1,t_2,\cdots,t_m)^{\mathrm{T}}$,则有对任意$t>0,t\neq 1$:

$$e(y_0,X_0)=\lim_{t\to 0}\frac{\beta-1}{\|T\|-1}=\lim_{t\to 0}\frac{\dfrac{\beta-1}{t}}{\dfrac{\|T\|-1}{t}}=\frac{1}{\left[\sum\limits_{i=1}^{m}\dfrac{\partial\|T\|}{\partial t_i}\omega_i\right]}\frac{\mathrm{d}\beta}{\mathrm{d}t}\bigg|_{t=0}$$

当$\|T\|=\sum\limits_{i=1}^{m}\dfrac{t_i}{m}$或$\|T\|=\sqrt[m]{\prod\limits_{i=1}^{m}t_i}$,且$\sum\limits_{i=1}^{m}\omega_i=m$时,有

$$e(y_0,X_0)=\lim_{t\to 0}\frac{\beta-1}{\|T\|-1}=\frac{\mathrm{d}\beta}{\mathrm{d}t}\bigg|_{t=0} \tag{4-2}$$

这里假设式(4-2)极限总是存在。需要指出的是,当$\|\ \|$为其他的范数时,式(4-2)可能有所不同。

如果:

(a)$e(y_0,X_0)>1$,DMU(y_0,X_0)在方向$(\omega_1,\omega_2,\cdots,\omega_m)^{\mathrm{T}}$上为方向规模收益递增;

(b)$e(y_0,X_0)=1$,DMU(y_0,X_0)在方向$(\omega_1,\omega_2,\cdots,\omega_m)^{\mathrm{T}}$上为方向规模收益不变;

(c)$e(y_0,X_0)<1$,DMU(y_0,X_0)在方向$(\omega_1,\omega_2,\cdots,\omega_m)^{\mathrm{T}}$上为方向规模收益递减。

从另一个角度来看,将式(4-1)进行微分,有

$$y\frac{\mathrm{d}\beta}{\mathrm{d}t}-\sum_{i=1}^{m}\frac{\partial f}{\partial x_i}x_i\frac{\mathrm{d}t_i}{\mathrm{d}t}=0 \tag{4-3}$$

从式(4-3)可知:

$$e(y_0,X_0)=\frac{\mathrm{d}\beta}{\mathrm{d}t}\bigg|_{t=0}=\frac{\sum_{i=1}^{m}\frac{\partial f}{\partial x_i}x_i\omega_i}{y}\bigg|_{(y_0,X_0)} \tag{4-4}$$

式(4-4)为方向规模弹性的定义。需要指出的是,式(4-2)与式(4-4)等价。

定义 4-2(方向规模弹性)　若 $y=f(x_1,x_2,\cdots,x_m)$ 为连续可微生产函数,则点 $(y_0,X_0)(X_0\in R_m^+)$ 的方向规模弹性定义为

$$e(y_0,X_0)=\left(\sum_{i=1}^{m}\frac{\partial f}{\partial x_i}\frac{x_i}{y}\omega_i\right)\bigg|_{(y_0,X_0)} \tag{4-5}$$

式中,$\omega_i\geqslant 0(i=1,\cdots,m)$ 为投入的方向因子,并满足 $\sum_{i=1}^{m}\omega_i=m$。

如果:

(a) $e(y_0,X_0)>1$,DMU(y_0,X_0)在方向$(\omega_1,\omega_2,\cdots,\omega_m)^{\mathrm{T}}$上为方向规模收益递增;

(b) $e(y_0,X_0)=1$,DMU(y_0,X_0)在方向$(\omega_1,\omega_2,\cdots,\omega_m)^{\mathrm{T}}$上为方向规模收益不变;

(c) $e(y_0,X_0)<1$,DMU(y_0,X_0)在方向$(\omega_1,\omega_2,\cdots,\omega_m)^{\mathrm{T}}$上为方向规模收益递减。

4.2.2　多投入多产出方向规模收益

方向规模收益和方向规模弹性的具体定义如下。假设连续可微的多投入多产出生产函数为 $F(Y,X)=0,Y\in R_+^s,X\in R_+^m,\frac{\partial F(Y,X)}{\partial x_i}\leqslant 0,\frac{\partial F(Y,X)}{\partial y_j}\geqslant 0,r=1,\cdots,s,i=1,\cdots,m$。引入投入产出可按不同比例变化的思想,将生产函数记为

$$F(\beta_1y_1,\cdots,\beta_sy_s,t_1x_1,\cdots,t_mx_m)=0 \tag{4-6}$$

式中,$\beta_r(r=1,\cdots,s)$为各类产出的变化系数;$t_i(i=1,\cdots,m)$为各类投入的变化系数。

令

$$\begin{cases}\beta_r-1=\delta_r\sigma+\varepsilon_r(t) & r=1,\cdots,s\\ t_i-1=\omega_it & i=1,\cdots,m\end{cases} \tag{4-7}$$

式中,σ 和 t 为产出和投入的变化量;$\delta_r\geqslant 0(r=1,\cdots,s)$ 和 $\omega_i\geqslant 0(i=1,\cdots,m)$ 为

产出和投入的方向因子；$\varepsilon_r(t)(r=1,\cdots,s)$为高阶无穷小量，满足$\lim\limits_{t\to0}\varepsilon_r(t)=0$且$\lim\limits_{t\to0}\varepsilon_r'(t)=0$。这里定义$\beta=\max\{\sigma:F(\beta_1y_1,\cdots,\beta_sy_s,t_1x_1,\cdots,t_mx_m)=0\}$。

4.2.2.1 方向规模收益的全局定义

定义 4-3 对连续可微的多投入多产出生产函数

$$F(Y,X)=0,Y\in R_+^s,X\in R_+^m,\frac{\partial F(Y,X)}{\partial x_i}\leqslant0,\frac{\partial F(Y,X)}{\partial y_j}\geqslant0,r=1,\cdots,s,i=1,\cdots,m \tag{4-8}$$

生产函数$F(Y,X)$中投入产出可按不同比例变化，记为

$$F(\beta_1y_1,\cdots,\beta_sy_s,t_1x_1,\cdots,t_mx_m)=0 \tag{4-9}$$

式中，$\beta_r(r=1,\cdots,s)$为各类产出的变化系数；$t_i(i=1,\cdots,m)$为各类投入的变化系数。

令

$$\begin{cases}\beta_r-1=\delta_r\sigma+\varepsilon_r(t) & r=1,\cdots,s\\ t_i-1=\omega_it & i=1,\cdots,m\end{cases} \tag{4-10}$$

式中，σ和t为产出和投入的变化量；$\delta_r\geqslant0(r=1,\cdots,s)$和$\omega_i\geqslant0(i=1,\cdots,m)$为产出和投入的方向因子；$\varepsilon_r(t)$为高阶无穷小量，满足$\lim\limits_{t\to0}\varepsilon_r(t)=0$且$\lim\limits_{t\to0}\varepsilon_r'(t)=0$。这里定义$\beta=\max\{\sigma:F(\beta_1y_1,\cdots,\beta_sy_s,t_1x_1,\cdots,t_mx_m)=0\}$。令$\rho=\frac{\beta}{t}$，如果对满足$1+\omega_it>0(i=1,\cdots,m)$，$t\neq0$的任意$t$有

(a)$\rho>1$，表明该生产函数在方向$(\omega_1,\omega_2,\cdots,\omega_m)^{\mathrm T}$和$(\delta_1,\delta_2,\cdots,\delta_s)^{\mathrm T}$上为方向规模收益递增；

(b)$\rho=1$，表明该生产函数在方向$(\omega_1,\omega_2,\cdots,\omega_m)^{\mathrm T}$和$(\delta_1,\delta_2,\cdots,\delta_s)^{\mathrm T}$上为方向规模收益不变；

(c)$\rho<1$，表明该生产函数在方向$(\omega_1,\omega_2,\cdots,\omega_m)^{\mathrm T}$和$(\delta_1,\delta_2,\cdots,\delta_s)^{\mathrm T}$上为方向规模收益递减。

4.2.2.2 方向规模弹性

由于$\beta=\max\{\sigma:F(\beta_1y_1,\cdots,\beta_sy_s,t_1x_1,\cdots,t_mx_m)=0\}$，其中$\beta_r(r=1,\cdots,s)$为

各类产出的变化系数；$t_i(i=1,\cdots,m)$为各类投入的变化系数，$\varepsilon_r(t)$为高阶无穷小量，满足$\lim\limits_{t\to0}\varepsilon_r(t)=0$且$\lim\limits_{t\to0}\varepsilon_r'(t)=0$，并有

$$\begin{cases}\beta_r-1=\delta_r\sigma+\varepsilon_r(t) & r=1,\cdots,s\\ t_i-1=\omega_i t & i=1,\cdots,m\end{cases}\tag{4-11}$$

式中，σ和t为产出和投入的变化量；$\delta_r\geqslant0(r=1,\cdots,s)$和$\omega_i\geqslant0(i=1,\cdots,m)$分别为产出和投入的方向因子。

令$\Delta X=\|T\|X-X,\Delta Y=\|B\|Y-Y$，其中$T=(t_1,t_2,\cdots,t_m)$和$B=(\beta_1,\beta_2,\cdots,\beta_s)$，则有对任意$t>0,t\neq1$：

$$e(Y_0,X_0)=\lim_{t\to0}\frac{\|B\|-1}{\|T\|-1}=\frac{\left[\sum\limits_{r=1}^{s}\frac{\partial\|B\|}{\partial\beta_r}\left(\delta_r+\frac{\mathrm{d}\varepsilon_r(t)}{\mathrm{d}t}\right)\right]}{\left[\sum\limits_{i=1}^{m}\frac{\partial\|T\|}{\partial t_i}\omega_i\right]}\frac{\mathrm{d}\beta}{\mathrm{d}t}\Big|_{t=0}\tag{4-12}$$

当$\|T\|=\sum\limits_{i=1}^{m}\frac{t_i}{m}$或$\|T\|=\sqrt[m]{\prod\limits_{i=1}^{m}t_i}$，且$\sum\limits_{r=1}^{s}\delta_r=s$；$\sum\limits_{i=1}^{m}\omega_i=m$时有

$$e(Y_0,X_0)=\lim_{t\to0}\frac{\|B\|-1}{\|T\|-1}=\frac{\mathrm{d}\beta}{\mathrm{d}t}\Big|_{t=0}\tag{4-13}$$

这里假设式(4-13)极限总是存在。需要指出的是，当$\|\ \|$为其他的范数时，式(4-13)可能有所不同。通过以上分析可知，如果：

(a)$e(Y_0,X_0)>1$，DMU(Y_0,X_0)在方向$(\omega_1,\omega_2,\cdots,\omega_m)^{\mathrm T}$和$(\delta_1,\delta_2,\cdots,\delta_s)^{\mathrm T}$上为方向规模收益递增；

(b)$e(Y_0,X_0)=1$，DMU(Y_0,X_0)在方向$(\omega_1,\omega_2,\cdots,\omega_m)^{\mathrm T}$和$(\delta_1,\delta_2,\cdots,\delta_s)^{\mathrm T}$上为方向规模收益不变；

(c)$e(Y_0,X_0)<1$，DMU(Y_0,X_0)在方向$(\omega_1,\omega_2,\cdots,\omega_m)^{\mathrm T}$和$(\delta_1,\delta_2,\cdots,\delta_s)^{\mathrm T}$上为方向规模收益递减。

从另一个角度来看，将式(4-6)进行微分，有

$$\sum_{r=1}^{s}\frac{\partial F}{\partial y_r}y_r\frac{\mathrm{d}\beta_r}{\mathrm{d}\beta}\frac{\mathrm{d}\beta}{\mathrm{d}t}+\sum_{i=1}^{m}\frac{\partial F}{\partial x_i}x_i\frac{\mathrm{d}t_i}{\mathrm{d}t}=0\tag{4-14}$$

从式(4-14)可知：

$$e(Y_0,X_0)=\frac{\mathrm{d}\beta}{\mathrm{d}t}\Big|_{t=0}=-\frac{\sum\limits_{i=1}^{m}\frac{\partial F}{\partial x_i}x_i\omega_i}{\sum\limits_{r=1}^{s}\frac{\partial F}{\partial y_r}y_r\delta_r}\Bigg|_{(Y_0,X_0)}\tag{4-15}$$

式(4-15)则为方向规模弹性的定义。需要指出的是,式(4-13)与式(4-15)等价。

定义 4-4(方向规模弹性) 若 $F(Y,X)=0$ 为连续可微生产函数,则点(Y_0,X_0)($X_0 \in R_m^+, Y_0 \in R_s^+$)的方向规模弹性定义为

$$e(Y_0,X_0) = -\frac{\sum_{i=1}^{m} \frac{\partial F}{\partial x_i} x_i \omega_i}{\sum_{r=1}^{s} \frac{\partial F}{\partial y_r} y_r \delta_r}\Bigg|_{(Y_0,X_0)} \tag{4-16}$$

式中,$\delta_r \geqslant 0 (r=1,\cdots,s)$ 和 $\omega_i \geqslant 0 (i=1,\cdots,m)$ 为产出和投入的方向因子,并满足 $\sum_{r=1}^{s} \delta_r = s$;$\sum_{i=1}^{m} \omega_i = m$。

如果:

(a)$e(Y_0,X_0)>1$,DMU(X_0,Y_0)在方向$(\omega_1,\omega_2,\cdots,\omega_m)^{\mathrm{T}}$和$(\delta_1,\delta_2,\cdots,\delta_s)^{\mathrm{T}}$上为方向规模收益递增;

(b)$e(Y_0,X_0)=1$,DMU(X_0,Y_0)在方向$(\omega_1,\omega_2,\cdots,\omega_m)^{\mathrm{T}}$和$(\delta_1,\delta_2,\cdots,\delta_s)^{\mathrm{T}}$上为方向规模收益不变;

(c)$e(Y_0,X_0)<1$,DMU(X_0,Y_0)在方向$(\omega_1,\omega_2,\cdots,\omega_m)^{\mathrm{T}}$和$(\delta_1,\delta_2,\cdots,\delta_s)^{\mathrm{T}}$上为方向规模收益递减。

当 $\delta_r=1, \omega_i=1, r=1,\cdots,s, i=1,\cdots,m$,式(4-16)可以转化为

$$e(Y_0,X_0) = \frac{\mathrm{d}\beta}{\mathrm{d}t}\Big|_{t=0} = -\frac{\sum_{i=1}^{m} \frac{\partial F}{\partial x_i} x_i}{\sum_{r=1}^{s} \frac{\partial F}{\partial y_r} y_r}\Bigg|_{(Y_0,X_0)} \tag{4-17}$$

这里的式(4-17)与经济学中规模弹性定义(Førsund,1996)完全相同。

4.3 方向规模收益与生产过程的效率

Farrell(1957)认为一个生产过程的效率由两部分组成,即技术效率和配置效率,而效率又可以分为基于投入的效率和基于产出的效率。以基于投入的生产效率为例:①技术效率反映生产过程在给定产出水平下,采用最少投入的能力,又称为生产效率;②配置效率反映在投入价格以及生产技术固定的条件下,

生产过程使用最适合比例投入组合的能力，即生产过程是否在最小成本下生产，又称为价格效率。技术效率和配置效率共同组成总经济效率。

图 4-3 中考察单产出两个投入的生产过程。等产量线 Q 代表产出水平为 y^* 的最小可能的投入 x_1 和 x_2 的组合，则基于投入的技术效率 $\mathrm{TE}=\dfrac{OB}{OA}$。然而参照投入 x_1 和 x_2 的价格，投入成本最小的组合位于 C 点，如果需要达到和 C 点相同的投入成本水平，投入需要径向收缩到 D 点，则基于投入的配置效率 $\mathrm{AE}=\dfrac{OD}{OB}$。

图 4-4 中，A 点的规模收益是指在 A 点所代表的投入 x_1 和 x_2 的组合的基础上的最大可能产出（Q_2）与 F 点所代表的在投入 x_1 和 x_2 的组合的基础上的最大可能产出（Q_3）的比例，即 A 点的规模弹性为

$$\xi=\lim_{AF\to 0}\frac{\dfrac{Q_3-Q_2}{Q_2}}{\dfrac{AF}{OA}} \tag{4-18}$$

而 A 点的方向规模弹性（投入方向为图 4-4 中 AE 所示）为

$$\xi_D=\lim_{AE\to 0}\frac{\dfrac{Q_3-Q_2}{Q_2}}{\dfrac{AE}{OA}} \tag{4-19}$$

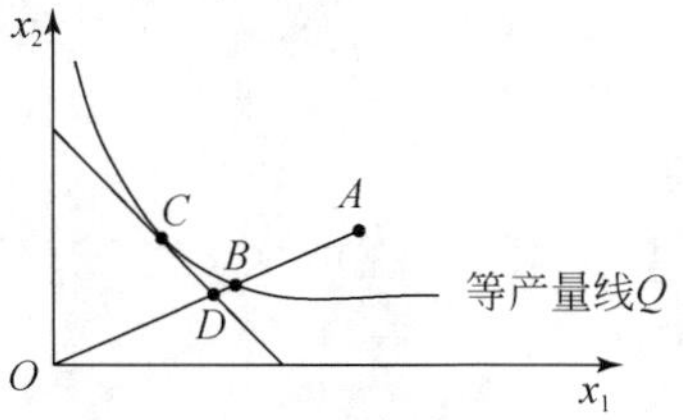

图 4-3　基于投入的配置效率

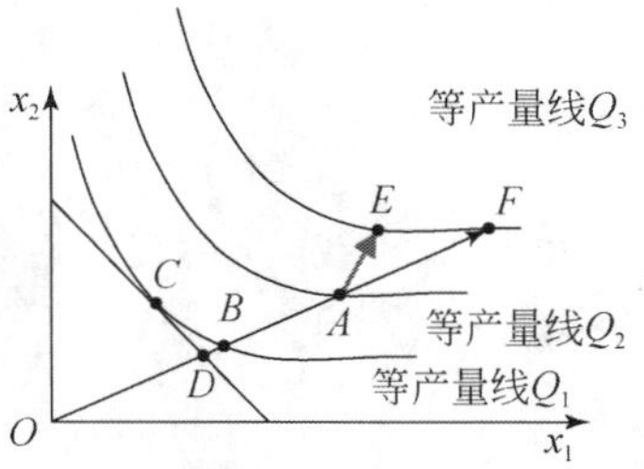

图 4-4　与方向规模收益的关系

4.4　案例研究

经济学中常见的生产函数有：固定替代比例生产函数、固定投入比例生产函

数和Cobb-Douglas生产函数①。下面逐一分析这些生产函数的方向规模收益和方向规模弹性。

4.4.1 固定替代比例生产函数

固定替代比例生产函数是指在每一产量水平上任何两种要素之间的替代比例都是固定的。函数的通常形式是 $Q=\alpha K+\beta L$,其中 Q 为产量,L、K 分别为劳动和资本,常数 $\alpha,\beta>0$。根据传统规模弹性的定义[式(3-4)],在任意(K,L)点,其规模弹性为

$$e(K,L)=\frac{\frac{\partial F}{\partial K}K+\frac{\partial F}{\partial L}L}{\alpha K+\beta L}=1 \tag{4-20}$$

根据式(4-20)可知,固定替代比例生产函数 $Q=\alpha L+\beta K$ 上任意点的规模收益不变。

根据方向规模收益定义[式(4.16)],在任意(K,L)点,其方向规模弹性为

$$e(K,L)=\frac{\frac{\partial F}{\partial K}K\omega_1+\frac{\partial F}{\partial L}L\omega_2}{\alpha K+\beta L}=\frac{\alpha K\omega_1+\beta L\omega_2}{\alpha K+\beta L} \tag{4-21}$$

式中,ω_1 和 ω_2 为方向因子,满足 $\omega_1+\omega_2=2,\omega_1\geqslant 0,\omega_2\geqslant 0$。当 $\omega_1=1,\omega_2=1$ 时,$e(K,L)=1$,式(4-21)与式(4-20)等价。当 $\omega_1=1/2,\omega_2=3/2$ 时,式(4-21)转化为

$$e(K,L)=\frac{\alpha K\omega_1+\beta L\omega_2}{\alpha K+\beta L}=\frac{\frac{1}{2}\alpha K+\frac{3}{2}\beta L}{\alpha K+\beta L} \tag{4-22}$$

由式(4-22)可知,随着(K,L)的不同,其规模收益情况也会发生变化。

4.4.2 固定投入比例生产函数

固定投入比例生产函数是指在每一个产量水平上,任何一对要素投入量之

---

① Cobb-Douglas 生产函数在科研组织投入产出研究中得到应用。例如,Griliches(1979)通过假设知识生产函数为 Cobb-Douglas 型,得到知识生产函数的基本形式:$Y=DC^{\alpha}L^{\beta}K^{\gamma}e^{\lambda t+u}$。其中,$C$、$L$ 和 K 分别为知识水平、研究人员和科技投入;Y 为科研产出;D 为一个常数;t 为时间序列;e 为自然对数的底;$\alpha,\beta,\gamma,\lambda$ 为需要进行估计的参数;u 为误差。

间的比例都是固定的。函数的通常形式为 $Q=\min\{\alpha K,\beta L\}$,其中 Q 为产量,L 和 K 分别为劳动和资本,常数 $\alpha,\beta>0$。固定投入比例生产函数的投入方向只能为径向,因此在这种情况下方向规模收益与规模收益相同。

4.4.3 Cobb-Douglas 生产函数

Cobb-Douglas 生产函数是由数学家柯布和经济学家道格拉斯于20世纪30年代提出来的(Cobb and Douglas,1928;Douglas,1976)。令 Cobb-Douglas 生产函数为

$$F(K,L)=AK^{\alpha}L^{\beta} \tag{4-23}$$

式中,A,α,β 为三个参数,且 $0<\alpha<1,0<\beta<1$。根据传统规模弹性的定义[式(3-4)],在任意(K,L)点,其规模弹性为

$$e(K,L)=\frac{\frac{\partial F}{\partial K}K+\frac{\partial F}{\partial L}L}{AK^{\alpha}L^{\beta}}=\alpha+\beta \tag{4-24}$$

根据式(4-17)可知,$\alpha+\beta>1$,(K,L)点规模收益递增;$\alpha+\beta=1$,(K,L)点规模收益不变;$\alpha+\beta<1$,(K,L)点规模收益递减。

根据多投入单产出方向规模收益定义[式(4-5)],在任意(K,L)点,其方向规模弹性为

$$e(K,L)=\frac{\frac{\partial F}{\partial K}K\omega_1+\frac{\partial F}{\partial L}L\omega_2}{AK^{\alpha}L^{\beta}}=\alpha\omega_1+\beta\omega_2 \tag{4-25}$$

式中,ω_1 和 ω_2 为方向因子,满足 $\omega_1+\omega_2=2,\omega_1\geqslant 0,\omega_2\geqslant 0$。当 $\omega_1=\frac{1}{2},\omega_2=\frac{3}{2}$时,式(4-25)转化为

$$e(K,L)=\alpha\omega_1+\beta\omega_2=\frac{1}{2}\alpha+\frac{3}{2}\beta \tag{4-26}$$

由式(4-26)可知,在 $\omega_1=\frac{1}{2},\omega_2=\frac{3}{2}$方向上,$\frac{1}{2}\alpha+\frac{3}{2}\beta>1$,$(K,L)$点方向规模收益递增;$\frac{1}{2}\alpha+\frac{3}{2}\beta=1$,$(K,L)$点方向规模收益不变;$\frac{1}{2}\alpha+\frac{3}{2}\beta<1$,$(K,L)$点方向规模收益递减。

当 $\omega_1=1$，$\omega_2=1$ 时，显然式(4-25)与式(4-26)完全等价。

4.5 本章小结

规模收益是经济学中一个经典的概念，涉及生产规模变化与产量变化之间的关系。经济学中传统规模收益的定义是基于各类投入和产出的等比例变化(径向变化)。但是在现实生产中，规模的增加有时是各类投入不等比例变化引起的。基于以上思想，本章在帕累托偏好下，从全局和局部视角定义了方向规模收益和方向规模弹性，并给出具体函数表达。此外，本章还将方向规模收益的概念同生产过程中的若干效率概念进行了对比，区分了方向规模收益与各类生产效率之间的异同。传统的规模收益是方向规模收益在径向上的一个特例，方向规模收益可以衡量包括径向在内的各种投入产出方向上的规模收益情况，从而为生产过程下一步的发展提供决策依据。

第5章　DEA模型与方向规模收益

DEA方法是目前估算公共部门(包括科研机构)规模收益的常用方法。现有通过DEA方法估算科研机构规模收益的研究都是从传统规模收益经济学定义出发,假定多种投入和产出按相同比例进行变化,从而定性定量判定DMU单元的规模收益情况。由于科研活动的复杂性,在科研组织中,各类投入或产出的变化往往并不相同。因此,现有DEA框架中的关于规模收益的定义(基于径向测度)常常不能满足多投入多产出情况下通过DEA方法进行科研机构规模收益估算的需要。本章扩展DEA框架下的规模收益和最优产出规模点的定义,采用可变比例规模收益的思想,提出DEA框架下方向规模收益和方向最优产出规模点的概念,并研究提出科研机构的方向规模收益分析的方法。最后,本章以2009年中国科学院基础领域16个研究所为案例进行深入分析。

5.1　研究背景

在经济学中,Panzar和Willig(1977)基于生产函数提出了判别DMU规模收益情况的方法。翟立新等(2005)认为从本质上看,公共科研机构实质上是具有多种投入和多种产出的复杂投入产出系统,是将科技人力资源和研究开发资本等投入,通过研发过程的知识溢出转化成为论文、专著、专利、成果,以及改进的产品和工艺、服务等产出的生产系统。第4章基于生产函数给出了方向规模收益的经济学定义。基于此定义,对公共部门(包括科研机构)进行方向规模收益分析要先确定生产函数。

知识生产函数的概念最初由Griliches(1979)在量度研究开发和知识溢出对生产率的影响时提出,其基本假设是将创新过程的产出看作研发资本投入的函数:$R\&D_{output}=f(R\&D_{input})$。目前,科研机构知识生产函数的研究主要有两个可能路径：一是从理论上探讨知识生产过程中投入和产出的函数关系。例如，Griliches(1979)通过假设知识生产函数为Cobb-Douglas，得到知识生产函数的基本形式：$Y=DC^{\alpha}L^{\beta}K^{\gamma}e^{\lambda t+u}$。其中，$C$、$L$和$K$分别为知识水平、研究人员和科技投入；$Y$为科研产出；$D$为一个常数；$t$为时间序列；e为自然对数的底；$\alpha,\beta,\gamma,\lambda$为需要进行估计的参数；$u$为误差。二是用已知的DMU单元观察值来拟合生产函数。拟合生产函数的方法主要是DEA方法。DEA方法通过生产可能集的有效前沿面(凸性假定下)来拟合前沿生产函数，可以处理多输入多输出问题，也可以判别出任一个DMU单元是否位于前沿面上；对于不在前沿面上的点，还能通过投影将其映射到前沿面上。值得指出的是，采用DEA方法确定前沿生产函数一般不需要预先假设生产函数的形式。

从实践上看，目前国内外主要是采用DEA方法对公共部门(包括科研机构)多投入多产出规模收益进行分析(Fox，2002；孟溦等，2006；周伟和李全生，2009a，2009b)。通过DEA方法估算DMU单元的规模收益最先由Banker(1984)和Banker等(1984)提出。Banker(1984)把规模收益从经典经济学中引入DEA框架之中，并且通过基于径向测度的CCR-DEA模型对DMU单元的规模收益情况进行了估算。随后，Banker等(1984)提出了可变规模收益假定下的BCC-DEA模型，并分析了如何应用BCC-DEA模型来估算规模收益情况。到目前为止，除了基于成本的DMU单元规模收益测量外，基于DEA的规模收益研究大体可以分为以下四类。

(1)采用CCR-DEA模型

一个众所周知的确定被评单元规模收益情况的方法是在不变规模收益假定下计算DEA模型中的$\sum_{j=1}^{n}\lambda_j^*$。在这方面的研究有Banker(1984)、Chang和Guh(1991)、Ganley和Cubbin(1992)、Banker和Thrall(1992)、Zhu和Shen(1995)、Banker等(1996a，1996b)、Seiford和Zhu(1998，1999)。此类研究存在的一个主要问题是可以确定规模收益的类型(不变、递增、递减)，但不能给出规模收益的具体数值(程度)。

(2)采用 BCC-DEA 模型

作为第一类研究的扩展,我们可以在可变规模收益假定下通过生产可能集上支撑超平面产生的截距来估算被评单元的规模收益情况(Banker et al.,1984)。这个截距体现为 DEA 模型凸约束中的一个对偶变量。可以通过截距的符号(正的、负的、0)来判定被评单元的规模收益情况,或者分析 DMU 单元在一个小的邻域内的性质来判定其规模收益情况。这方面的研究主要有 Banker 和 Thrall(1992)、Tone(1996)、Golany 和 Yu(1997)、Sueyoshi(1999)、Cooper 等(2000)、Tone 和 Sahoo(2003)。这类研究的主要贡献在于不仅可以判断规模收益的类型,还可以给出规模收益程度的定性判断。

(3)采用 FGL-DEA 模型及定量研究规模弹性

此类研究最早可以追溯到 Färe 和 Grosskopf(1985)、Färe 等(1983,1985,1994)的研究。他们通过分析规模效率来判断被评单元是否达到了规模收益最优(规模收益不变),他们通过一系列基于径向测度的 DEA 模型的效率的比例对 DMU 单元的规模收益情况进行估算。这些比例是通过一系列模型的最优解得到的,而这些模型的不同在于约束条件有所不同。研究工作不存在前两类研究工作中多重最优解的问题(有效 DMU 单元之间存在线性相关关系),但还是局限于判断规模收益情况的类型。在这类研究工作之中,Førsund(1996)不仅讨论了规模收益的类型,还讨论了如何定量地衡量规模收益的大小。Fukuyama(2000)则将研究进一步扩展到了规模弹性的定量估算方法,他的研究结果显示了定性定量判定方法的重要性,并且给出了规模弹性测量的理论综述。Huang 等(1997)、Kerstens 和 Vanden Eeckaut(1999)、Read 和 Thanassoulis(2000)等也对规模弹性做了深入的研究。

(4)应用非径向测度的 DEA 模型

目前存在多种 DEA 模型,其中为大家广泛了解的是径向模型,包括基于径向测度的 CCR-DEA 模型和 BCC-DEA 模型等。其中,CCR-DEA 模型是基于不变规模收益假定的径向模型,BCC-DEA 模型则是基于可变规模收益假定的径向模型。上述前三类研究工作都是基于径向测度的 DEA 模型。而基于径向测度的 DEA 模型存在明显的不足,即会遗漏松弛变量的信息。为了弥补这些问题,Zhu(1996,2001)、Tone(2001a,2002)和 Chen(2003)等提出多种基于径向非径向测度的 DEA 模型,包括基于径向测度的 DEA 模型、加性模型等。很自然地,我们会想到需要利用非径向模型来衡量规模收益情况。例如,Banker 等(2004)讨论了加性模型和乘积模型下的规模收益问题。Sueyoshi 和 Sekitani(2005)则探索了生产方案包括反馈过程的动态 DEA 模型情况下的规模收益问题。Zarepisheh 等(2010)研究了 Cobb-Douglas 型 DEA 模型的规模收益估算问题。Lozano 和 Gutiérrez(2009)采用基于径向测度的 DEA 模型,分析了西班牙 41 个机场的规模收益情况;Khodabakhshi 等(2010)研究了如何应用加性模型估算模糊数 DEA 模型中的规模收益问题;Sueyoshi 和 Sekitani(2007)采用一种 RAM 方法代替传统的径向 DEA 方法在理论上分析了规模收益的判定方法,指出通过 DEA 模型测度 DMU 单元的规模收益情况时,存在四类问题:一是线性规划的多重最优解问题;二是多重参照集问题;三是多重支撑超平面问题;四是多重投影问题。他们针对以上这四类问题基于 RAM 给出了解决方案。Soleimani-Damaneh 等(2006)则研究了如何应用 FDH 模型进行规模收益分析。此外,还有一些研究是基于成本的规模收益测量,如 Färe 和 Grosskopf(1985)、Färe 等(1994)、Seitz(1970)、Sueyoshi(1999)等。事实上,应用基于非径向测度的 DEA 模型进行规模收益分析的本质问题是生产可能集内部的 DMU 单元到有效前沿面上的投影不同,但这并不影响有效前沿面上的 DMU 单元的规模收益情况。

以上研究工作都是基于 Banker(1984)对 DEA 框架下规模收益的定义。Banker(1984)将经济学中规模收益的概念引入 DEA 框架之中,提出通过 DEA 方法对 DMU 单元的规模收益进行估算的方法,把 DEA 方法的应用领域从相对效率评价扩展到了规模收益的估算。基于经济学中传统规模收益定义中各类投入和产出的等比例变化(径向变化),Banker(1984)针对规模收益和最大产出规模点的定义采用了径向测度的思想,延续了现有经济学中关于规模收益问题的定义。本书研究当各类投入不等比例变化时有效前沿面上 DMU 单元规模收益情况,与应用基于非径向测度的 DEA 模型进行规模收益分析有本质不同。

传统工业生产中,人员和资本(如机器)的投入比例往往是固定的,采用径向(同比例)思想定义规模收益一般可以满足现实需要。但在科研组织中,由于科研活动的复杂性,科研经费和科研人员的投入增长的比例往往并不相同,见例5-1。

例5-1　1998～2007年,中国科学院科技投入和产出均得到了大幅增长。选取若干指标为例:中国科学院总收入从1998年的493 598万元增长到2007年的1 703 971万元;国际收录论文数从1998年的5478篇增长到2007年的24 045篇。其中,各投入指标和各产出指标每年的变化比例均不相同,见表5-1。

表5-1　中国科学院若干投入产出指标1998～2007年变化情况

年份	投入指标				产出指标		
	总收入/万元	增长比例/%	R&D人员全时当量(FTE)	增长比例/%	国际收录论文数/篇	发明专利/个	
						申请	授权
1998	493 598	10.46	30 611	-7.11	5 478	694	76
1999	545 206	30.92	28 436	-1.24	8 249	775	108
2000	713 798	12.93	28 084	-10.27	9 186	1 218	442
2001	806 083	24.98	25 199	9.71	10 165	1 526	455
2002	1 007 421	-2.94	27 646	11.90	11 740	2 002	583
2003	977 810	24.94	30 937	12.80	14 516	2 617	1 055
2004	1 221 649	4.38	34 898	6.73	15 738	2 944	1 484
2005	1 275 183	14.12	37 246	4.47	22 257	3 328	1 498
2006	1 455 250	17.09	38 911	13.87	23 589	3 510	1 536
2007	1 703 971	N/A	44 307	N/A	24 045	3 907	1 659

数据来源:《中国科学院统计年鉴》(1999～2008年)

由表5-1可见,科研机构的各类投入(产出)并不一定按同一比例变化。因此,现有DEA框架中的关于规模收益的定义(基于径向测度)不能满足多投入多产出情况下通过DEA方法进行科研机构规模收益估算的需要。

第4章给出了方向规模收益和方向规模弹性的经济学概念。基于以上分析,本章拟扩展DEA框架下的规模收益和最优产出规模点的定义,采用可变比例规模收益的思想,定义DEA框架下的方向规模收益和方向规模弹性,并基于有限差分方法(finite difference method,FDM)和上下界方法研究科研机构的方向规模收益的测度模型。

本章剩余部分组织如下：5.2 节在给出方向规模收益和方向规模弹性的定义的基础上，给出了 DEA 框架下方向规模收益的定义；5.3 节将 DMU 单元分为有效前沿面上的 DMU 单元和内部 DMU 单元两类，提出了两类 DEA 框架下 DMU 单元方向规模收益的测度方法；5.4 节以 2009 年中国科学院基础领域研究所为案例，进行深入分析；5.5 节给出了本章的结论。

5.2 方向规模收益和方向规模弹性

第 4 章中关于方向规模弹性的定义如下：

$$e(Y_0,X_0)=\frac{\mathrm{d}\beta(t)}{\mathrm{d}t}\Big|_{t=0}=\lim_{t\to 0}\frac{\beta(t)}{t} \tag{5-1}$$

式中，$\beta(t)=\max\{\sigma:F(\beta_1y_1,\cdots,\beta_sy_s,t_1x_1,\cdots,t_mx_m)=0\}$，其中 $\beta_r(r=1,\cdots,s)$ 为各类产出的变化系数；$t_i(i=1,\cdots,m)$ 为各类投入的变化系数；$\varepsilon_r(t)$ 为高阶无穷小量，满足$\lim\limits_{t\to 0}\varepsilon_r(t)=0$ 且$\lim\limits_{t\to 0}\varepsilon_r'(t)=0$，并有

$$\begin{cases}\beta_r-1=\delta_r\beta+\varepsilon_r(t) & r=1,\cdots,s\\ t_i-1=\omega_it & i=1,\cdots,m\end{cases} \tag{5-2}$$

式中，β 和 t 为产出和投入的变化量；$\delta_r\geqslant 0(r=1,\cdots,s)$ 和 $\omega_i\geqslant 0(i=1,\cdots,n)$ 为产出和投入的方向因子，满足 $\sum\limits_{r=1}^{s}\delta_r=s,\ \sum\limits_{i=1}^{m}\omega_i=m$。

若 $F(Y,X)=0$ 为连续可微生产函数，则点 $(Y_0,X_0)(X_0\in R_m^+,Y_0\in R_s^+)$ 的方向规模弹性定义为

$$e(Y_0,X_0)=\frac{\mathrm{d}\beta}{\mathrm{d}t}\Big|_{t=0}=-\frac{\sum\limits_{i=1}^{m}\frac{\partial F}{\partial x_i}x_i\omega_i}{\sum\limits_{r=1}^{s}\frac{\partial F}{\partial y_r}y_r\delta_r}\Bigg|_{(Y_0,X_0)} \tag{5-3}$$

DMU$(Y_0,X_0)(X_0\in R_m^+,Y_0\in R_s^+)$ 的方向规模收益情况如下：

(a) 若 $e(Y_0,X_0)>1$，则 DMU(Y_0,X_0) 在方向 $(\omega_1,\omega_2,\cdots,\omega_m)^{\mathrm{T}}$ 和 $(\delta_1,\delta_2,\cdots,\delta_s)^{\mathrm{T}}$ 上为方向规模收益递增；

(b) 若 $e(Y_0,X_0)=1$，则 DMU(Y_0,X_0) 在方向 $(\omega_1,\omega_2,\cdots,\omega_m)^{\mathrm{T}}$ 和 $(\delta_1,\delta_2,\cdots,\delta_s)^{\mathrm{T}}$ 上为方向规模收益不变；

(c) 若 $e(Y_0, X_0)<1$，则 DMU(Y_0, X_0) 在方向 $(\omega_1,\omega_2,\cdots,\omega_m)^{\mathrm{T}}$ 和 $(\delta_1,\delta_2,\cdots,\delta_s)^{\mathrm{T}}$ 上为方向规模收益递减。

下面将以上定义引入 DEA 框架之中。

5.2.1　DEA 框架下规模收益和最大产出规模点

Banker(1984)提出的在生产可能集(PPS)基础上的 DEA 框架下规模收益和最优产出规模点的定义如下。

定义 5-1　设 DMU$(Y_0,X_0)\in$ PPS，$X_0\in R_m^+$，$Y_0\in R_s^+$，令

$$\beta(t)=\max\{\beta\,|\,((1+t)X_0,(1+\beta)Y_0)\in \mathrm{PPS},\beta\neq 0\} \tag{5-4}$$

$$\rho=\lim_{t\to 0}\frac{\beta(t)}{t} \tag{5-5}$$

如果：

(a)$\rho>1$，称(Y_0,X_0)对应的 DMU 为规模收益递增的；

(b)$\rho<1$，称(Y_0,X_0)对应的 DMU 为规模收益递减的；

(c)$\rho=1$，称(Y_0,X_0)对应的 DMU 为规模效益不变的。

注意：这里假设极限式(5-5)总是存在。

定义 5-2　设 DMU$(Y_0,X_0)\in$ PPS，$X_0\in R_m^+$，$Y_0\in R_s^+$，如果$[(1+t)X_0,(1+\beta)Y_0]\in$ PPS 且$(1+\beta)/(1+t)\leqslant 1$ 则称 DMU(Y_0,X_0)为最大产出规模点。

5.2.2　DEA 框架下方向规模收益和方向最大产出规模点

在生产可能集基础上的 DEA 框架下方向规模收益和方向最优产出规模点的定义如下。

定义 5-3　设 DMU$(Y_0,X_0)\in$ PPS，$X_0\in R_m^+$，$Y_0\in R_s^+$，令

$$\beta(t)=\max\{\beta\,|\,(\Omega X_0,\Phi Y_0)\in \mathrm{PPS},t\neq 0\} \tag{5-6}$$

式中，$\Omega=\mathrm{diag}\{1+\omega_1 t,\cdots,1+\omega_m t\}$；$\Phi=\mathrm{diag}\{1+\delta_1\beta,\cdots,1+\delta_s\beta\}$。其中，$(\omega_1,\cdots,\omega_m)^{\mathrm{T}}(\omega_i\geqslant 0,i=1,\cdots,m)$和$(\delta_1,\cdots,\delta_s)^{\mathrm{T}}(\delta_r\geqslant 0,r=1,\cdots,s)$分别为投入和产出的方向因子，并满足 $\sum_{i=1}^{m}\omega_i=m$，$\sum_{r=1}^{s}\delta_r=s$，此处 t，β 为系数。定义

$$\rho=\lim_{t\to 0}\frac{\beta(t)}{t} \tag{5-7}$$

则在$(\omega_1,\cdots,\omega_m)^{\mathrm{T}}$和$(\delta_1,\cdots,\delta_s)^{\mathrm{T}}$确定的方向上，如果：①$\rho>1$，DMU$(Y_0,X_0)$方向规模收益递增；②$\rho<1$，DMU$(Y_0,X_0)$方向规模收益递减；③$\rho=1$，DMU$(Y_0,X_0)$方向规模收益不变。注意：这里假设极限式(5-7)总是存在。

定义 5-4 对生产单元DMU$(Y_0,X_0)\in$ PPS，令$\Omega=\mathrm{diag}\{1+\omega_1 t,\cdots,1+\omega_m t\}$，$\Phi=\mathrm{diag}\{1+\delta_1\beta,\cdots,1+\delta_s\beta\}$，若$(\Omega X_0,\Phi Y_0)\in$ PPS，则有

$$\frac{\frac{1}{s}\sum_{r=1}^{s}(1+\delta_r\beta)}{\frac{1}{m}\sum_{i=1}^{m}(1+\omega_i t)}=\frac{1+\beta}{1+t}\leqslant 1 \tag{5-8}$$

式中，$(\omega_1,\cdots,\omega_m)^{\mathrm{T}}(\omega_i\geqslant 0,i=1,\cdots,m)$和$(\delta_1,\cdots,\delta_s)^{\mathrm{T}}(\delta_r\geqslant 0,r=1,\cdots,s)$分别为投入和产出的方向因子，满足$\sum_{i=1}^{m}\omega_i=m$，$\sum_{r=1}^{s}\delta_r=s$，此处$t,\beta$为系数。则称此生产单元为指定方向的最大产出规模点。

5.2.3 最大产出规模点与方向最大产出规模点比较

以表5-2中数据为例，对比定义5-2和定义5-4。

首先，根据定义5-2，通过式(5-9)计算各DMU单元是否为最优产出规模点(基于规模收益可变假定的生产可能集)：

$$\max \rho=\frac{1+\beta}{1+t}$$

$$\begin{aligned}
\text{s. t.}\quad &(1+t)x_{i0}\geqslant\sum_{j=1}^{n}\lambda_j x_{ij} \quad & i=1,\cdots,m\\
&(1+\beta)y_{r0}\leqslant\sum_{j=1}^{n}\lambda_j y_{rj} \quad & r=1,\cdots,s\\
&\sum_{j=1}^{n}\lambda_j=1,\lambda_j\geqslant 0 \quad & j=1,\cdots,n
\end{aligned}\tag{5-9}$$

其次，不失一般性，我们设定产出的方向$\delta_1=\delta_2=\delta_3=\delta_4=1$，令投入方向为$\omega_1=0.3728$，$\omega_2=1.6272$，根据定义5-4通过式(5-9)计算各DMU单元在指定投入产出方向上是否为方向最优产出规模点(基于规模收益可变假定的生产可能集)：

$$
\begin{aligned}
& \max \rho = \frac{1+\beta}{1+t} \\
& \text{s.t.} \quad (1+\omega_i t)x_{i0} \geqslant \sum_{j=1}^{n} \lambda_j x_{ij} \quad i=1,\cdots,m \\
& \qquad (1+\delta_r \beta)y_{r0} \leqslant \sum_{j=1}^{n} \lambda_j y_{rj} \quad r=1,\cdots,s \\
& \qquad \sum_{j=1}^{n} \lambda_j = 1, \lambda_j \geqslant 0 \quad j=1,\cdots,n
\end{aligned}
\tag{5-10}
$$

式(5-9)和式(5-10)的计算结果($\delta_1=\delta_2=\delta_3=\delta_4=1,\omega_1=0.3728,\omega_2=1.6272$)见表5-2。

表5-2 含2个投入4个产出的15个DMU单元的数据

DMU	投入		产出				式(5-9)	式(5-10)
单元	X_1	X_2	Y_1	Y_2	Y_3	Y_4		
DMU_1	380	59 880	201	28	386	35 368	1.075 5(否)	1.097 0(否)
DMU_2	418	79 910	480	196	354	69 763	1(是)	1(是)
DMU_3	68	13 150	78	72	57	5 747	1(是)	1(是)
DMU_4	110 5	92 710	153	45	642	49 074	1.214 0(否)	1(是)
DMU_5	248	18 920	68	18	165	13 801	1(是)	1.074 2(否)
DMU_6	828	134 240	167	64	229	73 748	2.031 2(否)	1(是)
DMU_7	481	52 460	38	13	136	32 797	1.942 0(否)	1.917 7(否)
DMU_8	493	40 840	94	6	115	12 743	2.418 5(否)	2.946 7(否)
DMU_9	198	23 110	43	16	79	15 964	1.610 6(否)	1.811 8(否)
DMU_{10}	243	32 580	42	11	48	20 731	1.889 3(否)	2.078 8(否)
DMU_{11}	553	62 100	156	34	105	67 927	1.121 2(否)	1.021 2(否)
DMU_{12}	347	49 510	64	8	190	31 616	1.546 0(否)	1.685 8(否)
DMU_{13}	445	78 280	440	162	529	62 448	1(是)	1(是)
DMU_{14}	260	27 530	113	23	137	33 952	1(是)	1.097 4(否)
DMU_{15}	304	59 450	94	19	263	70 015	1(是)	1(是)

数据来源:《中国科学院研究所定量监测报告》(2006年)

以DMU_{14}为例,深入分析ω_i的变化对方向最优产出规模点的影响(令$\delta_1=\delta_2=\delta_3=\delta_4=1$),$\omega_1$和$\omega_2$的变化范围及式(5-10)最优解见表5-3。

表 5-3　DMU_{14}的式(5-10)的结果

ω_1	ω_2	最优解$\left(\max \frac{1+\beta}{1+t}\right)$
0. 7	1. 3	1
0. 66	1. 34	1
0. 65	1. 35	1. 001 361
0. 6	1. 4	1. 020 079
0. 372 8	1. 627 2	1. 097 419
0. 1	1. 9	1. 074 790

表 5-3 中的分析结果以图形表示可知,DMU_{14}为传统定义(径向)下的最优产出规模点,但在某些其他方向上,DMU_{14}并不是方向最优产出规模点。ω_1 和 ω_2 的变化范围可以分为最优产出规模区域和非最优产出规模区域,见图 5-1。

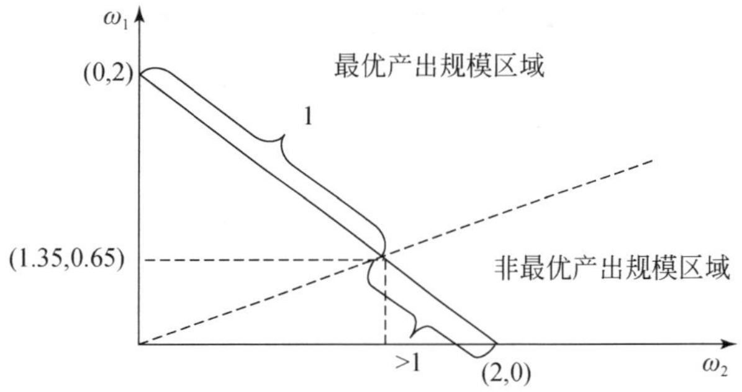

图 5-1　DMU_{14}的产出规模区域

可见,传统定义(径向)定义的最优产出规模点可能在某些非径向方向上不是方向最优产出规模点。传统最优产出规模点径向规模收益不变(盛昭瀚等,1996),因此可以看出传统规模收益不变的 DMU 单元,在某些非径向方向上的方向规模收益可能是递增或递减。本节研究的有效前沿面上 DMU 单元非径向方向规模收益情况,与应用基于非径向测度的 DEA 模型进行规模收益分析有本质不同。

5.3　方向规模收益的测度

在基于 DEA 方法对 DMU 单元规模收益测度的模型中,DMU 单元常常被分为两类:一是前沿面上的 DMU 单元(指强有效 DMU 单元[①])的规模收益情况(可变规模收益假定下);二是生产可能集内部的 DMU 单元(含弱有效 DMU 单元[②])的规模收益情况。内部的 DMU 单元通过 DMU 单元在前沿面上的投影点的位置,并根据投影点的规模收益情况来推断生产可能集内部的 DMU 单元的规模收益。

本节从方向规模收益的一个小的邻域内的局部性质出发,对可变规模收益假定下生产可能集前沿面上的有效 DMU 单元进行方向规模收益分析。本节以基于投入的 BCC-DEA 模型确定前沿面为例进行分析。

首先,给出如下定义。

定义 5-5　生产可能集(可变规模收益假定下)为

$$\mathrm{PPS} = \{(X,Y) \mid X \geqslant \sum_{j=1}^{n} \lambda_j X_j, Y \leqslant \sum_{j=1}^{n} \lambda_j Y_j, \sum_{j=1}^{n} \lambda_j = 1, \lambda_j \geqslant 0, j = 1,\cdots,n\} \tag{5-11}$$

定义 5-6　生产可能集的有效前沿面为

1)弱有效前沿面:

$$\mathrm{EF}_{\mathrm{weak}} = \{(X,Y) \in \mathrm{PPS} \mid \text{there is no} (\bar{X},\bar{Y}) \in \mathrm{PPS} \text{ such that} (-\bar{X},\bar{Y}) > (-X,Y)\} \tag{5-12a}$$

2)强有效前沿面:

$$\mathrm{EF}_{\mathrm{strong}} = \{(X,Y) \in \mathrm{PPS} \mid \text{there is no} (\bar{X},\bar{Y}) \in \mathrm{PPS} \text{ such that} (-\bar{X},\bar{Y}) \geqslant (-X,Y) \text{ and} (\bar{X},\bar{Y}) \neq (X,Y)\} \tag{5-12b}$$

定义 5-7　生产可能集的支撑超平面为(Sueyoshi and Sekitani,2007,2009)

如果一个超平面

$$H(V,U,\mu_0) = \{(X,Y) \mid U^{\mathrm{T}}Y - V^{\mathrm{T}}X + \mu_0 = 0\} \tag{5-13}$$

满足:

(a) $(X_0,Y_0) \in \{(X,Y) \mid U^{\mathrm{T}}Y - V^{\mathrm{T}}X + \mu_0 = 0\} \cap \mathrm{PPS}$;

(b)所有 $(X,Y) \in \mathrm{PPS}$,均有 $U^{\mathrm{T}}Y - V^{\mathrm{T}}X + \mu_0 \leqslant 0$;

(c) $(V,U) \neq (0,0)$。

---

① 如不特别说明,本节中的有效均指强有效。

② 本节将弱有效 DMU 单元与生产可能集内部 DMU 单元一并考虑。

则称 $H(V, U, \mu_0)$ 为生产可能集在 (X_0, Y_0) 点的支撑超平面，记作 $H(V,U,\mu_0)|_{(X_0,Y_0)}$。

定义 5-8 生产可能集的有效前沿面的平面（Stoer and Witzgall，1970）：过 (X_0, Y_0) 点的支撑超平面 $H(V,U,\mu_0)|_{(X_0,Y_0)}$ 与生产可能集的交集称为过 (X_0, Y_0) 点的有效前沿面的平面。

然后，给出基于投入的径向 BCC-DEA 模型：

$$\begin{aligned}
&\min \theta \\
&\text{s.t.} \quad \sum_{j=1}^{n} \lambda_j x_{ij} + s_i^- = \theta x_{i0} \qquad i = 1,\cdots,m \\
&\qquad \sum_{j=1}^{n} \lambda_j y_{rj} - s_r^+ = y_{r0} \qquad r = 1,\cdots,s \\
&\qquad \sum_{j=1}^{n} \lambda_j = 1, \lambda_j, s_i^-, s_r^+ \geqslant 0 \quad r = 1,\cdots,s; i = 1,\cdots,m; j = 1,\cdots,n
\end{aligned} \tag{5-14}$$

其对偶形式为

$$\begin{aligned}
&\max \sum_{r=1}^{s} u_r y_{r0} + \mu_0 \\
&\text{s.t.} \quad \sum_{r=1}^{s} u_r y_{rj} - \sum_{i=1}^{m} v_i x_{ij} + \mu_0 \leqslant 0 \quad j = 1,\cdots,n \\
&\qquad \sum_{i=1}^{m} v_i x_{i0} = 1 \\
&\qquad u_r \geqslant 0, v_i \geqslant 0, r = 1,\cdots,s; i = 1,\cdots,m; \mu_0 \text{ free}
\end{aligned} \tag{5-15}$$

5.3.1 FDM 方法

Golany 和 Yu（1997）采用 FDM 方法，通过设定 DMU 单元“右侧”和“左侧”的一个小的邻域，来判定 DMU 单元“右侧”和“左侧”的规模收益（径向）情况。Rosen 等（1998）则通过 FDM 方法估算 DEA 强有效前沿面上 DMU 单元方向导数。应用 FDM 方法估算 DMU 单元规模收益的基本思想是：规模收益是 DMU 单元的局部性质,因此在DMU单元周围指定方向上设定投入增加(或减少)足够小的量 t_0,考察产出在生产前沿面上沿指定方向的变化量 β。

5.3.1.1　前沿面上DMU单元方向规模收益

通过BCC-DEA模型的前沿面为分段线性函数,因此对有效DMU(X_0,Y_0)的方向规模收益分为"右侧"(投入、产出增加)和"左侧"(产出、投入减少)两种方式进行判定。以 E 点为例,其"右侧"和"左侧"规模收益情况见图5-2。根据定义5-5和定义5-6,在帕累托偏好意义下有 $t_0>0,\beta\geqslant0$ 和 $t_0<0,\beta\leqslant0$。

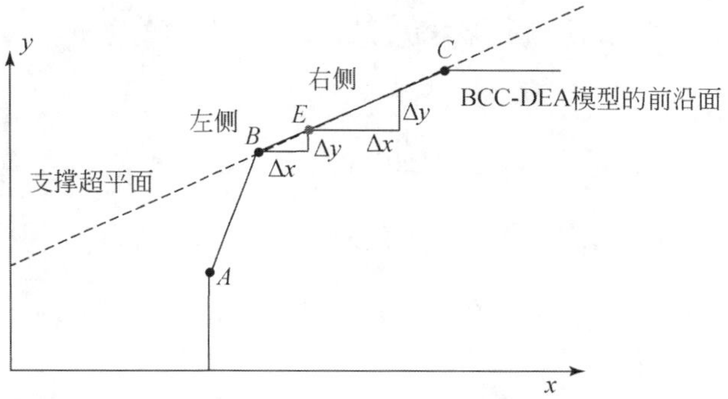

图5-2　E 点的规模收益情况

(1)有效DMU单元"右侧"方向规模收益判定

基于FDM方法(Golany and Yu,1997;Rosen et al.,1998)以及定义5-3,可以得到有效DMU单元在"右侧"指定的投入和产出方向上的方向规模收益情况的判断方法:

$$
\begin{aligned}
&\max \xi = \beta/t_0 \\
&\text{s. t.} \quad \sum_{j=1}^{n} \lambda_j x_{ij} \leqslant (1+\omega_i t_0) x_{i0} \quad i=1,\cdots,m \\
&\qquad \sum_{j=1}^{n} \lambda_j y_{rj} \geqslant (1+\delta_r \beta) y_{r0} \quad r=1,\cdots,s \\
&\qquad \sum_{j=1}^{n} \lambda_j = 1, \lambda_j \geqslant 0 \quad j=1,\cdots,n
\end{aligned}
\tag{5-16}
$$

式中，$(\omega_1,\cdots,\omega_m)^{\mathrm{T}}$ 和 $(\delta_1,\cdots,\delta_s)^{\mathrm{T}}$ 分别为投入和产出的方向因子；$\sum_{r=1}^{s}\delta_r=s$，$\delta_r\geqslant 0$；$\sum_{i=1}^{m}\omega_i=m$，$\omega_i\geqslant 0$；t_0，β 为系数。

令式(5-16)最优解为(λ_j^*,β^*)，如果存在一个足够小的量 t_0^*，当 $0<t_0\leqslant t_0^*$ 时，满足：

(a) (X_0,Y_0)和(Ω_0X_0,Φ^*Y_0)都在弱有效前沿面 $\mathrm{EF_{weak}}$上；

(b) (X_0,Y_0)和(Ω_0X_0,Φ^*Y_0)有共同的支撑超平面(此超平面可能与 t_0 有关)。

其中，$\Omega_0=\mathrm{diag}\{1+\omega_1t_0,\cdots,1+\omega_mt_0\}$，$\Phi^*=\mathrm{diag}\{1+\delta_1\beta^*,\cdots,1+\delta_s\beta^*\}$。

令 $\xi^*(X_0,Y_0)$为式(5-16)目标函数最优值，则有在$(\omega_1,\cdots,\omega_m)^{\mathrm{T}}$ 和$(\delta_1,\cdots,\delta_s)^{\mathrm{T}}$ 确定的方向上：

(a) $\xi^*(X_0,Y_0)>1$，(X_0,Y_0)对应的 DMU“右侧”为方向规模收益递增；

(b) $\xi^*(X_0,Y_0)<1$，(X_0,Y_0)对应的 DMU“右侧”为方向规模收益递减；

(c) $\xi^*(X_0,Y_0)=1$，(X_0,Y_0)对应的 DMU“右侧”为方向规模收益不变。

以单投入单产出情况为例，A 点“右侧”规模弹性为$\xi^*(x_0,y_0)\big|_{\mathrm{DMU}_A}=\dfrac{\frac{\Delta y}{y_0}}{\frac{\Delta x}{x_0}}$，见图 5-3。

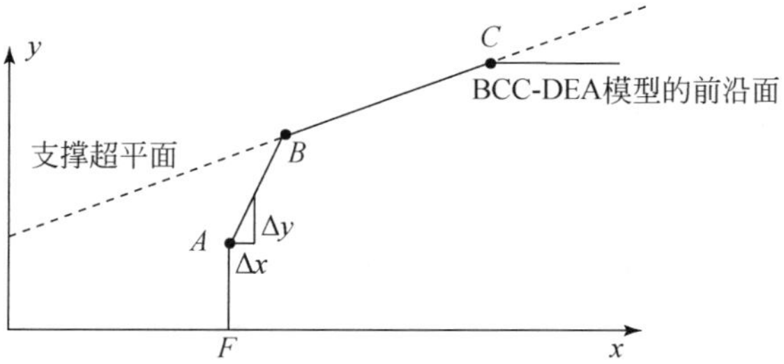

图 5-3　A 点的“右侧”规模收益情况

定理 5-1　存在 $t_0^*>0$，使得：①当 $t_0^*\geqslant t_0>0$ 且$(\Omega_0X_0,\Phi^*Y_0)\in \mathrm{PPS}$ 时，(Ω_0X_0,Φ^*Y_0)在弱有效前沿面 $\mathrm{EF_{weak}}$上；②当 $t_0^*\geqslant t_0>0$ 时，(X_0,Y_0)和(Ω_0X_0,Φ^*Y_0)有共同的支撑超平面(此超平面可能与 t_0 有关)。

证明

1）当 $t_0^* \geqslant t_0 > 0$ 且 $(\Omega_0 X_0, \Phi^* Y_0) \in \text{PPS}$ 时，$(\Omega_0 X_0, \Phi^* Y_0)$ 在弱有效前沿面 EF_{weak} 上。假设 $(\Omega_0 X_0, \Phi^* Y_0)$ 不在弱前沿面 EF_{weak} 上，考察式(5-17)：

$$
\begin{aligned}
&\max\ \theta \\
&\text{s.t.}\quad \sum_{j=1}^{n} \lambda_j x_{ij} \leqslant (1 + \omega_i t_0) x_{i0} \quad i = 1, \cdots, m \\
&\qquad\ \ \sum_{j=1}^{n} \lambda_j y_{rj} \geqslant \theta(1 + \delta_r \beta^*) y_{r0} \quad r = 1, \cdots, s \\
&\qquad\ \ \sum_{j=1}^{n} \lambda_j = 1, \lambda_j \geqslant 0 \quad j = 1, \cdots, n
\end{aligned} \tag{5-17}
$$

令 θ^* 为式(5-17)目标函数最优值，由于 $(\Omega_0 X_0, \Phi^* Y_0)$ 不在弱有效前沿面 EF_{weak} 上，故有 $\theta^* > 1$，即 $(\Omega_0 X_0, \Theta^* \Phi^* Y_0) \in \text{PPS}$，其中 $\Theta^* = \text{diag}\underbrace{\{\theta^*, \cdots, \theta^*\}}_{s}$。

同时，由于 $\theta^* > 1$，故有 $\theta^*(1+\delta_r\beta^*) y_{r0} \geqslant [1+\delta_r(\theta^*\beta^*)] y_{r0} (r=1, \cdots, s)$，$(\lambda_j^*, \theta^*\beta^*)$ 为式(5-15)的可行解，而 $\theta^*\beta^* > \beta^*$ 与 (λ_j^*, β^*) 为式(5-16)最优解矛盾。

2）由于 $t_0 \to 0$ 时，$(\Omega_0 X_0, \Phi^* Y_0)$ 无限逼近 (X_0, Y_0)，此时显然存在 t_0^* 使得当 $t_0^* \geqslant t_0 > 0$ 时 (X_0, Y_0) 和 $(\Omega_0 X_0, \Phi^* Y_0)$ 有共同的支撑超平面（此超平面可能与 t_0 有关）。证毕。

下面讨论如何选取 t_0。考察式(5-18)：

$$
\begin{aligned}
&\max\ \beta \\
&\text{s.t.}\quad \sum_{j=1}^{n} \lambda_j x_{ij} \leqslant (1 + \omega_i t_0) x_{i0} \quad i = 1, \cdots, m \\
&\qquad\ \ \sum_{j=1}^{n} \lambda_j y_{rj} \geqslant (1 + \delta_r \beta) y_{r0} \quad r = 1, \cdots, s \\
&\qquad\ \ \sum_{j=1}^{n} \lambda_j = 1, \lambda_j \geqslant 0 \quad j = 1, \cdots, n
\end{aligned} \tag{5-18}
$$

令 (λ_j^*, β^*) 为式(5-18)的最优解，令 $\Omega_0 = \text{diag}\{1+\omega_1 t_0, \cdots, 1+\omega_m t_0\}$，$\Phi^* = \text{diag}\{1+\delta_1\beta^*, \cdots, 1+\delta_s\beta^*\}$。考察式(5-19)：

$$
\begin{aligned}
&\max\ \varphi = U^{\mathrm{T}}Y_0 + \mu_0 \\
&\text{s. t.}\quad U^{\mathrm{T}}Y_j - V^{\mathrm{T}}X_j + \mu_0 \leqslant 0 \quad j = 1,\cdots,n \\
&\qquad V^{\mathrm{T}}X_0 = 1 \\
&\qquad U^{\mathrm{T}}\Phi^* Y_0 - V^{\mathrm{T}}\Omega_0 X_0 + \mu_0 = 0 \\
&\qquad U \geqslant 0, V \geqslant 0, \mu_0 \text{ free}
\end{aligned}
\tag{5-19}
$$

如果式(5-19)存在最优目标函数值 $\varphi^*=1$,则有 t_0 为足够小的量。此时,(X_0,Y_0)和(Ω_0X_0,Φ^*Y_0)都在弱有效前沿面 EF_{weak}上,且(X_0,Y_0)和(Ω_0X_0,Φ^*Y_0)有相同的支撑超平面。

定理 5-2 当 t_0 足够小且 $t_0>0$ 时,式(5-16)的最优目标函数值与 t_0 无关。

证明 令(λ_j^*,β^*)为式(5-16)的最优解,由于 t_0 足够小且 $t_0>0$,DMU(X_0,Y_0)和 DMU(Ω_0X_0,Φ^*Y_0)都处于 BCC-DEA 模型的弱有效前沿面 EF_{weak}并有共同的支撑超平面,其中 $\Omega_0=\mathrm{diag}\{1+\omega_1t_0,\cdots,1+\omega_mt_0\}$,$\Phi^*=\mathrm{diag}\{1+\delta_1\beta^*,\cdots,1+\delta_s\beta^*\}$。由于式(5-19)最优目标函数值为 $\varphi^*=1$,有

$$
\begin{cases}
U^{*\mathrm{T}}Y_0-V^{*\mathrm{T}}X_0+\mu_0^*=0 \\
U^{*\mathrm{T}}\Phi^*Y_0-V^{*\mathrm{T}}\Omega_0X_0+\mu_0^*=0
\end{cases}
\tag{5-20}
$$

式中,$U^*=(u_1^*,u_2^*,\cdots,u_s^*)^{\mathrm{T}}$;$V^*=(v_1^*,v_2^*,\cdots,v_m^*)^{\mathrm{T}}$;$\mu_0^*$ 为式(5-19)的最优解。根据式(5-19)可知:

$$
\sum_{r=1}^{s} u_r^*\delta_r\beta^* y_{r0} - \sum_{i=1}^{m} v_i^*\omega_i t_0 x_{i0} = 0 \tag{5-21}
$$

根据式(5-20)有

$$
\frac{\beta^*}{t_0} = \frac{\sum_{i=1}^{m} v_i^*\omega_i x_{i0}}{\sum_{r=1}^{s} u_r^*\delta_r y_{r0}} \tag{5-22}
$$

因此,当 t_0 足够小,且 $t_0>0$ 时,式(5-16)取最优解时有

$$
\xi^* = \frac{\beta^*}{t_0} = \frac{\sum_{i=1}^{m} v_i^*\omega_i x_{i0}}{\sum_{r=1}^{s} u_r^*\delta_r y_{r0}} \tag{5-23}
$$

式中，$U^*=(u_1^*,u_2^*,\cdots,u_s^*)^{\mathrm{T}}$；$V^*=(v_1^*,v_2^*,\cdots,v_m^*)^{\mathrm{T}}$。$(U^*,-V^*)$为 DMU$(X_0,Y_0)$和 DMU$(\Omega_0X_0,\Phi^*Y_0)$所在支撑超平面的法向量。假设极限式(5-6)总是存在，则当 $0<t_0\leqslant t_0^*$ 且 $t_0\to0$ 时，DMU(X_0,Y_0)和 DMU(Ω_0X_0,Φ^*Y_0)都处于弱有效前沿面 $\mathrm{EF}_{\mathrm{weak}}$ 上的同一个平面上，或 $\xi^*=\dfrac{\sum_{i=1}^{m}v_i^*\omega_ix_{i0}}{\sum_{r=1}^{s}u_r^*\delta_ry_{r0}}$ 不变，否则极限式(5-7)不存在。因此，由式(5-23)可知，当 t_0 足够小，且 $t_0>0$ 时，式(5-16)的最优目标函数值与 t_0 无关。证毕。

(2)有效 DMU 单元"左侧"方向规模收益判定

基于 FDM 方法(Rosen et al.，1998；Golany and Yu，1997)以及定义 5-3，得到有效 DMU 单元在"左侧"指定的投入和产出方向上的方向规模收益情况的判断方法：

$$
\begin{aligned}
&\min\ \psi=\beta/t_0\\
&\text{s. t.}\quad \sum_{j=1}^{n}\lambda_jx_{ij}\leqslant(1-\omega_it_0)x_{i0}\qquad i=1,\cdots,m\\
&\qquad\quad \sum_{j=1}^{n}\lambda_jy_{rj}\geqslant(1-\delta_r\beta)y_{r0}\qquad r=1,\cdots,s\\
&\qquad\quad \sum_{j=1}^{n}\lambda_j=1,\lambda_j\geqslant0\qquad\qquad j=1,\cdots,n
\end{aligned}
\tag{5-24}
$$

式中，$(\omega_1,\cdots,\omega_m)^{\mathrm{T}}$ 和 $(\delta_1,\cdots,\delta_s)^{\mathrm{T}}$ 分别为投入和产出的方向因子，满足 $\sum_{r=1}^{s}\delta_r=s,\delta_r\geqslant0$；$\sum_{i=1}^{m}\omega_i=m,\omega_i\geqslant0$；$t_0,\beta$ 为系数。

如果式(5-24)存在最优解(λ_j^*,β^*)并且存在一个足够小的量 t_0^*，当 $0<t_0\leqslant t_0^*$ 时，满足：

(a)(X_0,Y_0)和(Ω_0X_0,Φ^*Y_0)都在弱有效前沿面 $\mathrm{EF}_{\mathrm{weak}}$ 上；

(b)(X_0,Y_0)和(Ω_0X_0,Φ^*Y_0)有共同的支撑超平面(此超平面可能与 t_0 有关)。

其中，$\Omega_0=\mathrm{diag}\{1-\omega_1 t_0,\cdots,1-\omega_m t_0\}$，$\Phi^*=\mathrm{diag}\{1-\delta_1\beta^*,\cdots,1-\delta_s\beta^*\}$。

令 $\psi^*(X_0,Y_0)$ 为式(5-24)目标函数的最优值，则有在指定方向 $(\omega_1,\cdots,\omega_m)^{\mathrm{T}}$ 和 $(\delta_1,\cdots,\delta_s)^{\mathrm{T}}$ 上：

(a) $\psi^*(X_0,Y_0)>1$，(X_0,Y_0) 对应的 DMU“左侧”方向规模收益递增；

(b) $\psi^*(X_0,Y_0)=1$，(X_0,Y_0) 对应的 DMU“左侧”方向规模收益不变；

(c) $\psi^*(X_0,Y_0)<1$，(X_0,Y_0) 对应的 DMU“左侧”方向规模收益递减。

如果式(5-24)不存在最优解，(X_0,Y_0) 对应的 DMU 单元“左侧”方向规模收益没有意义(现有数据不能确定)。

定理 5-3 如果式(5-24)存在最优解 (λ_j^*,β^*)，则存在 $t_0^*>0$，使得：①当 $t_0^*\geqslant t_0>0$ 且 $(\Omega_0 X_0,\Phi^* Y_0)\in \mathrm{PPS}$ 时，$(\Omega_0 X_0,\Phi^* Y_0)$ 在弱有效前沿面 $\mathrm{EF}_{\mathrm{weak}}$ 上；②当 $t_0^*\geqslant t_0>0$ 时，(X_0,Y_0) 和 $(\Omega_0 X_0,\Phi^* Y_0)$ 有共同的支撑超平面(此超平面可能与 t_0 有关)。

证明过程同定理 5-1。

下面讨论如何选取 t_0。考察式(5-25)：

$$
\begin{aligned}
&\max \beta \\
&\text{s.t.}\quad \sum_{j=1}^{n}\lambda_j x_{ij}\leqslant(1-\omega_i t_0)x_{i0}\quad i=1,\cdots,m\\
&\qquad\ \ \sum_{j=1}^{n}\lambda_j y_{rj}\geqslant(1-\delta_r\beta)y_{r0}\quad r=1,\cdots,s\\
&\qquad\ \ \sum_{j=1}^{n}\lambda_j=1,\lambda_j\geqslant 0\qquad j=1,\cdots,n
\end{aligned}
\tag{5-25}
$$

令 (λ_j^*,β^*) 为式(5-25)的最优解，令 $\Omega_0=\mathrm{diag}\{1-\omega_1 t_0,\cdots,1-\omega_m t_0\}$，$\Phi^*=\mathrm{diag}\{1-\delta_1\beta^*,\cdots,1-\delta_s\beta^*\}$。考察式(5-26)：

$$
\begin{aligned}
&\max \varphi=U^{\mathrm{T}}Y_0+\mu_0\\
&\text{s.t.}\quad U^{\mathrm{T}}Y_j-V^{\mathrm{T}}X_j+\mu_0\leqslant 0\quad j=1,\cdots,n\\
&\qquad\ \ V^{\mathrm{T}}X_0=1\\
&\qquad\ \ U^{\mathrm{T}}\Phi_0 Y_0-V^{\mathrm{T}}\Omega^* X_0+\mu_0=0\\
&\qquad\ \ U\geqslant 0,V\geqslant 0,\mu_0\ \text{free}
\end{aligned}
\tag{5-26}
$$

如果式(5-26)存在最优解 $\varphi^*=1$,则有 t_0 为足够小的量。

定理 5-4 如果式(5-22)存在最优解(λ_j^*,β^*),当 t_0 足够小且 $t_0>0$ 时,式(5-24)的最优目标函数值与 t_0 无关。证明参照定理 5-2 证明过程。类似地,我们可知:

$$\psi^*=\frac{\beta^*}{t_0}=\frac{\sum_{i=1}^{m}v_i^*\omega_i x_{i0}}{\sum_{r=1}^{s}u_r^*\delta_r y_{r0}} \tag{5-27}$$

式中,$U^*=(u_1^*,u_2^*,\cdots,u_s^*)^{\mathrm{T}}$,$V^*=(v_1^*,v_2^*,\cdots,v_m^*)^{\mathrm{T}}$;$(U^*,-V^*)$为 DMU$(X_0,Y_0)$和 DMU$(\Omega^*X_0,\Phi_0Y_0)$所在支撑超平面的法向量。

综合以上分析可得强有效前沿面 $\mathrm{EF}_{\mathrm{strong}}$上的 DMU 单元$(X_0,Y_0)$方向规模收益的判断方式如下。

程序 5-1 对于强有效前沿面 $\mathrm{EF}_{\mathrm{strong}}$上的 DMU 单元$(X_0,Y_0)$,设$\xi^*(X_0,Y_0)$和$\psi^*(X_0,Y_0)$是式(5-16)和式(5-24)的最优目标函数值[如果式(5-24)不存在最优解,则(X_0,Y_0)对应的 DMU 单元"左侧"方向规模收益没有意义],则 DMU(X_0,Y_0)在$(\omega_1,\cdots,\omega_m)^{\mathrm{T}}$(投入)和$(\delta_1,\cdots,\delta_s)^{\mathrm{T}}$(产出)上的方向规模收益情况如下。

1)DMU(X_0,Y_0)单元"右侧"的方向规模收益:

(a)$\xi^*(X_0,Y_0)>1$,方向规模收益递增;

(b)$\xi^*(X_0,Y_0)=1$,方向规模收益不变;

(c)$\xi^*(X_0,Y_0)<1$,方向规模收益递减。

2)DMU(X_0,Y_0)单元"左侧"的方向规模收益:

(a)$\psi^*(X_0,Y_0)>1$,方向规模收益递增;

(b)$\psi^*(X_0,Y_0)=1$,方向规模收益不变;

(c)$\psi^*(X_0,Y_0)<1$,方向规模收益递减;

(d)如果式(5-24)不存在最优解,(X_0,Y_0)对应的 DMU 单元"左侧"方向规模收益没有意义(现有数据不能确定)。

5.3.1.2 生产可能集内部或弱有效 DMU 单元方向规模收益

步骤 1 首先将生产可能集内部或弱有效 DMU 单元进行投影。可以采用基于径向测度的 BCC-DEA 模型、基于径向测度的 BCC-DEA 模型、加性模型等方法。其中,采用基于非径向测度的 DEA 模型时,会产生多重参照集问题、多重支撑超平面以及多重投影等问题。本节以基于投入的 BCC-DEA 模型为例:

$$
\begin{aligned}
&\min \theta = \theta_0 - \varepsilon\left(\sum_{i=1}^{m} s_i^- + \sum_{r=1}^{s} s_r^+\right) \\
&\text{s. t.} \quad \sum_j \lambda_j x_{ij} + s_i^- = \theta_0 x_{i0} \qquad i = 1,\cdots,m \\
&\qquad\quad \sum_j \lambda_j y_{rj} - s_r^+ = y_{r0} \qquad r = 1,\cdots,s \\
&\qquad\quad \sum_j \lambda_j = 1, \lambda_j, s_i^-, s_r^+ \geqslant 0 \quad r = 1,\cdots,s; i = 1,\cdots,m; j = 1,\cdots,n
\end{aligned}
\tag{5-28}
$$

投影的方式为

$$
\begin{cases}
\tilde{x}_{i0} \leftarrow \theta_0^* x_{i0} - s_i^{-*} & i=1,\cdots,m \\
\tilde{y}_{r0} \leftarrow y_{r0} + s_r^{+*} & r=1,\cdots,s
\end{cases}
\tag{5-29}
$$

步骤 2 确定强有效前沿面 EF_{strong} 上的投影点之后,根据 5. 3. 1. 1 节中的步骤,计算 DMU 单元方向规模收益。

5. 3. 2 上下界方法

本节主要讨论强有效前沿面 EF_{strong} 上的 DMU 单元(指强有效 DMU 单元)的规模收益情况(可变规模收益假定下)。生产可能集内部 DMU 单元及弱有效 DMU 单元的方向规模收益采用类似 5. 3. 1. 2 节方式处理。

5. 3. 2. 1 基于上下界方法的传统规模收益测度

Panzar 和 Willig(1977)给出传统规模弹性的定量表达。假设连续可微的多投入多产出生产函数为

$$
F(Y,X)=0, Y\in R_+^s, X\in R_+^m, \frac{\partial F(Y,X)}{\partial x_i}\leqslant 0, \frac{\partial F(Y,X)}{\partial y_j}\geqslant 0 \quad r=1,\cdots,s; i=1,\cdots,m
\tag{5-30}
$$

则计算:

$$e(Y_0,X_0) = -\left.\frac{\sum_{i=1}^{m}\frac{\partial F}{\partial x_i}x_i}{\sum_{r=1}^{s}\frac{\partial F}{\partial y_r}y_r}\right|_{(Y_0,X_0)} \tag{5-31}$$

如果：

(a)$e(Y_0,X_0)>1$，当且仅当 DMU(Y_0,X_0)为规模收益递增；

(b)$e(Y_0,X_0)=1$，当且仅当 DMU(Y_0,X_0)为规模收益不变；

(c)$e(Y_0,X_0)<1$，当且仅当 DMU(Y_0,X_0)为规模收益递减。

由于 BCC-DEA 模型的生产可能集为凸多面体，在其角点附近（任意有效前沿面的交集）可用连续可微的光滑曲面 $F_\varepsilon=0$ 无限逼近，因此式(3-9)可用，并且式(5-32)成立（盛昭瀚等，1996）。

$$\lim_{\varepsilon\to 0}\frac{\partial F_\varepsilon}{\partial x_i}=-v_i^*,\lim_{\varepsilon\to 0}\frac{\partial F_\varepsilon}{\partial y_r}=u_r^* \tag{5-32}$$

式中，$(U^*,-V^*)$ [其中，$U^*=(u_1^*,\cdots,u_s^*)^{\mathrm{T}}$，$V^*=(v_1^*,\cdots,v_m^*)^{\mathrm{T}}$]为生产可能集强有效前沿面 $\mathrm{EF_{strong}}$上的 DMU 单元(X_0,Y_0)所在有效面的某个平面的法向量，并满足

$$U^{*\mathrm{T}}Y_0-V^{*\mathrm{T}}X_0+\mu_0=0 \tag{5-33}$$

因此，当 $\varepsilon\to 0$ 时，极限 $e_\varepsilon(Y_0,X_0)$ 可表示为

$$e_\varepsilon(Y_0,X_0)=\frac{\sum_{i=1}^{m}v_i^*x_{i0}}{\sum_{r=1}^{s}u_r^*y_{r0}} \tag{5-34}$$

结合式(5-33)，则有

$$\frac{\sum_{i=1}^{m}v_i^*x_{i0}}{\sum_{r=1}^{s}u_r^*y_{r0}}=1+\frac{\mu_0}{\sum_{r=1}^{s}u_r^*y_{r0}} \tag{5-35}$$

在实际应用中可以通过式(5-36)确定传统规模弹性的上下界，并据此判定 DMU 单元的规模收益情况（Banker and Thrall，1992）。

$$\bar{\rho}(\underline{\rho})=\max(\min)\left(1+\frac{\mu_0}{\sum_{r=1}^{s}u_ry_{r0}}\right)$$

$$
\begin{aligned}
\text{s. t.}\quad & \sum_{r=1}^{s} u_r y_{rj} - \sum_{i=1}^{m} v_i x_{ij} + \mu_0 \leqslant 0 \quad j = 1,\cdots,n \\
& \sum_{r=1}^{s} u_r y_{r0} - \sum_{i=1}^{m} v_i x_{i0} + \mu_0 = 0 \\
& \sum_{i=1}^{m} v_i x_{i0} = 1 \\
& u_r \geqslant 0, v_i \geqslant 0, r = 1,\cdots,s; i = 1,\cdots,m; \mu_0 \text{ free}
\end{aligned}
\tag{5-36}
$$

式(5-36)为分式规划,求解相对困难,因此在实际应用中往往转化为线性规划,即式(5-32)的目标函数转化为μ_0。

5.3.2.2 基于上下界方法的方向规模收益测度

第4章中给出方向规模弹性的定义,见式(5-2)。根据定义5-3,若BCC-DEA模型的生产可能集上(X_0,Y_0)点为强有效DMU单元,则满足:

$$U^{\mathrm{T}*}Y_0-V^{\mathrm{T}*}X_0+\mu_0=0 \tag{5-37}$$

式中,$(U^*,-V^*)$为(X_0,Y_0)点所在弱有效前沿面的某个平面的法向量。我们在(X_0,Y_0)点所在弱有效前沿面的平面上取点$(\Omega X_0,\Phi Y_0)$①,其中$\Omega=\mathrm{diag}\{1+\omega_1 t,\cdots,1+\omega_m t\}$;$\Phi=\mathrm{diag}\{1+\delta_1\beta,\cdots,1+\delta_s\beta\}$;$t,\beta$为系数且$t\neq0$;$(\omega_1,\cdots,\omega_m)^{\mathrm{T}}$和$(\delta_1,\cdots,\delta_s)^{\mathrm{T}}$分别为投入和产出的方向因子,满足$\sum_{r=1}^{s}\delta_r=s,\delta_r\geqslant0$;$\sum_{i=1}^{m}\omega_i=m$,$\omega_i\geqslant0$,则有

$$
\begin{cases}
U^{\mathrm{T}*}Y_0-V^{\mathrm{T}*}X_0+\mu_0=0 \\
U^{\mathrm{T}*}\Phi Y_0-V^{\mathrm{T}*}\Omega X_0+\mu_0=0
\end{cases}
\tag{5-38}
$$

则有

$$\frac{\beta}{t}=\frac{\sum_{i=1}^{m}v_i^*\omega_i x_{i0}}{\sum_{r=1}^{s}u_r^*\delta_r y_{r0}} \tag{5-39}$$

① 当$t<0$时,弱有效前沿面的平面上有时会取不到$(\Omega X_0,\Phi Y_0)$,此时式(5-42)目标函数值无上确界,即根据现有数据不能确定(X_0,Y_0)“左侧”方向规模弹性。

由于 BCC-DEA 模型的生产可能集为凸多面体,在其角点附近(任意有效前沿面的交集)可用连续可微的光滑曲面 $F_\varepsilon=0$ 无限逼近,因此式(5-3)可用。即

$$e(Y_0,X_0)=\lim_{t\to 0}\frac{\beta}{t}=\frac{\sum_{i=1}^{m}v_i^*\omega_i x_{i0}}{\sum_{r=1}^{s}u_r^*\delta_r y_{r0}} \tag{5-40}$$

从另一方面看,由于

$$\lim_{\varepsilon\to 0}\frac{\partial F_\varepsilon}{\partial x_i}=-v_i^*,\lim_{\varepsilon\to 0}\frac{\partial F_\varepsilon}{\partial y_r}=u_r^* \tag{5-41}$$

则由式(5-3)可以得到与式(5-40)相同的结论。

在实际应用中可以通过式(5-41)确定 DMU(X_0,Y_0)的方向规模弹性上下界,并据此判定 DMU 单元的方向规模收益情况。

$$\bar{\rho}(\underline{\rho})=\max(\min)\frac{\sum_{i=1}^{m}v_i\omega_i x_{i0}}{\sum_{r=1}^{s}u_r\delta_r y_{r0}}$$

$$\text{s. t.}\quad \sum_{r=1}^{s}u_r y_{rj}-\sum_{i=1}^{m}v_i x_{ij}+\mu_0\leqslant 0\quad j=1,\cdots,n \tag{5-42}$$

$$\sum_{r=1}^{s}u_r y_{r0}-\sum_{i=1}^{m}v_i x_{i0}+\mu_0=0$$

$$\sum_{i=1}^{m}v_i x_{i0}=1$$

$$u_r\geqslant 0,v_i\geqslant 0,r=1,\cdots,s;i=1,\cdots,m;\mu_0\ \text{free}$$

定理 5-5 假设式(5-24)最优目标函数值$\psi^*(X_0,Y_0)$以及式(5-42)确定的上界$\bar{\rho}(X_0,Y_0)$均有界,则式(5-42)确定 DMU(X_0,Y_0)的方向规模弹性上下界$\bar{\rho}(X_0,Y_0)$和$\underline{\rho}(X_0,Y_0)$分别为式(5-24)的最优目标函数值$\psi^*(X_0,Y_0)$和式(5-16)的最优目标函数值$\xi^*(X_0,Y_0)$。

证明 考察式(5-16)的最优目标函数值$\xi^*(X_0,Y_0)$与式(5-42)确定的 DMU 单元(X_0,Y_0)的方向规模弹性的下界$\underline{\rho}(X_0,Y_0)$的相等关系。

从式(5-23)可以看出,DMU 单元(X_0,Y_0)“右侧”的方向规模弹性为

$$\xi^*(X_0,Y_0)=\frac{\beta^*}{t_0}=\frac{\sum_{i=1}^{m}v_i^*\omega_i x_{i0}}{\sum_{r=1}^{s}u_r^*\delta_r y_{r0}} \tag{5-43}$$

式中,$U^*=(u_1^*,u_2^*,\cdots,u_s^*)^{\mathrm{T}}$,$V^*=(v_1^*,v_2^*,\cdots,v_m^*)^{\mathrm{T}}$;$\mu_0^*$ 为式(5-19)的最优解。

1)如果 $\xi^*(X_0,Y_0)<\underline{\rho}(X_0,Y_0)$,则式(5-19)的最优解为

$$U^*=(u_1^*,u_2^*,\cdots,u_s^*)^{\mathrm{T}},V^*=(v_1^*,v_2^*,\cdots,v_m^*)^{\mathrm{T}},\mu_0^*$$

满足如下约束:

$$\begin{cases}\sum_{r=1}^{s}u_r^*y_{rj}-\sum_{i=1}^{m}v_i^*x_{ij}+\mu_0^*\leqslant 0 \quad j=1,\cdots,n\\ \sum_{r=1}^{s}u_r^*y_{r0}-\sum_{i=1}^{m}v_i^*x_{i0}+\mu_0^*=0\\ \sum_{i=1}^{m}v_i^*x_{i0}=1\end{cases} \tag{5-44}$$

即 $\underline{\rho}(X_0,Y_0)$不是式(5-42)的最小值,与式(5-42)矛盾。

2)如果 $\xi^*(X_0,Y_0)>\underline{\rho}(X_0,Y_0)$,根据式(5-23)和式(5-39)可知:

$$\xi^*(X_0,Y_0)=\frac{\beta^*}{t_0}>\underline{\rho}(X_0,Y_0)=\frac{\beta_{\underline{\rho}}^*}{t_0} \tag{5-45}$$

由于 $t_0>0$,则有 $\beta^*>\beta_{\underline{\rho}}^*$。根据式(5-16)和式(5-42),可知 DMU(X_0,Y_0)满足:

$$U^{\mathrm{T}*}Y_0-V^{\mathrm{T}*}X_0+\mu_0^*=0 \tag{5-46}$$

$$U_{\underline{\rho}}^{\mathrm{T}*}Y_0-V_{\underline{\rho}}^{\mathrm{T}*}X_0+\mu_{\underline{\rho}0}^*=0 \tag{5-47}$$

式中,$(U^*,-V^*)$为(X_0,Y_0)点所在有效面的某个平面的法向量;$(U_{\underline{\rho}}^*,-V_{\underline{\rho}}^*)$为$(X_0,Y_0)$点所在支撑超平面的法向量。

根据式(5-43)和式(5-46)可知:

$$U^{\mathrm{T}*}\Phi^*Y_0-V^{\mathrm{T}*}\Omega_0X_0+\mu_0=0 \tag{5-48}$$

式中,$\Omega_0=\mathrm{diag}\{1+\omega_1t_0,\cdots,1+\omega_mt_0\}$;$\Phi^*=\mathrm{diag}\{1+\delta_1\beta^*,\cdots,1+\delta_s\beta^*\}$。

在由法向量$(U_{\underline{\rho}}^{*},-V_{\underline{\rho}}^{*})$确定的过$(X_0,Y_0)$的支撑超平面上取点$(\Omega_0 X_0,\Phi_{\underline{\rho}}^{*}Y_0)$，则有

$$U_{\underline{\rho}}^{\mathrm{T}*}\Phi_{\underline{\rho}}^{*}Y_0-V_{\underline{\rho}}^{\mathrm{T}*}\Omega_0 X_0+\mu_{\underline{\rho}0}^{*}=0 \tag{5-49}$$

式中，$\Omega_0=\mathrm{diag}\{1+\omega_1 t_0,\cdots,1+\omega_m t_0\}$；$\Phi_{\underline{\rho}}^{*}=\mathrm{diag}\{1+\delta_1\beta_{\underline{\rho}}^{*},\cdots,1+\delta_s\beta_{\underline{\rho}}^{*}\}$。$(X_0,Y_0)$为强有效DMU单元，因此必然至少存在一组$U_{\underline{\rho}}^{*}>0,V_{\underline{\rho}}^{*}>0$，满足$U_{\underline{\rho}}^{\mathrm{T}*}Y_0-V_{\underline{\rho}}^{\mathrm{T}*}X_0+\mu_{\underline{\rho}0}^{*}=0$，此时必然能取到$(\Omega_0 X_0,\Phi_{\underline{\rho}}^{*}Y_0)$点。

由于$\beta^{*}>\beta_{\underline{\rho}}^{*}$，根据式(5-49)，有

$$U_{\underline{\rho}}^{\mathrm{T}*}\Phi^{*}Y_0-V_{\underline{\rho}}^{\mathrm{T}*}\Omega_0 X_0+\mu_{\underline{\rho}0}^{*}>0 \tag{5-50}$$

$(\Omega_0 X_0,\Phi^{*}Y_0)$为弱有效前沿面$\mathrm{EF}_{\mathrm{weak}}$上的DMU单元，因此与式(5-42)生成的支撑超平面$U_{\underline{\rho}}^{\mathrm{T}*}Y-V_{\underline{\rho}}^{\mathrm{T}*}X+\mu_{\underline{\rho}0}^{*}=0$矛盾。

类似可以证明式(5-24)的最优目标函数值$\psi^{*}(X_0,Y_0)$与式(5-42)确定的DMU单元(X_0,Y_0)的方向规模弹性上界$\bar{\rho}(X_0,Y_0)$的相等关系。证毕。

因此，采用上下界方法判定DMU单元的方向规模收益情况类似程序5-1。

式(5-42)为分式线性规划，因此直接求解比较困难。下面通过Charnes-Cooper变换（Charnes and Cooper, 1962），将式(5-42)转化为等价的线性规划模型。

将式(5-42)写成向量形式：

$$\begin{aligned}
&\bar{\underline{\rho}}(\rho)=\max(\min)\frac{V^{\mathrm{T}}WX_0}{U^{\mathrm{T}}\Delta Y_0}\\
&\text{s. t.}\quad U^{\mathrm{T}}Y_j-V^{\mathrm{T}}X_j+\mu_0\leqslant 0\quad j=1,\cdots,n\\
&\qquad\quad U^{\mathrm{T}}Y_0-V^{\mathrm{T}}X_0+\mu_0=0\\
&\qquad\quad V^{\mathrm{T}}X_0=1\\
&\qquad\quad U\geqslant 0,V\geqslant 0,\mu_0\ \text{free}
\end{aligned} \tag{5-51}$$

式中，$U=(u_1,u_2,\cdots,u_s)^{\mathrm{T}}$，$V=(v_1,v_2,\cdots,v_m)^{\mathrm{T}}$为乘数向量；$\Delta=\mathrm{diag}\{\delta_1,\delta_2,\cdots,\delta_s\}$，$W=\mathrm{diag}\{\omega_1,\omega_2,\cdots,\omega_m\}$为方向矩阵。

令

$$\begin{cases} t=\dfrac{1}{U^{\mathrm{T}}\Delta Y_0} \\ tV^{\mathrm{T}}W=\Gamma^{\mathrm{T}} \\ tU^{\mathrm{T}}\Delta=\Lambda^{\mathrm{T}} \end{cases} \tag{5-52}$$

根据式(5-52),则有

$$\begin{cases} t=\dfrac{1}{U^{\mathrm{T}}\Delta Y_0} \\ V^{\mathrm{T}}=\dfrac{1}{t}\Gamma^{\mathrm{T}}W^{-1} \\ U^{\mathrm{T}}=\dfrac{1}{t}\Lambda^{\mathrm{T}}\Delta^{-1} \end{cases} \tag{5-53}$$

则式(5-51)可以转化为

$$\begin{aligned} &\bar{\rho}(\underline{\rho})=\max(\min)\Gamma^{\mathrm{T}}X_0 \\ &\text{s. t.}\quad \Lambda^{\mathrm{T}}\Delta^{-1}Y_j-\Gamma^{\mathrm{T}}W^{-1}X_j+t\mu_0\leqslant 0\quad j=1,\cdots,n \\ &\qquad\ \Lambda^{\mathrm{T}}\Delta^{-1}Y_0-\Gamma^{\mathrm{T}}W^{-1}X_0+t\mu_0=0 \\ &\qquad\ \Gamma^{\mathrm{T}}W^{-1}X_0=t \\ &\qquad\ \Lambda^{\mathrm{T}}Y_0=1 \\ &\qquad\ \Gamma\geqslant 0,\Lambda\geqslant 0,t\geqslant 0,\mu_0\ \text{free} \end{aligned} \tag{5-54}$$

令 $t\mu_0=\mu_0'$,则式(5-54)可以转化为如下线性规划模型:

$$\begin{aligned} &\bar{\rho}(\underline{\rho})=\max(\min)\Gamma^{\mathrm{T}}X_0 \\ &\text{s. t.}\quad \Lambda^{\mathrm{T}}\Delta^{-1}Y_j-\Gamma^{\mathrm{T}}W^{-1}X_j+\mu_0'\leqslant 0\quad j=1,\cdots,n \\ &\qquad\ \Lambda^{\mathrm{T}}\Delta^{-1}Y_0-\Gamma^{\mathrm{T}}W^{-1}X_0+\mu_0'=0 \\ &\qquad\ \Gamma^{\mathrm{T}}W^{-1}X_0=t \\ &\qquad\ \Lambda^{\mathrm{T}}Y_0=1 \\ &\qquad\ \Gamma\geqslant 0,\Lambda\geqslant 0,t\geqslant 0,\mu_0'\ \text{free} \end{aligned} \tag{5-55}$$

求解式(5-55),即可得到式(5-42)或式(5-51)的最优目标函数值。

5.4　案例研究

1993年，中国科学院开始对研究所进行评价。10多年来，中国科学院根据研究所不同发展阶段特点不断调整评价方法，经历了"蓝皮书评价""知识创新工程试点"评价、创新能力指数评价、综合质量评估等不同阶段（李晓轩和杨国梁，2009）。在评价实践中，中国科学院对基础领域研究所的投入产出情况通过若干定量指标进行了监测。本节选取部分投入产出指标，用于规模收益分析，具体包括：①研究人员，研究所正式职工数；②科研经费，研究所的合同研究经费（以万元计）；③承担重大任务，通过专家确定的标准对研究所承担的国家重大任务进行评分，从而引导研究所集中力量承担国家重大研究任务，具体包括当年完成的国家重点基础研究发展计划（973计划）、国家科技攻关计划、国家高技术研究发展计划（863计划）、国家重大产业化项目、国家自然科学基金项目等；④高质量论文，在SCI、SSCI高影响因子的刊物上发表的学术论文（如各领域影响因子前15%的杂志）；⑤知识产权，由国家相关管理机构认定的专利、软件著作权登记、新医药、新农药、新兽药、新肥料、动植物新品种、标准制定；⑥奖励，通过专家确定的标准对研究所所获国家级、省部级奖励及国际奖等进行评分。

2009年度基础领域16个研究所投入产出指标具体情况见表5-4。

表5-4　2009年度基础领域16个研究所投入产出指标具体情况

研究所	产出				投入		效率值［式(5-56)］
	承担重大任务/分	高质量论文/篇	知识产权/分	奖励/分	科研经费/万元	研究人员/人	
DMU_1	23	135	32.2	23	2 574	304	1
DMU_2	25	329	81.4	15.25	17 276	446	0.841 5
DMU_3	2	135	0	5	863	72	1
DMU_4	10	196	12.2	34	7 569	832	1
DMU_5	22	48	37.4	0	8 328	299	0.855 7
DMU_6	29	447	109.2	12	17 861	439	1
DMU_7	28	115	14.3	38	10 078	544	1
DMU_8	12	52	17.2	1	1 485	446	1

续表

研究所	产出				投入		效率值[式(5-56)]
	承担重大任务/分	高质量论文/篇	知识产权/分	奖励/分	科研经费/万元	研究人员/人	
DMU_9	23	68	0.4	5.01	5 296	144	1
DMU_{10}	11	172	39.6	19	4 316	225	1
DMU_{11}	10	51	2.7	4	9 158	196	0.540 1
DMU_{12}	39	154	131.3	16.50	47 207	887	1
DMU_{13}	15	66	9.1	11.50	3 695	179	0.970 5
DMU_{14}	6	36	6.35	19.50	2 490	342	0.900 1
DMU_{15}	1	97	27.2	0	4 091	170	0.961 5
DMU_{16}	1	1	21.4	0	948	144	1

数据来源：中国科学院研究所定量监测数据（2009 年度）；《中国科学院统计年鉴》（2010 年）

下面分析以上 2009 年度基础领域 16 个研究所的规模收益情况。

步骤 1 本节采用基于投入的 BCC-DEA 模型确定强有效前沿面 EF_{strong} 和弱有效前沿面 EF_{weak}，见式(5-56)。

$$
\begin{aligned}
&\min \theta = \theta_0 - \varepsilon\left(\sum_{i=1}^{m} s_i^- + \sum_{r=1}^{s} s_r^+\right)\\
&\text{s. t.} \quad \sum_j \lambda_j x_{ij} + s_i^- = \theta_0 x_{i0} \qquad i = 1, \cdots, m\\
&\qquad \sum_j \lambda_j y_{rj} - s_r^+ = y_{r0} \qquad r = 1, \cdots, s\\
&\qquad \sum_j \lambda_j = 1, \lambda_j, s_i^-, s_r^+ \geqslant 0 \quad r = 1, \cdots, s; i = 1, \cdots, m; j = 1, \cdots, n
\end{aligned} \tag{5-56}
$$

2009 年度中国科学院基础领域 16 个研究所相对效率情况见表 5-4。其中，DMU_1、DMU_3、DMU_4、DMU_6、DMU_7、DMU_8、DMU_9、DMU_{10}、DMU_{12} 和 DMU_{16} 效率值为 1。16 个研究所在强有效前沿面 EF_{strong} 的投影情况见表 5-5。投影的方式如下：

$$
\begin{cases}
\tilde{x}_{i0} \leftarrow \theta_0^* x_{i0} - s_i^{-*} & i = 1, \cdots, m\\
\tilde{y}_{r0} \leftarrow y_{r0} + s_r^{+*} & r = 1, \cdots, s
\end{cases} \tag{5-57}
$$

表 5-5　基础领域 16 个研究所在强有效前沿面上的投影

研究所	投影点(产出)				效率值	投影点(投入)	
	承担重大任务/分	高质量论文/篇	知识产权/分	奖励/分		科研经费/万元	研究人员/人
DMU_1	23	135	32. 200 0	23	1	2 574	304
DMU_2	25	336. 178 6	81. 400 0	15. 250 0	0. 841 5	12 496. 544 0	375. 301 5
DMU_3	2	135	0	5	1	863	72
DMU_4	10	196	12. 200 0	34	1	7 569	832
DMU_5	22	181. 131 5	37. 400 0	13. 054 7	0. 855 7	7 126. 425 3	255. 859 9
DMU_6	29	447	109. 200 0	12	1	17 861	439
DMU_7	28	115	14. 300 0	38	1	10 078	544
DMU_8	12	52	17. 200 0	1	1	1 485	446
DMU_9	23	68	0. 400 0	5. 010 0	1	5 296	144
DMU_{10}	11	172	39. 600 0	19	1	4 316	225
DMU_{11}	10	118. 808 8	2. 700 0	5. 167 6	0. 540 1	2 816. 599 7	105. 861 3
DMU_{12}	39	154	131. 300 0	16. 500 0	1	47 207	887
DMU_{13}	15	121. 267 4	15. 572 9	11. 500 0	0. 970 5	3 585. 913 6	173. 715 4
DMU_{14}	18. 916 7	135	25. 938 9	19. 500 0	0. 900 1	2 241. 305 5	258. 888 9
DMU_{15}	4. 994 8	97	27. 200 0	2. 965 3	0. 961 4	3 172. 081 5	163. 460 6
DMU_{16}	1	1	21. 400 0	0	1	948	144

步骤 2　根据式(5-16)和式(5-24),得到各研究所的“右侧”和“左侧”方向规模收益情况。本节以表5-5 中的 DMU_1 和 DMU_2 作为例进行深入分析。不失一般性,我们设定产出的方向 $\delta_1=\delta_2=\delta_3=\delta_4=1$,则在不同的投入方向上,$DMU_1$ 和 DMU_2 方向规模收益情况如表 5-6 所示[本节令 $t_0,\beta_0=1\times10^{-6}$,分别经由式(5-18)、式(5-19)和式(5-25)、式(5-26)的检验通过。同时,计算式(5-55)的最大值和最小值]。

表 5-6　DMU_1 和 DMU_2 在若干投入方向上的方向规模收益情况

研究所	ω_1	ω_2	ξ^*(右侧)	ψ^*(左侧)	$\underline{\rho}$(上界)	$\bar{\rho}$(下界)	方向规模收益(右侧)	方向规模收益(左侧)
DMU_1	0. 1	1. 9	0. 01	2. 14	0. 01	2. 14	递减	递增
	0. 2	1. 8	0. 01	2. 04	0. 01	2. 04	递减	递增
	0. 3	1. 7	0. 02	1. 95	0. 02	1. 95	递减	递增
	0. 4	1. 6	0. 02	1. 85	0. 02	1. 85	递减	递增

续表

研究所	ω_1	ω_2	ξ^*（右侧）	ψ^*（左侧）	$\underline{\rho}$（上界）	$\bar{\rho}$（下界）	方向规模收益(右侧)	方向规模收益(左侧)
DMU_1	0.5	1.5	0.03	1.75	0.03	1.75	递减	递增
	0.6	1.4	0.04	1.65	0.04	1.65	递减	递增
	0.7	1.3	0.04	1.58	0.04	1.58	递减	递增
	0.8	1.2	0.05	1.46	0.05	1.46	递减	递增
	0.9	1.1	0.06	1.36	0.06	1.36	递减	递增
	1.0	1.0	0.06	1.38	0.06	1.38	递减	递增
	1.1	0.9	0.07	1.49	0.07	1.49	递减	递增
	1.2	0.8	0.07	1.63	0.07	1.63	递减	递增
	1.3	0.7	0.08	1.76	0.08	1.76	递减	递增
	1.4	0.6	0.09	1.90	0.09	1.90	递减	递增
	1.5	0.5	0.09	2.03	0.09	2.03	递减	递增
	1.6	0.4	0.10	2.17	0.10	2.17	递减	递增
	1.7	0.3	0.10	2.31	0.10	2.31	递减	递增
	1.8	0.2	0.07	2.44	0.07	2.44	递减	递增
	1.9	0.1	0.04	2.58	0.04	2.58	递减	递增
DMU_2	0.1	1.9	1.42	1.79	1.42	1.79	递增	递增
	0.2	1.8	1.38	1.70	1.38	1.70	递增	递增
	0.3	1.7	1.35	1.60	1.35	1.60	递增	递增
	0.4	1.6	1.30	1.51	1.30	1.51	递增	递增
	0.5	1.5	1.23	1.41	1.23	1.41	递增	递增
	0.6	1.4	1.16	1.32	1.16	1.32	递增	递增
	0.7	1.3	1.09	1.23	1.09	1.23	递增	递增
	0.8	1.2	1.02	1.19	1.02	1.19	递增	递增
	0.9	1.1	0.93	1.15	0.93	1.15	递减	递增
	1.0	1.0	0.85	1.11	0.85	1.11	递减	递增
	1.1	0.9	0.76	1.06	0.76	1.06	递减	递增
	1.2	0.8	0.68	1.02	0.68	1.02	递减	递增
	1.3	0.7	0.59	0.98	0.59	0.98	递减	递减
	1.4	0.6	0.51	0.94	0.51	0.94	递减	递减
	1.5	0.5	0.42	0.90	0.42	0.90	递减	递减
	1.6	0.4	0.34	0.87	0.34	0.87	递减	递减
	1.7	0.3	0.25	0.83	0.25	0.83	递减	递减
	1.8	0.2	0.17	0.79	0.17	0.79	递减	递减
	1.9	0.1	0.08	0.75	0.08	0.75	递减	递减

由表 5-6 可以看出，$\underline{\rho}=\xi^*$，$\bar{\rho}=\psi^*$。

根据以上案例的分析，有以下几点发现（图 5-4 ~ 图 5-7）：

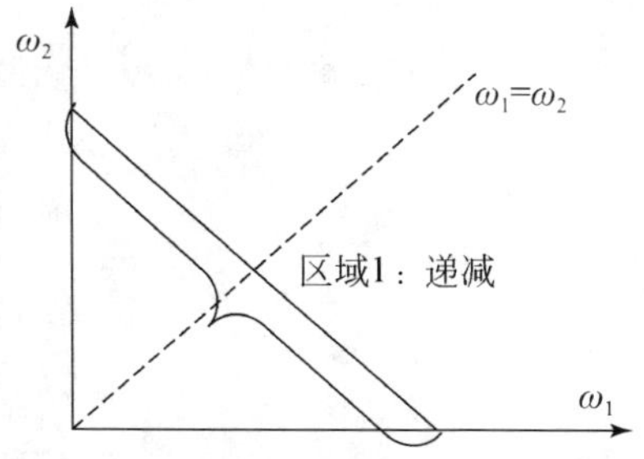

图 5-4　DMU_1 的方向规模收益（右侧）

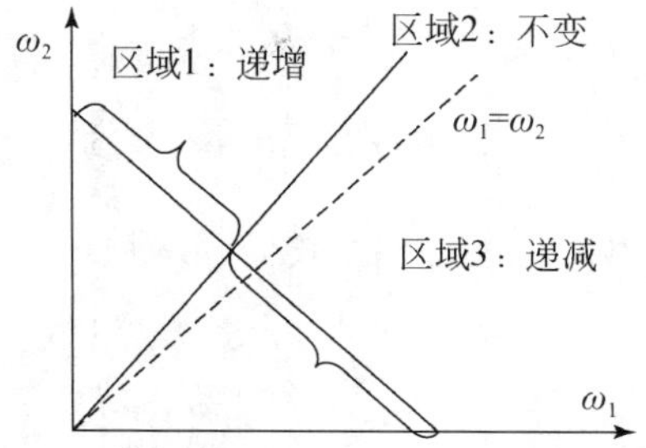

图 5-5　DMU_2 的方向规模收益（右侧）

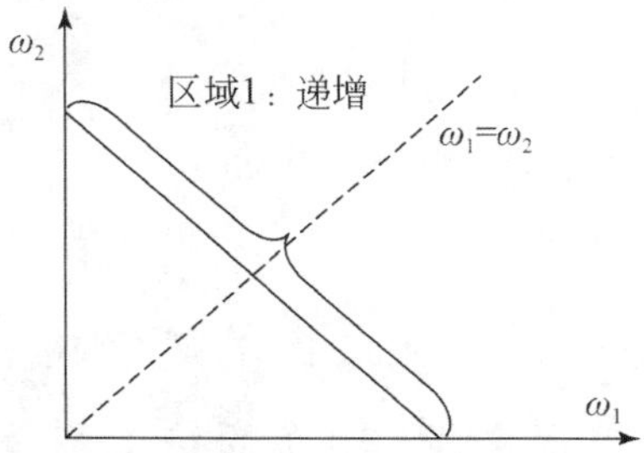

图 5-6　DMU_1 的方向规模收益（左侧）

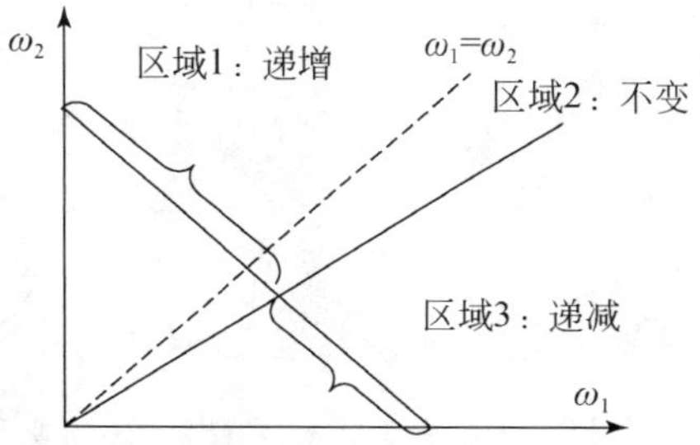

图 5-7　DMU_2 的方向规模收益（左侧）

（1）DMU 单元“右侧”方向规模收益情况

1）对 DMU_1 单元来说，在现有投入的基础上，如果研究人员和科研经费按任何比例增加，DMU_1 单元处于方向规模递减区域，即研究人员增长和科研经费增长为任意比例，DMU_1 单元方向规模收益递减（图 5-4）。

2）对 DMU_2 单元来说，在现有投入的基础上，如果研究人员和科研经费按等比例增加，DMU_2 单元处于方向规模递减区域，即 DMU_2 单元不宜等比例扩大投入规模；如果研究人员增长的比例低于科研经费增长的比例（图 5-5，区域 1），则 DMU_2 单元处于方向规模收益递增区域；反之，如果研究人员增长与科研经费增长的比例处于图 5-5 中的区域 3，则 DMU_2 单元处于方向规模收益递减（图 5-5）。

（2）DMU 单元“左侧”方向规模收益情况

1）对 DMU_1 单元来说，在现有投入的基础上，如果研究人员和科研经费按任何比例减少，DMU_1单元处于方向规模收益递增区域，即科研人员和科研经费减少为任意比例，DMU_1单元的方向规模收益递增（图5-6）。

2）对DMU_2单元来说，在现有投入的基础上，如果研究人员和科研经费按等比例减少，则DMU_2单元处于方向规模递增区域；如果研究人员减少的比例超过科研经费减少的比例（图5-7，区域1），则DMU_2单元处于方向规模收益递增区域；反之，如果研究人员减少与科研经费减少的比例处于图5-7中的区域3，则DMU_2单元处于方向规模收益递减区域（图5-7）。

根据以上分析，我们发现对于DMU单元来说，需要适当选取投入要素（研究人员和科研经费）的比例，在产出方向确定的情况下，不同的投入方向DMU单元的方向规模收益情况有所不同。

5.5 本章小结

由于科研活动的复杂性，科研组织中各类投入或产出的变化往往并不相同。应用基于径向变化思想的传统规模收益定义，与投入变化的现实情况相去甚远。本章扩展了DEA框架下的规模收益和最优产出规模点的定义，采用可变比例规模收益的思想，提出方向规模收益的概念，并提出了科研机构的方向规模收益分析的方法，在通过DEA模型构造前沿面的基础上，对前沿面上的DMU单元和生产可能集内部的DMU单元的方向规模收益进行了分析。最后，本章以2009年度中国科学院基础领域16个研究所为案例，进行了深入分析。分析发现：当各类投入和各类产出均按径向变化时，方向规模收益与传统的规模收益完全相同。同时，传统规模收益递减的DMU单元，如果各类投入按某种比例（非径向）增长，则方向规模收益也可能处于递增状态，即还应该进一步扩大规模。

在本章的基础上，作者还将在以下方面进行进一步的研究工作：一是本章采用了基于径向测度的BCC-DEA模型确定生产可能集的前沿面及生产可能集内部DMU单元在前沿面上的投影，那么在采用其他DEA模型时，如何判断DMU单元方向规模收益的情况，是下一步研究的内容之一。二是定性表达方向规模收益的程度。本章计算了前沿面上DMU单元的方向规模弹性，从而判断方向规模收益,但是计算量相对复杂,如何在DEA框架下得到方向规模收益的定性判断方法,是下一步研究的内容。三是对于某个DMU单元来说,如何确定其下一步投入的最优方向,即各类投入的最佳比例情况。四是方向规模收益与阻塞效应之间的关系。

第 6 章　方向规模收益与最优投入方向

由于科研活动的复杂性，科研组织（包括科研机构）中各类投入或产出的变化往往并不相同。第 5 章提出方向规模收益的定义，将之扩展到 DEA 框架中，并给出了如何判定科研机构方向规模收益的方法。本章在此前研究的基础上，进一步提出如何确定科研机构下一步投入增加（或减少）的最优方向，即确定各类投入的最佳变化比例的方法。最后，本章仍然以 2009 年度中国科学院基础领域 16 个研究所为算例，进行深入分析，并给出相应研究所的最优投入方向及相应的方向规模弹性的值。

6.1　研究背景

本书第 4 章给出了方向规模收益和方向规模弹性的经济学定义，第 5 章则把方向规模收益和方向规模弹性的经济学概念引入 DEA 模型的框架之中，扩展了 DEA 方法框架下的规模收益和最优产出规模点的定义，提出 DEA 框架下方向规模收益和方向最优产出规模点的概念，并研究提出了在指定方向上科研机构方向规模弹性和方向规模收益分析的方法，将投入可能区域划分成方向规模收益递增区、递减区和不变区。不同投入要素按不同比例变化，科研机构方向规模收益可能有所不同。但是，第 5 章中的工作并不能确定不同投入要素之间的最优比例，即只能确定在某个特定方向上的方向规模收益情况或方向规模弹性的值，而不能找到最优的投入方向。

延续第 5 章的研究工作，本章旨在在分析某个特定方向上的方向规模弹性的基础上，在给定产出方向的前提下，寻找科研机构的最优投入方向，为科研机构资源配置提供决策支撑和依据。此外，本章仍将以 2009 年中国科学院基础领域研究所为案例，进行深入分析。

本章剩余部分的组织方式如下:6.2 节介绍方向规模弹性与最优投入方向的判定方法;6.3 节是基于 2009 年度中国科学院基础领域研究所定量监测结果的案例研究;6.4 节为本章的总结。

6.2　方向规模弹性与最优投入方向

下面我们通过 DEA 模型分析最优投入方向。本节只讨论前沿面上的 DMU 单元(指强有效 DMU 单元[①])(含投影点)的方向规模弹性与最优投入方向。以 *C* 点方向规模弹性为例,见图 6-1 和图 6-2。

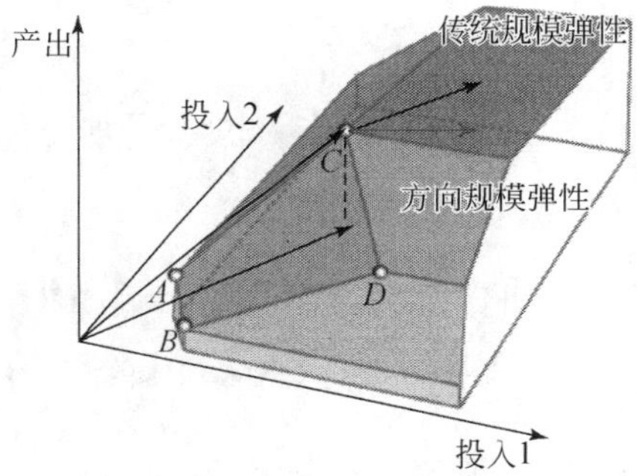

图 6-1　传统规模弹性与方向规模弹性的关系

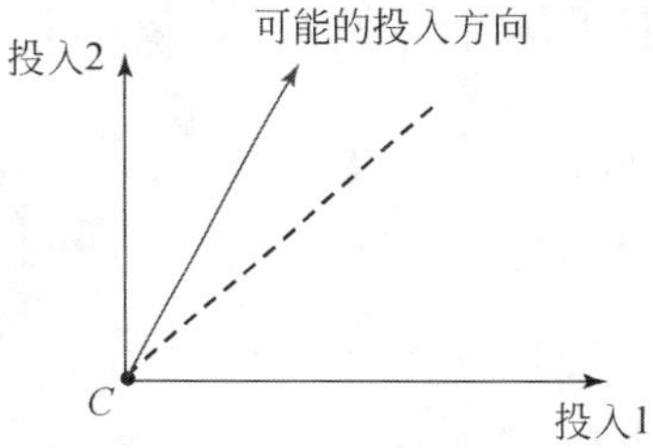

图 6-2　可能的投入方向示意图

首先,为读者方便,我们重新给出如下相关定义 6-1 ~ 定义 6-4。

定义 6-1　生产可能集(可变规模收益假定下)为

$$PPS = \{(X,Y) \mid X \geqslant \sum_{j=1}^{n} \lambda_j X_j, Y \leqslant \sum_{j=1}^{n} \lambda_j Y_j, \sum_{j=1}^{n} \lambda_j = 1, \lambda_j \geqslant 0, j = 1,\cdots,n\} \tag{6-1}$$

定义 6-2　生产可能集的有效前沿面为

1)弱有效前沿面:

$$EF_{weak} = \{(X,Y) \in PPS \mid \text{there is no } (\bar{X},\bar{Y}) \in PPS \text{ such that } (-\bar{X},\bar{Y}) > (-X,Y)\} \tag{6-2a}$$

---

① 如不特别说明,本节中的有效均指强有效。

2)强有效前沿面：

$EF_{strong} = \{(X,Y) \in PPS \mid \text{there is no } (\overline{X},\overline{Y}) \in PPS \text{ such that } (-\overline{X},\overline{Y}) \geqslant (-X,Y) \text{ and } (\overline{X},\overline{Y}) \neq (X,Y)\}$ (6-2b)

定义 6-3 生产可能集的支撑超平面为(Sueyoshi and Sekitani,2007,2009)：如果一个超平面

$$H(V,U,\mu_0) = \{(X,Y) \mid U^{T}Y - V^{T}X + \mu_0 = 0\} \tag{6-3}$$

满足：

(a) $(X_0,Y_0) \in \{(X,Y) \mid U^{T}Y - V^{T}X + \mu_0 = 0\} \cap PPS$ ；

(b)所有 $(X,Y) \in PPS$,均有 $U^{T}Y - V^{T}X + \mu_0 \geqslant 0$；

(c) $(V,U) \neq (0,0)$ 。

则称 $H(V,U,\mu_0)$ 为生产可能集在 (X_0,Y_0) 点的支撑超平面,记作 $H(V,U,\mu_0)\mid_{(X_0,Y_0)}$ 。

定义 6-4 生产可能集的有效前沿面的平面(Stoer and Witzgall,1970)：过 (X_0,Y_0) 点的支撑超平面 $H(V,U,\mu_0)\mid_{(X_0,Y_0)}$ 与生产可能集的交集称为过 (X_0,Y_0) 点的有效前沿面的平面。

然后,给出最优投入方向的定义。

定义 6-5 设 $DMU_0(X_0,Y_0) \in PPS$, $X_0 \in R_m^+, Y_0 \in R_s^+$,令

$$\beta(t) = \max\{\beta \mid (\Omega X_0, \Phi Y_0) \in PPS, t \neq 0\} \tag{6-4}$$

式中, $\Omega = \text{diag}\{1+\omega_1 t,\cdots,1+\omega_m t\}$, $\Phi = \text{diag}\{1+\delta_1\beta,\cdots,1+\delta_s\beta\}$, $\omega = (\omega_1,\omega_2,\cdots,\omega_m)^{T}(\omega_i \geqslant 0, i=1,\cdots,m)$ 为变量,代表投入的方向可变; $\delta = (\delta_1,\delta_2,\cdots,\delta_s)^{T}(\delta_r \geqslant 0, r=1,\cdots,s)$ 为常向量,代表产出的方向因子,满足 $\sum_{i=1}^{m}\omega_i = m$; $\sum_{r=1}^{s}\delta_r = s$,此处 t,β 为系数。定义

$$\rho(\omega) = \lim_{t\to 0}\frac{\beta(t)}{t} \tag{6-5}$$

(a)当 $t \to 0^+$ 时,在不同的投入方向 $\omega = (\omega_1,\omega_2,\cdots,\omega_m)^{T}$ 上,令

$$\rho_{max} = \max_{(\omega_1,\omega_2,\cdots,\omega_m)^{T}} \rho(\omega) \tag{6-6}$$

$\rho(\omega)$ 取极大值 ρ_{max} 时的方向为最优投入增加方向；

(b)当 $t \to 0^-$ 时,在不同的投入方向 $\omega = (\omega_1, \omega_2, \cdots, \omega_m)^{\mathrm{T}}$ 上,令

$$\rho_{\min} = \min_{(\omega_1, \omega_2, \cdots, \omega_m)^{\mathrm{T}}} \rho(\omega) \tag{6-7}$$

$\rho(\omega)$ 取极小值 $\rho_{\min}$ 时的方向为最优投入减少方向。

最后,为读者方便,我们给出基于投入的 BCC-DEA 模型:

$$\begin{aligned} & \min \theta \\ & \text{s.t.} \quad \sum_{j=1}^{n} \lambda_j x_{ij} + s_i^- = \theta x_{i0} \qquad i = 1, \cdots, m \\ & \qquad \sum_{j=1}^{n} \lambda_j y_{rj} - s_r^+ = y_{r0} \qquad r = 1, \cdots, s \\ & \qquad \sum_{j} \lambda_j = 1, \lambda_j, s_i^-, s_r^+ \geqslant 0 \quad r = 1, \cdots, s; i = 1, \cdots, m; j = 1, \cdots, n \end{aligned} \tag{6-8}$$

其对偶形式为

$$\begin{aligned} & \max \sum_{r=1}^{s} u_r y_{r0} + \mu_0 \\ & \text{s.t.} \quad \sum_{r=1}^{s} u_r y_{rj} - \sum_{i=1}^{m} v_i x_{ij} + \mu_0 \leqslant 0 \qquad j = 1, \cdots, n \\ & \qquad \sum_{i=1}^{m} v_i x_{i0} = 1 \\ & \qquad u_r \geqslant 0, v_i \geqslant 0, r = 1, \cdots, s; i = 1, \cdots, m; \mu_0 \text{ free} \end{aligned} \tag{6-9}$$

6.2.1　FDM 方法

本节仍然采用 5.3.1 节中提到的 FDM 方法(Rosen et al.,1998;Golany and Yu,1997)确定强有效前沿面上的 DMU 单元最优投入方向。

6.2.1.1　前沿面上 DMU 单元最优投入方向

通过 BCC-DEA 模型的前沿面为分段线性函数,因此将有效 DMU (X_0, Y_0) 的方向规模收益分为“右侧”(投入、产出增加)和“左侧”(产出、投入减少)两种方式进行判定。以 E 点为例,其“右侧”和“左侧”规模收益情况见图 6-3。根据定义 6-1 和定义 6-3,有 $t_0>0, \beta \geqslant 0$ 和 $t_0<0, \beta \leqslant 0$。

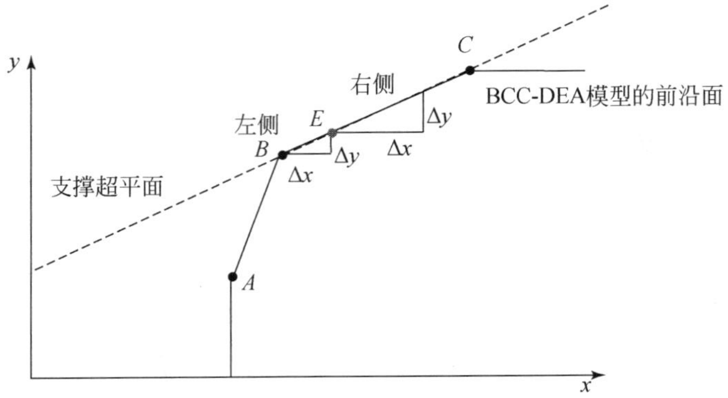

图 6-3　E 点的规模收益情况

(1) 有效 DMU 单元"右侧"最优投入增加方向

基于 FDM 方法(Rosen et al.,1998;Golany and Yu,1997)以及定义 6-5、定理 5-1 与定理 5-2,可以得到有效 DMU 单元在"右侧"指定的投入和产出方向上的方向规模收益情况的判断方法。考察以下线性规划:

$$\max_{\omega_i}\max_{\lambda_j,\beta}\quad \xi=\frac{\beta}{t_0}$$

$$\text{s. t.}\quad \begin{cases}\sum_{j=1}^{n}\lambda_j x_{ij}\leqslant(1+\omega_i t_0)x_{i0} & i=1,\cdots,m\\ \sum_{j=1}^{n}\lambda_j y_{rj}\geqslant(1+\delta_r\beta)y_{r0} & r=1,\cdots,s\\ \sum_{j=1}^{n}\lambda_j=1,\lambda_j\geqslant 0 & j=1,\cdots,n\\ \sum_{i=1}^{m}\omega_i=m,\omega_i\geqslant 0 & i=1,\cdots,m\end{cases}\tag{6-10}$$

式中,$(\omega_1,\cdots,\omega_m)^{\mathrm{T}}$ 为投入的方向因子;$(\delta_1,\cdots,\delta_s)^{\mathrm{T}}$ 为产出的方向因子,满足 $\sum_{r=1}^{s}\delta_r=s,\delta_r\geqslant 0(r=1,\cdots,s)$(需要指出的是,此处投入的方向因子为变量,产出的方向因子是给定的);t_0,β 为系数。

令式(6-10)存在最优解 $(\lambda_j^*,\beta^*,\omega_i^*)$,如果存在一个足够小的量 t_0^*,当 $0<t_0\leqslant t_0^*$ 时,对于任给的方向 $(\omega_1,\cdots,\omega_m)^{\mathrm{T}}$,满足:

(a) (X_0, Y_0) 和 $(\Omega_0 X_0, \Phi^* Y_0)$ 都在弱有效前沿面 EF_{weak} 上；

(b) (X_0, Y_0) 和 $(\Omega_0 X_0, \Phi^* Y_0)$ 有共同的支撑超平面(此超平面可能与 t_0 有关)。

其中 $\Omega_0 = \text{diag}\{1 + \omega_1 t_0, \cdots, 1 + \omega_m t_0\}$，$\Phi^* = \text{diag}\{1 + \delta_1 \beta^*, \cdots, 1 + \delta_s \beta^*\}$。

求解式(6-10)，可以判断 DMU 单元 (X_0, Y_0)“右侧”的最优投入增加方向 $(\omega_1^*, \cdots, \omega_m^*)^{\mathrm{T}}$ 和相应的方向规模收益情况。

以单投入单产出情况为例，A 点“右侧”规模弹性为 $\xi^*(x_0, y_0)|_{\text{DMU}_A} = \dfrac{\dfrac{\Delta y}{y_0}}{\dfrac{\Delta x}{x_0}}$，见图 6-4。

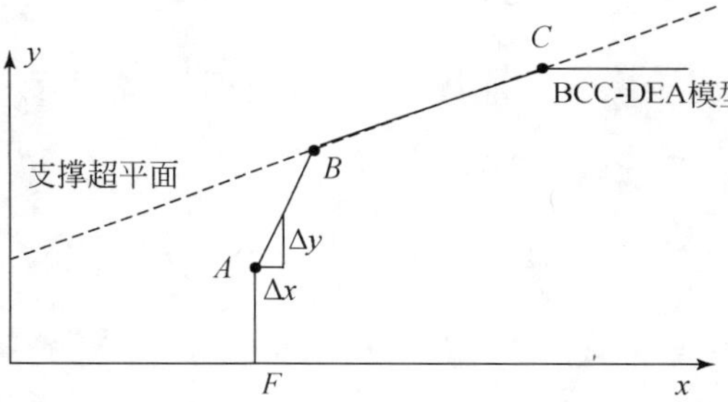

图 6-4　A 点的“右侧”规模收益情况

定理 6-1　存在 $t_0^* > 0$，使得当 $0 < t_0 \leqslant t_0^*$ 时，对于任给的方向 $(\omega_1, \cdots, \omega_m)^{\mathrm{T}}$：① (X_0, Y_0) 和 $(\Omega_0 X_0, \Phi^* Y_0)$ 都在弱有效前沿面 EF_{weak} 上；② (X_0, Y_0) 和 $(\Omega_0 X_0, \Phi^* Y_0)$ 有共同的支撑超平面(此超平面可能与 t_0 有关)。

证明　由于定理 5-1 和定理 5-2，对于任意给定方向 $(\omega_1, \cdots, \omega_m)^{\mathrm{T}}$，存在 $t_0^*(\omega_1, \cdots, \omega_m)$，使得当 $t_0^*(\omega_1, \cdots, \omega_m) \geqslant t_0 > 0$ 时，(X_0, Y_0) 和 $(\Omega_0 X_0, \Phi^* Y_0)$ 都在 PPS 弱有效前沿面 EF_{weak} 上；(X_0, Y_0) 和 $(\Omega_0 X_0, \Phi^* Y_0)$ 有共同的支撑超平面(此超平面可能与 t_0 有关)，并且式(5-16)的最优目标函数值与 t_0 无关。以下进一步证明，对任意一列 $(\omega_1, \cdots, \omega_m)_N^{\mathrm{T}}$ 收敛到 $(\omega_1, \cdots, \omega_m)_0^{\mathrm{T}}$，存在 $t_0^*\{(\omega_1, \cdots, \omega_m)_N^{\mathrm{T}}, (\omega_1, \cdots, \omega_m)_0^{\mathrm{T}}\} > 0$。

令 $(\Omega_0 X_0, \Phi^* Y_0)_N$ 为方向序列 $(\omega_1, \cdots, \omega_m)_N^{\mathrm{T}}$ 下式(6-10)中定义的临近 (X_0, Y_0) 的点的序列，则当 $t_0 \to 0$ 时，$(\Omega_0 X_0, \Phi^* Y_0)_N$ 一致收敛于 (X_0, Y_0)，所以

(X_0, Y_0) 和 $(\Omega_0 X_0, \Phi^* Y_0)_N$ 都在生产可能集弱有效前沿面 EF_{weak} 上且 (X_0, Y_0) 和 $(\Omega_0 X_0, \Phi^* Y_0)$ 有共同的支撑超平面(此超平面可能与 t_0 有关)。而式(5-16)的最优目标函数值连续依赖于 $(\omega_1, \cdots, \omega_m)^T$，所以在方向序列 $(\omega_1, \cdots, \omega_m)_N^T$ 下的式(5-16)的最优目标函数值收敛于方向 $(\omega_1, \cdots, \omega_m)_0^T$ 下式(5-16)的最优目标函数值，因此，存在 $t_0^*\{(\omega_1, \cdots, \omega_m)_N^T, (\omega_1, \cdots, \omega_m)_0^T\} > 0$，使得当 $t_0^*\{(\omega_1, \cdots, \omega_m)_N^T, (\omega_1, \cdots, \omega_m)_0^T\} \geqslant t_0 > 0$ 时，在方向 $(\omega_1, \cdots, \omega_m)_N^T$ 下，式(5-16)最优目标函数值与 t_0 无关。

假定任意给定方向 $(\omega_1, \cdots, \omega_m)^T$ 下相应的 $t_0^*(\omega_1, \cdots, \omega_m)$ 的最小值 $t_{min} = \min\{t_0^*(\omega_1, \cdots, \omega_m)^T\} = 0$，由于方向集合 $\{(\omega_1, \cdots, \omega_m)^T\}$ 是紧集，故存在序列 $t_N \to 0$ 以及序列 $(\omega_1, \cdots, \omega_m)_N^T (\omega_i \geqslant 0, i = 1, \cdots, m)$ 收敛于 $(\omega_1, \cdots, \omega_m)_0^T$，使得式(5-16)在方向 $(\omega_1, \cdots, \omega_m)_N^T$ 下的最优目标函数值当 $t_0 > t_N$ 时和 t_0 有关，因为 $t_N \to 0$，因此这与以上结论相矛盾。证毕。

下面讨论如何选取 t_0。Olesen 和 Peterson(1995)给出了确定给定 DEA 模型生产可能集构成的凸多面体的所有平面的方法。在每个平面上找到 t_{face_x}，使得当 $0 < t_0 \leqslant t_{face_x}$ 时，(X_0, Y_0) 和 $(\Omega_0 X_0, \Phi^* Y_0)$ 都在生产可能集弱有效前沿面 EF_{weak} 的这个平面 $face_x$ 上且 (X_0, Y_0) 和 $(\Omega_0 X_0, \Phi^* Y_0)$ 有共同的支撑超平面。然后取 $t_{min} = \min\{t_{face_x} | x = 1, \cdots, N\}$，则当 $0 < t_0 \leqslant t_{min}$ 时，t_0 为足够小的量，且 $t_0 > 0$。此时，在对满足 $\sum_{i=1}^{m} \omega_i = m$ 的任意投入方向 $(\omega_i \geqslant 0, i = 1, \cdots, m)$ 上，(X_0, Y_0) 和 $(\Omega_0 X_0, \Phi^* Y_0)$ 都在弱有效前沿面 EF_{weak} 上且 (X_0, Y_0) 和 $(\Omega_0 X_0, \Phi^* Y_0)$ 有相同的支撑超平面。根据定理 5-2，式(6-10)的最优目标函数值与 t_0 无关。

(2)有效 DMU 单元"左侧"最优投入减少方向

基于 FDM 方法(Rosen et al.,1998;Golany and Yu,1997)以及定义 6-5、定理 5-3 与定理 5-4，得到有效 DMU 单元在"左侧"指定的投入和产出方向上的方向规模收益情况的判断方法:

$$\min_{\omega_i}\min_{\lambda_j,\beta}\psi = \frac{\beta}{t_0}$$

$$\text{s. t.}\quad \sum_{j=1}^{n}\lambda_j x_{ij} \leqslant (1-\omega_i t_0)x_{i0} \quad i=1,\cdots,m$$

$$\sum_{j=1}^{n}\lambda_j y_{rj} \geqslant (1-\delta_r\beta)y_{r0} \quad r=1,\cdots,s \tag{6-11}$$

$$\sum_{j=1}^{n}\lambda_j = 1,\lambda_j \geqslant 0 \quad j=1,\cdots,n$$

$$\sum_{i=1}^{m}\omega_i = m,\omega_i \geqslant 0 \quad i=1,\cdots,m$$

式中，$(\omega_1,\cdots,\omega_m)^{\mathrm{T}}$ 为投入的方向因子且为变量；$(\delta_1,\cdots,\delta_s)^{\mathrm{T}}$ 为产出的方向因子，满足 $\sum_{r=1}^{s}\delta_r = s,\delta_r \geqslant 0,r=1,\cdots,s;t_0,\beta$ 为系数。

如果式(6-10)存在最优解 $(\lambda_j^*,\beta^*,\omega_i^*)$ 并且存在一个足够小的量 t_0^*，当 $0 < t_0 \leqslant t_0^*$ 时，满足：

(a) (X_0,Y_0) 和 $(\Omega_0 X_0,\Phi^* Y_0)$ 都在弱有效前沿面 $\mathrm{EF}_{\mathrm{weak}}$ 上；

(b) (X_0,Y_0) 和 $(\Omega_0 X_0,\Phi^* Y_0)$ 有共同的支撑超平面(此超平面可能与 t_0 有关)。

其中，$\Omega_0=\mathrm{diag}\{1-\omega_1 t_0,\cdots,1-\omega_m t_0\}$，$\Phi^*=\mathrm{diag}\{1-\delta_1\beta^*,\cdots,1-\delta_s\beta^*\}$。

令 $\psi^*(X_0,Y_0)$ 为式(6-10)目标函数最优值，可以判断 DMU 单元 (X_0,Y_0) "左侧"的最优投入减少方向 $(\omega_1^*,\cdots,\omega_m^*)^{\mathrm{T}}$ 和相应的方向规模收益情况。如果式(6-10)不存在最优解，(X_0,Y_0) 对应的 DMU 单元"左侧"最优投入减少方向没有意义(现有数据不能确定)。

定理 6-2[①] 如果式(6-10)存在最优解 $(\lambda_j^*,\beta^*,\omega_i^*)$，则存在 $t_0^* > 0$，使得当 $0 < t_0 \leqslant t_0^*$ 时，对于任给的方向 $(\omega_1,\cdots,\omega_m)^{\mathrm{T}}$：① (X_0,Y_0) 和 $(\Omega_0 X_0,\Phi^* Y_0)$ 都在弱有效前沿面 $\mathrm{EF}_{\mathrm{weak}}$ 上；② (X_0,Y_0) 和 $(\Omega_0 X_0,\Phi^* Y_0)$ 有共同的支撑超平面(此超平面可能与 t_0 有关)。证明过程同定理 6-1。

① 定理 6-2 与定理 6-1 类似，但 $(\Omega_0 X_0,\Phi^* Y_0)$ 不同。

下面讨论如何选取 t_0。选取过程类似于6.2.1.1(1)节中的选取过程。为了方便起见,此处重新叙述一下:Olesen 和 Peterson(1995)给出了确定给定 DEA 模型生产可能集构成的凸多面体的所有平面的方法。在每个平面上找到 t_{face_x},使得当 $0 < t_0 \leq t_{\text{face}_x}$ 时,(X_0, Y_0) 和 $(\Omega_0 X_0, \Phi^* Y_0)$ 都在生产可能集弱有效前沿面 EF_{weak} 的这个平面 face_x 上且 (X_0, Y_0) 和 $(\Omega_0 X_0, \Phi^* Y_0)$ 有共同的支撑超平面。然后取 $t_{\min} = \min\{t_{\text{face}_x} \mid x = 1, \cdots, N\}$,则当 $0 < t_0 \leq t_{\min}$ 时,t_0 为足够小的量,且 $t_0 > 0$。此时,在对满足 $\sum_{i=1}^{m} \omega_i = m$ 的任意 $(\omega_i \geq 0, i = 1, \cdots, m)$,$(X_0, Y_0)$ 和 $(\Omega_0 X_0, \Phi^* Y_0)$ 都在弱有效前沿面 EF_{weak} 上且 (X_0, Y_0) 和 $(\Omega_0 X_0, \Phi^* Y_0)$ 有相同的支撑超平面。

根据以上分析,可得 DMU 单元 (X_0, Y_0) "右侧"和"左侧"的最优投入方向计算程序:

程序 6-1 对于强有效前沿面 $\text{EF}_{\text{strong}}$ 上的 DMU 单元 (X_0, Y_0),设 $\xi^*(X_0, Y_0)$ 和 $\psi^*(X_0, Y_0)$ 是式(6-10)和式(6-11)的最优目标函数值,则 DMU (X_0, Y_0) 在产出方向 $(\delta_1, \cdots, \delta_s)^{\mathrm{T}}$ 确定的情况下,"右侧"和"左侧"的最优投入方向 $(\omega_1, \cdots, \omega_m)^{\mathrm{T}}$ 为

(a)当 $t_0 > 0$ 且为足够小的量,求解式(6-10),可以判断 DMU 单元 (X_0, Y_0) "右侧"的最优投入增加方向 $(\omega_1^*, \cdots, \omega_m^*)^{\mathrm{T}}$ 和最优方向规模收益情况 $\xi^*(X_0, Y_0)$。

(b)当 $t_0 > 0$ 且为足够小的量,求解式(6-11),可以判断 DMU 单元 (X_0, Y_0) "左侧"的最优投入减少方向 $(\omega_1^*, \cdots, \omega_m^*)^{\mathrm{T}}$ 和最优方向规模收益情况 $\psi^*(X_0, Y_0)$。如果式(6-11)不存在最优解,(X_0, Y_0) 对应的 DMU 单元"左侧"最优投入减少方向没有意义(现有数据不能确定)。

6.2.1.2 生产可能集内部或弱有效 DMU 单元最优投入方向

步骤 1 将生产可能集内部或弱有效 DMU 单元进行投影。可以采用基于径向测度的 BCC-DEA 模型、基于径向测度的 BCC-DEA 模型、加性模型等方法。其中,采用基于非径向测度的 DEA 模型时,会产生多重参照集问题、多重支撑超

平面以及多重投影等问题。本节以基于投入的 BCC-DEA 模型为例。

$$\begin{aligned}
&\min \theta = \theta_0 - \varepsilon\left(\sum_{i=1}^{m} s_i^- + \sum_{r=1}^{s} s_r^+\right) \\
&\text{s. t.} \quad \sum_j \lambda_j x_{ij} + s_i^- = \theta_0 x_{i0} \qquad i = 1, \cdots, m \\
&\qquad \sum_j \lambda_j y_{rj} - s_r^+ = y_{r0} \qquad r = 1, \cdots, s \\
&\qquad \sum_j \lambda_j = 1, \lambda_j, s_i^-, s_r^+ \geqslant 0 \quad r = 1, \cdots, s; i = 1, \cdots, m; j = 1, \cdots, n
\end{aligned} \tag{6-12}$$

投影的方式如下：

$$\begin{cases} \tilde{x}_{i0} \leftarrow \theta_0^* x_{i0} - s_i^{-*} & i = 1, \cdots, m \\ \tilde{y}_{r0} \leftarrow y_{r0} + s_r^{+*} & r = 1, \cdots, s \end{cases} \tag{6-13}$$

步骤 2　确定强有效前沿面 EF_{strong} 上的投影点之后，根据 6. 2. 1. 1 节中的步骤，计算 DMU 单元最优投入方向。

6. 2. 2　上下界方法

本节主要讨论强有效前沿面 EF_{strong} 上的 DMU 单元（指强有效 DMU 单元）的最优投入方向情况（可变规模收益假定下）。生产可能集内部 DMU 单元及弱有效 DMU 单元可采用类似 6. 2. 1. 2 小节方式处理。

第 5 章中给出方向规模弹性的定义，见式（5-3）。而由定义 6-3，BCC-DEA 模型的生产可能集上的 DMU 单元 (X_0, Y_0) 处于强有效前沿面 EF_{strong} 上，则 (X_0, Y_0) 满足：

$$U^{T*} Y_0 - V^{T*} X_0 + \mu_0 = 0 \tag{6-14}$$

式中，$(U^*, -V^*)$ 为 (X_0, Y_0) 点所在弱有效前沿面的某个平面的法向量。在 (X_0, Y_0) 所在平面上取点 $(\Omega X_0, \Phi Y_0)$ [①]，其中 $\Omega = \mathrm{diag}\{1 + \omega_1 t, \cdots, 1 + \omega_m t\}$，$\Phi =$

① 当 $t<0$ 时，弱有效前沿面的平面上有时会取不到 $(\Omega X_0, \Phi Y_0)$，此时式（6-19）目标函数值无上界，即根据现有数据不能判断“左侧”最优投入减少方向。

$\mathrm{diag}\{1+\delta_1\beta,\cdots,1+\delta_s\beta\}$，$t,\beta$ 为系数且 $t\neq 0$；$(\omega_1,\cdots,\omega_m)^{\mathrm{T}}$ 为投入的方向因子，为变量且满足 $\sum_{i=1}^{m}\omega_i=m,\omega_i\geqslant 0$；$(\delta_1,\cdots,\delta_s)^{\mathrm{T}}$ 为产出的方向因子，为常量且满足 $\sum_{r=1}^{s}\delta_r=s,\delta_r\geqslant 0$。则有

$$\begin{cases}U^{\mathrm{T}*}Y_0-V^{\mathrm{T}*}X_0+\mu_0=0\\U^{\mathrm{T}*}\Phi Y_0-V^{\mathrm{T}*}\Omega X_0+\mu_0=0\end{cases}\tag{6-15}$$

则有

$$\frac{\beta}{t}=\frac{\sum_{i=1}^{m}v_i^*\omega_i x_{i0}}{\sum_{r=1}^{s}u_r^*\delta_r y_{r0}}\tag{6-16}$$

由于 BCC-DEA 模型的生产可能集为凸多面体，在其角点附近（任意有效前沿面的交集）可用连续可微的光滑曲面 $F_\varepsilon=0$ 无限逼近，因此式(5-3)可用。即

$$e(Y_0,X_0)=\lim_{t\to 0}\frac{\beta}{t}=\frac{\sum_{i=1}^{m}v_i^*\omega_i x_{i0}}{\sum_{r=1}^{s}u_r^*\delta_r y_{r0}}\tag{6-17}$$

从另一方面看，由于

$$\lim_{\varepsilon\to 0}\frac{\partial F_\varepsilon}{\partial x_i}=-v_i^*,\lim_{\varepsilon\to 0}\frac{\partial F_\varepsilon}{\partial y_r}=u_r^*\tag{6-18}$$

则由式(5-3)可以得到与式(6-17)相同的结论。

在实际应用中可以通过式(6-19)确定 DMU 单元 (X_0,Y_0) 的方向规模弹性上下界，并据此判定 DMU 单元的最优投入增加和减少的方向。

$$\bar{\rho}(\underline{\rho})=\min_{\omega_i}(\max_{\omega_i})\left[\max_{u_r,v_i,\mu_0}(\min_{u_r,v_i,\mu_0})\right]\frac{\sum_{i=1}^{m}v_i\omega_i x_{i0}}{\sum_{r=1}^{s}u_r\delta_r y_{r0}}$$

$$\text{s.t.}\quad \sum_{r=1}^{s} u_r y_{rj} - \sum_{i=1}^{m} v_i x_{ij} + \mu_0 \leqslant 0 \quad j = 1, \cdots, n$$
$$\sum_{r=1}^{s} u_r y_{r0} - \sum_{i=1}^{m} v_i x_{i0} + \mu_0 = 0$$
$$\sum_{i=1}^{m} v_i x_{i0} = 1 \tag{6-19}$$
$$u_r \geqslant 0, v_i \geqslant 0, r = 1, \cdots, s; i = 1, \cdots, m; \mu_0 \text{ free}$$
$$\sum_{i=1}^{m} \omega_i = m, \omega_i \geqslant 0 \qquad i = 1, \cdots, m$$

定理 6-3　假设式(6-11)最优目标函数值 $\psi^*(X_0,Y_0)$ 以及式(6-19)确定的上界 $\bar{\rho}(X_0,Y_0)$ 均有界,则式(6-19)确定 DMU 单元 (X_0,Y_0) 的方向规模弹性上下界 $\bar{\rho}(X_0,Y_0)$ 和 $\underline{\rho}(X_0,Y_0)$ 分别为式(6-11)的最优目标函数值 $\psi^*(X_0,Y_0)$ 和式(6-10)的最优目标函数值 $\xi^*(X_0,Y_0)$ 。

证明　考察式(6-10)的最优目标函数值 $\xi^*(X_0,Y_0)$ 与式(6-19)确定的 DMU 单元 (X_0,Y_0) 的方向规模弹性的下界 $\underline{\rho}(X_0,Y_0)$ 的相等关系。

从式(5-22)可以看出,DMU 单元 (X_0,Y_0)"右侧"的方向规模弹性最大值为

$$\xi^*(X_0,Y_0) = \frac{\beta^*}{t_0} = \frac{\sum_{i=1}^{m} v_i^* \omega_i^* x_{i0}}{\sum_{r=1}^{s} u_r^* \delta_r y_{r0}} \tag{6-20}$$

式中, $U^* = (u_1^*, u_2^*, \cdots, u_s^*)^{\mathrm{T}}, V^* = (v_1^*, v_2^*, \cdots, v_m^*)^{\mathrm{T}}, \mu_0$ 为式(6-19)的最优解。令 $\underline{\rho}_{(\omega_1^*,\cdots,\omega_m^*)^{\mathrm{T}}}(X_0,Y_0)$ 为当投入方向为 $(\omega_1^*,\cdots,\omega_m^*)^{\mathrm{T}}$ 时式(6-14)的下界,则有

$$\underline{\rho}(X_0,Y_0) \geqslant \underline{\rho}_{(\omega_1^*,\cdots,\omega_m^*)^{\mathrm{T}}}(X_0,Y_0) \tag{6-21}$$

根据定理 5-3 可知:

$$\xi^*(X_0,Y_0) = \underline{\rho}_{(\omega_1^*,\cdots,\omega_m^*)^{\mathrm{T}}}(X_0,Y_0) \tag{6-22}$$

令式(6-19)下界为 $\underline{\rho}(X_0,Y_0)$ 时的投入方向为 $(\underline{\omega}_1,\cdots,\underline{\omega}_m)^{\mathrm{T}}$,令在此方向上式(6-10)的最优目标函数值为 $\underline{\xi}^*(X_0,Y_0)$,则同样由定理 5-3 可知:

$$\underline{\xi}^*(X_0,Y_0) = \underline{\rho}(X_0,Y_0) \tag{6-23}$$

由式(6-16)~式(6-18)可知：

$$\underline{\xi}^*(X_0,Y_0) \geqslant \xi^*(X_0,Y_0) \tag{6-24}$$

而 $\xi^*(X_0,Y_0)$ 为式(6-10)的最优目标函数值,因此有

$$\underline{\xi}^*(X_0,Y_0) \leqslant \xi^*(X_0,Y_0) \tag{6-25}$$

根据式(6-24)和式(6-25)可知：

$$\underline{\xi}^*(X_0,Y_0) = \xi^*(X_0,Y_0) \tag{6-26}$$

根据式(6-23)和式(6-26)可知：

$$\underline{\rho}(X_0,Y_0) = \xi^*(X_0,Y_0) \tag{6-27}$$

类似地,可以证明式(6-11)的最优目标函数值 $\psi^*(X_0,Y_0)$ 与式(6-19)确定的 DMU 单元 (X_0,Y_0) 的方向规模弹性上界 $\bar{\rho}(X_0,Y_0)$ 的相等关系。注意:此处假设式(6-11)最优目标函数值 $\psi^*(X_0,Y_0)$ 以及式(6-19)确定的上界 $\bar{\rho}(X_0,Y_0)$ 均有界。证毕。

因此,采用上下界方法判定 DMU 单元的最优投入方向的步骤类似程序 6-1。

式(6-19)为分式线性规划,因此直接求解比较困难。下面通过 Charnes-Cooper 变换(Charnes and Cooper,1962),将式(6-19)转化为等价的规划模型。

将式(6-19)写成向量形式：

$$\begin{aligned}
\bar{\rho}(\underline{\rho}) = &\min_{W}(\max_{W})\left[\max_{U,V,\mu_0}(\min_{U,V,\mu_0})\right]\frac{V^{\mathrm{T}}WX_0}{U^{\mathrm{T}}\Delta Y_0} \\
\text{s. t.}\quad & U^{\mathrm{T}}Y_j - V^{\mathrm{T}}X_j + \mu_0 \leqslant 0 \quad j=1,\cdots,n \\
& U^{\mathrm{T}}Y_0 - V^{\mathrm{T}}X_0 + \mu_0 = 0 \\
& V^{\mathrm{T}}X_0 = 1 \\
& e^{\mathrm{T}}We = m \\
& U \geqslant 0, V \geqslant 0, \mu_0 \text{ free}
\end{aligned} \tag{6-28}$$

式中, $U=(u_1,u_2,\cdots,u_s)^{\mathrm{T}}$, $V=(v_1,v_2,\cdots,v_m)^{\mathrm{T}}$ 为乘数向量; $\Delta=\mathrm{diag}\{\delta_1,\delta_2,\cdots,\delta_s\}$, $W=\mathrm{diag}\{\omega_1,\omega_2,\cdots,\omega_m\}$ 为方向矩阵; e 为 m 维单位向量。

令

$$\begin{cases} t = \dfrac{1}{U^{\mathrm{T}}\Delta Y_0} \\ tV^{\mathrm{T}}W = \Gamma^{\mathrm{T}} \\ tU^{\mathrm{T}}\Delta = \Lambda^{\mathrm{T}} \end{cases} \tag{6-29}$$

根据式(6-29),则有

$$\begin{cases} t = \dfrac{1}{U^{\mathrm{T}}\Delta Y_0} \\ V^{\mathrm{T}} = \dfrac{1}{t}\Gamma^{\mathrm{T}}W^{-1} \\ U^{\mathrm{T}} = \dfrac{1}{t}\Lambda^{\mathrm{T}}\Delta^{-1} \end{cases} \tag{6-30}$$

则式(6-30)可以转化为

$$\begin{aligned} &\bar{\rho}(\underline{\rho}) = \min_{W}(\max_{W})\left[\max_{\Gamma,\Lambda,\mu_0}(\min_{\Gamma,\Lambda,\mu_0})\right]\Gamma^{\mathrm{T}}X_0 \\ &\text{s. t.} \quad \Lambda^{\mathrm{T}}\Delta^{-1}Y_j - \Gamma^{\mathrm{T}}W^{-1}X_j + t\mu_0 \leqslant 0 \quad j = 1,\cdots,n \\ &\qquad \Lambda^{\mathrm{T}}\Delta^{-1}Y_0 - \Gamma^{\mathrm{T}}W^{-1}X_0 + t\mu_0 = 0 \\ &\qquad \Gamma^{\mathrm{T}}W^{-1}X_0 = t \\ &\qquad \Lambda^{\mathrm{T}}Y_0 = 1 \\ &\qquad e^{\mathrm{T}}We = m \\ &\qquad \Gamma \geqslant 0, \Lambda \geqslant 0, t \geqslant 0, \mu_0 \text{ free} \end{aligned} \tag{6-31}$$

令 $t\mu_0 = \mu_0'$,则式(6-31)可以转化为如下非线性规划模型:

$$\begin{aligned} &\bar{\rho}(\underline{\rho}) = \min_{W}(\max_{W})\left[\max_{\Gamma,\Lambda,\mu_0'}(\min_{\Gamma,\Lambda,\mu_0'})\right]\Gamma^{\mathrm{T}}X_0 \\ &\text{s. t.} \quad \Lambda^{\mathrm{T}}\Delta^{-1}Y_j - \Gamma^{\mathrm{T}}W^{-1}X_j + \mu_0' \leqslant 0 \quad j = 1,\cdots,n \\ &\qquad \Lambda^{\mathrm{T}}\Delta^{-1}Y_0 - \Gamma^{\mathrm{T}}W^{-1}X_0 + \mu_0' = 0 \\ &\qquad \Gamma^{\mathrm{T}}W^{-1}X_0 = t \\ &\qquad \Lambda^{\mathrm{T}}Y_0 = 1 \\ &\qquad e^{\mathrm{T}}We = m \\ &\qquad \Gamma \geqslant 0, \Lambda \geqslant 0, t \geqslant 0, \mu_0' \text{ free} \end{aligned} \tag{6-32}$$

求解式(6-32),即可得到式(6-10)或式(6-11)的最优目标函数值。

6.3 案 例 研 究

本节仍采用5.4节中的案例。为方便起见,我们重新给出2009年基础领域16个研究所投入产出指标具体情况,见表6-1。

表6-1 基础领域16个研究所投入产出指标情况(2009年)

研究所	产出				投入		效率值[式(6-33)]
	承担重大任务/分	高质量论文/篇	知识产权/分	奖励/分	科研经费/万元	研究人员/人	
DMU_1	23	135	32.2	23	2 574	304	1
DMU_2	25	329	81.4	15.25	17 276	446	0.841 5
DMU_3	2	135	0	5	863	72	1
DMU_4	10	196	12.2	34	7 569	832	1
DMU_5	22	48	37.4	0	8 328	299	0.855 7
DMU_6	29	447	109.2	12	17 861	439	1
DMU_7	28	115	14.3	38	10 078	544	1
DMU_8	12	52	17.2	1	1 485	446	1
DMU_9	23	68	0.4	5.01	5 296	144	1
DMU_{10}	11	172	39.6	19	4 316	225	1
DMU_{11}	10	51	2.7	4	9 158	196	0.540 1
DMU_{12}	39	154	131.3	16.5	47 207	887	1
DMU_{13}	15	66	9.1	11.5	3 695	179	0.970 5
DMU_{14}	6	36	6.35	19.5	2 490	342	0.900 1
DMU_{15}	1	97	27.2	0	4 091	170	0.961 5
DMU_{16}	1	1	21.4	0	948	144	1

数据来源:中国科学院研究所定量监测数据(2009年);《中国科学院统计年鉴》(2009年)

下面分析以上2009年基础领域16个研究所的规模收益情况。

步骤1 本节采用基于径向测度的BCC-DEA模型确定强有效前沿面EF_{strong}和弱有效前沿面EF_{weak},见式(6-33)。

$$\min \theta = \theta_0 - \varepsilon\left(\sum_{i=1}^{m} s_i^- + \sum_{r=1}^{s} s_r^+\right)$$

$$
\text{s. t.} \quad \sum_j \lambda_j x_{ij} + s_i^- = \theta_0 x_{i0} \qquad i = 1,\cdots,m
$$

$$
\sum_j \lambda_j y_{rj} - s_r^+ = y_{r0} \qquad r = 1,\cdots,s \tag{6-33}
$$

$$
\sum_j \lambda_j = 1, \lambda_j, s_i^-, s_r^+ \geqslant 0 \quad r = 1,\cdots,s; i = 1,\cdots,m; j = 1,\cdots,n
$$

2009 年中国科学院基础领域 16 个研究所相对效率情况见表 6-1。其中，DMU_1、DMU_3、DMU_4、DMU_6、DMU_7、DMU_8、DMU_9、DMU_{10}、DMU_{12}和 DMU_{16}为有效 DMU 单元。16 个研究所在强有效前沿面 EF_{strong}上的投影情况见表 6-2。投影的方式如下：

$$
\begin{cases} \tilde{x}_{i0} \leftarrow \theta_0^* x_{i0} - s_i^{-*} & i = 1,\cdots,m \\ \tilde{y}_{r0} \leftarrow y_{r0} + s_r^{+*} & r = 1,\cdots,s \end{cases} \tag{6-34}
$$

表 6-2　基础领域 16 个研究所在强有效前沿面上的投影

研究所	投影点(产出)				效率值	投影点(投入)	
	承担重大任务/分	高质量论文/篇	知识产权/分	奖励/分		科研经费/万元	研究人员/人
DMU_1	23	135	32.200 0	23	1	2 574	304
DMU_2	25	336.178 6	81.400 0	15.250 0	0.841 5	12 496.544 0	375.301 5
DMU_3	2	135	0	5	1	863	72
DMU_4	10	196	12.200 0	34	1	7 569	832
DMU_5	22	181.131 5	37.400 0	13.054 7	0.855 7	7 126.425 3	255.859 9
DMU_6	29	447	109.200 0	12	1	17 861	439
DMU_7	28	115	14.300 0	38	1	10 078	544
DMU_8	12	52	17.200 0	1	1	1 485	446
DMU_9	23	68	0.400 0	5.010 0	1	5 296	144
DMU_{10}	11	172	39.600 0	19	1	4 316	225
DMU_{11}	10	118.808 8	2.700 0	5.167 6	0.540 1	2 816.599 7	105.861 3
DMU_{12}	39	154	131.300 0	16.500 0	1	47 207	887
DMU_{13}	15	121.267 4	15.572 9	11.500 0	0.970 5	3 585.913 6	173.715 4
DMU_{14}	18.916 7	135	25.938 9	19.500 0	0.900 1	2 241.305 5	258.888 9

续表

研究所	投影点(产出)				效率值	投影点(投入)	
	承担重大任务/分	高质量论文/篇	知识产权/分	奖励/分		科研经费/万元	研究人员/人
DMU_{15}	4.994 8	97	27.200 0	2.965 3	0.961 4	3 172.081 5	163.460 6
DMU_{16}	1	1	21.400 0	0	1	948	144

步骤 2　本节以 DMU_1 和 DMU_2 作为例进行深入分析。其中，DMU_1 为强有效前沿面 EF_{strong} 上的 DMU 单元，而 DMU_2 为生产可能集内部的 DMU 单元。对 DMU_1 和 DMU_2 来说，根据第 5 章中提出的方法，不失一般性，我们设定产出的方向 $\delta_1=\delta_2=\delta_3=\delta_4=1$，则在指定的不同投入方向上，$DMU_1$ 和 DMU_2 的方向规模收益情况如表 6-3 所示。

表 6-3　DMU_1 和 DMU_2 在若干投入方向上的规模收益情况

研究所	ω_1	ω_2	ξ^*（右侧）	ψ^*（左侧）	$\underline{\rho}$（下界）	$\bar{\rho}$（上界）	方向规模收益(右侧)	方向规模收益(左侧)
DMU_1	0.1	1.9	0.01	2.14	0.01	2.14	递减	递增
	0.2	1.8	0.01	2.04	0.01	2.04	递减	递增
	0.3	1.7	0.02	1.95	0.02	1.95	递减	递增
	0.4	1.6	0.02	1.85	0.02	1.85	递减	递增
	0.5	1.5	0.03	1.75	0.03	1.75	递减	递增
	0.6	1.4	0.04	1.65	0.04	1.65	递减	递增
	0.7	1.3	0.04	1.58	0.04	1.58	递减	递增
	0.8	1.2	0.05	1.46	0.05	1.46	递减	递增
	0.9	1.1	0.06	1.36	0.06	1.36	递减	递增
	1	1	0.06	1.38	0.06	1.38	递减	递增
	1.1	0.9	0.07	1.49	0.07	1.49	递减	递增
	1.2	0.8	0.07	1.63	0.07	1.63	递减	递增
	1.3	0.7	0.08	1.76	0.08	1.76	递减	递增
	1.4	0.6	0.09	1.90	0.09	1.90	递减	递增
	1.5	0.5	0.09	2.03	0.09	2.03	递减	递增
	1.6	0.4	0.10	2.17	0.10	2.17	递减	递增
	1.7	0.3	0.10	2.31	0.10	2.31	递减	递增
	1.8	0.2	0.07	2.44	0.07	2.44	递减	递增
	1.9	0.1	0.04	2.58	0.04	2.58	递减	递增

续表

研究所	ω_1	ω_2	ξ^*（右侧）	ψ^*（左侧）	$\underline{\rho}$（下界）	$\bar{\rho}$（上界）	方向规模收益(右侧)	方向规模收益(左侧)
	0.1	1.9	1.42	1.79	1.42	1.79	递增	递增
	0.2	1.8	1.38	1.70	1.38	1.70	递增	递增
	0.3	1.7	1.35	1.60	1.35	1.60	递增	递增
	0.4	1.6	1.30	1.51	1.30	1.51	递增	递增
	0.5	1.5	1.23	1.41	1.23	1.41	递增	递增
	0.6	1.4	1.16	1.32	1.16	1.32	递增	递增
	0.7	1.3	1.09	1.23	1.09	1.23	递增	递增
	0.8	1.2	1.02	1.19	1.02	1.19	递增	递增
	0.9	1.1	0.93	1.15	0.93	1.15	递减	递增
DMU_2	1	1	0.85	1.11	0.85	1.11	递减	递增
	1.1	0.9	0.76	1.06	0.76	1.06	递减	递增
	1.2	0.8	0.68	1.02	0.68	1.02	递减	递增
	1.3	0.7	0.59	0.98	0.59	0.98	递减	递减
	1.4	0.6	0.51	0.94	0.51	0.94	递减	递减
	1.5	0.5	0.42	0.90	0.42	0.90	递减	递减
	1.6	0.4	0.34	0.87	0.34	0.87	递减	递减
	1.7	0.3	0.25	0.83	0.25	0.83	递减	递减
	1.8	0.2	0.17	0.79	0.17	0.79	递减	递减
	1.9	0.1	0.08	0.75	0.08	0.75	递减	递减

步骤3　本节以 DMU_1 和 DMU_2 作为例进行深入分析。根据式(6-10)和式(6-25)，确定 DMU_1 和 DMU_2 的“右侧”和“左侧”的最优投入增加(或减少)的方向，以及相应的方向规模收益情况。令 $t_0 = 1\times10^{-6}$，在各投入方向上，分别经由式(6-18)、式(6-19)和式(6-25)、式(6-26)检验通过，则有对 DMU_1 来说：

(a)“右侧”。最优投入方向为 $\omega_1 = 1.6, \omega_2 = 0.4$，此时 $\xi^*(DMU_1) = 0.1$。见图6-5。

(b)“左侧”。最优投入方向为 $\omega_1 = 0.9, \omega_2 = 1.1$，此时 $\psi^*(DMU_1) = 1.36$。见图6-6。

对 DMU_2 来说：

(a)“右侧”。最优投入方向为 $\omega_1 = 0, \omega_2 = 2$，此时 $\xi^*(DMU_2) = 1.42$。见图6-7。

(b)“左侧”。最优投入方向为 $\omega_1 = 2, \omega_2 = 0$，此时 $\psi^*(\mathrm{DMU}_2) = 0.75$。见图6-8。

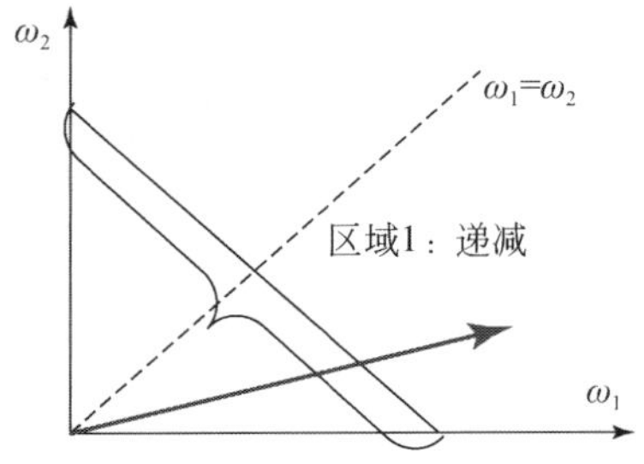

图 6-5　DMU_1 的最优投入方向(右侧)

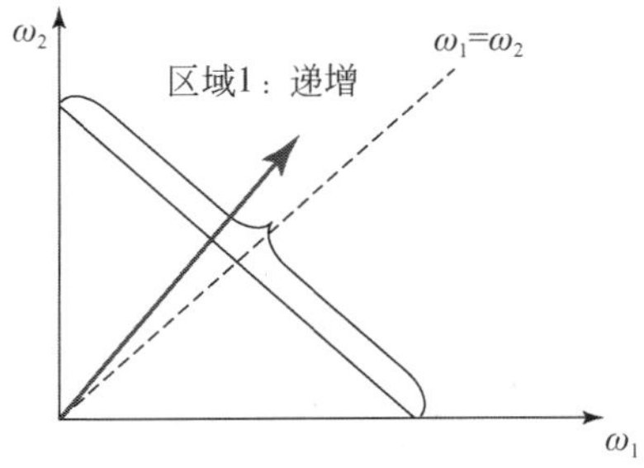

图 6-6　DMU_1 的最优投入方向(左侧)

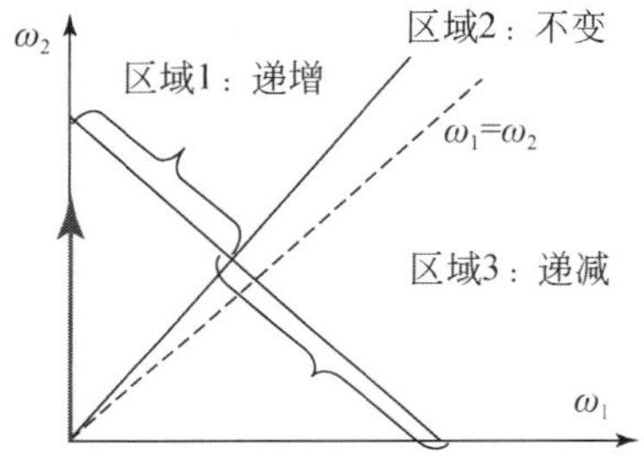

图 6-7　DMU_2 的最优投入方向(右侧)

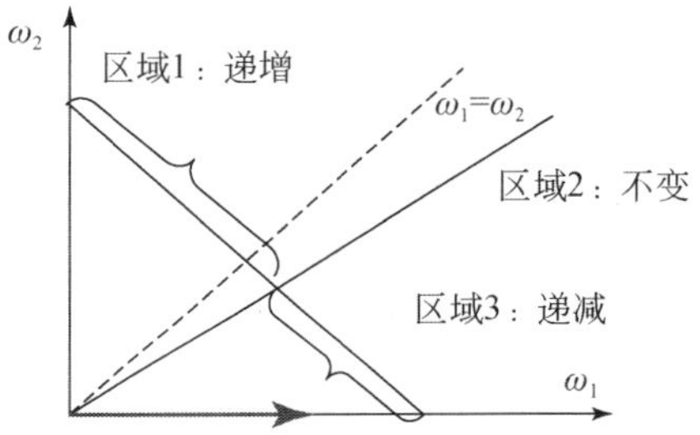

图 6-8　DMU_2 的最优投入方向(左侧)

6.4　本章小结

第 5 章中已经提出了方向规模收益的概念,并将它扩展到 DEA 框架下,采用可变比例规模收益的思想,提出了科研机构的方向规模收益分析方法,在通过 DEA 模型构造前沿面的基础上,对前沿面上的 DMU 单元和生产可能集内部的 DMU 单元的方向规模收益进行了分析。本章在第 5 章研究的基础上进一步提出如何确定科研机构下一步投入增加(或减少)的最优方向,即各类投入的最佳变化比例的方法。最后,本章仍然采用 2009 年中国科学院基础领域 16 个研究所为案例,进行了深入分析,发现案例研究所存在最优投入增加(或减少)方向,按照此方向增加(或减少)研究所投入规模,可以提高组织的规模效率,为研究所下一步资源配置提供依据。

第 7 章　方向阻塞效应

本章在前人研究的基础上提出方向阻塞效应的概念,即在指定的投入产出方向上观察 DMU 单元是否存在阻塞效应。本章给出了 DEA 框架下,方向阻塞效应的判定方法,并比较了方向阻塞与强阻塞和弱阻塞之间的关系。最后,本章仍然采用 2009 年中国科学院基础领域 16 个研究所为案例,进行了深入分析,发现传统意义下存在阻塞效应的 DMU 单元,在某些特定的方向上存在方向阻塞效应,而在某些特定的方向上不存在方向阻塞效应。

7.1　研究背景

在实际的规模收益分析中,往往涉及阻塞效应的概念,即在不使其他投入或产出恶化的前提下,某个(或某些)投入的减少会造成某个(或某些)最大可能产出增加(Cooper et al.,2004)。本质上说,阻塞效应描述的是投入过量的问题(Wei and Yan,2004)。Färe 和 Grosskopf(1983,1985)采用定量方法对阻塞效应进行了研究,并提出了相应的 DEA 模型,随后 Cooper 等(1996)提出了另一种用于研究阻塞效应的 DEA 模型,Cooper 等(2001)比较了以上两种模型的异同。Wei 和 Yan(2004)与 Tone 和 Sahoo(2004)基于弱处置假定,重新构建了生产可能集,并构建了基于新的生产可能集的 DEA 模型来对阻塞效应进行判定。

第 4 章给出了方向规模收益和方向规模弹性的经济学定义,第 5 章则把方向规模收益和方向规模弹性的经济学概念引入 DEA 框架之中,扩展了 DEA 框架下的规模收益和最优产出规模点的定义,提出 DEA 框架下方向规模收益和方向最优产出规模点的概念,并研究提出了在指定方向上科研机构方向规模弹性和方向规模收益分析的方法,将投入可能区域划分成方向规模收益递增区、递减区和不变区。不同投入要素按不同比例变化,科研机构方向规模收益可能有所不同。第6章则在分析某个特定方向上的方向规模弹性的基础上,寻找科研机构的最优投入方向,为科研机构资源配置提供决策支撑和依据。

本章旨在研究DMU单元方向规模收益与阻塞效应之间的关系,并仍将以2009年中国科学院基础领域研究所为案例,进行深入分析。本章剩余部分的组织方式如下:7.2节介绍阻塞效应的概念及现有研究情况;7.3节给出方向规模收益与阻塞效应之间的关系,提出方向阻塞效应的概念和判定方法;7.4节探讨了方向阻塞与强阻塞和弱阻塞之间的关系;7.5节是基于2009年中国科学院基础领域研究所定量监测结果的案例研究;7.6节为本章的总结。

7.2 阻塞效应

7.2.1 阻塞效应的经济学定义

阻塞的概念在多个学科都有应用。本节对阻塞效应的讨论是基于经济学中阻塞的概念。

从生产函数的定义可以看到,生产函数可以表述为函数$f: R_+^m \to R$。$f(x_1, x_2, \cdots, x_m)$代表给定的可接受投入所产生的最大可能产出,并满足一系列假设,其中包括单调性假设,即投入的增长不会引起产出的下降。

但是在实际的规模收益分析中,往往涉及阻塞效应的概念,即在不使其他投入或产出恶化的前提下,某个(或某些)投入的减少会造成某个(或某些)最大可能产出的增加(Cooper et al.,2004),即不满足单调性假设,以单投入单产出情况为例,见图7-1。

图7-1中,横轴代表投入x,纵轴代表产出y,曲线代表一定数量的投入所产生的最大可能产出,是一个单峰函数。阻塞效应与Farell(1957)提出的生产过程的效率有所不同。图7-1曲线上的点代表一定投入水平下的最大可能产出,因此其生产效率都是有效的。阻塞效应代表的是曲线下降的部分,即(y_1-y_2)部分,因此阻塞效应的经济学定义如下(Cooper et al.,2001)。

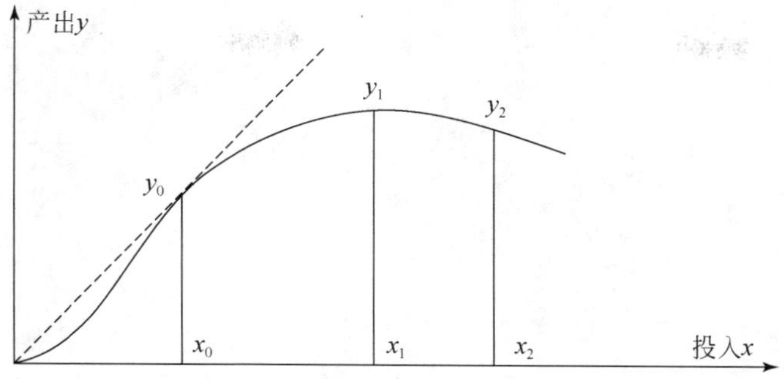

图 7-1　不满足单调性假设的单投入单产出的生产函数

定义 7-1　在不改进其他投入或产出的前提下，某个（或某些）最大可能产出的增加可以通过减少某个（或某些）投入来实现；或者在不改进其他投入或产出的前提下，某个（或某些）最大可能产出的减少可以通过增加某个（或某些）投入来实现，这称为发生了阻塞效应。

7.2.2　基于 DEA 模型的阻塞效应研究

Cooper 等（2004）指出：阻塞效应在传统经济学中的研究并不充分，部分原因是诺贝尔经济学奖获得者 Stigler（1976）在他关于 Leibenstein（1966，1976）提出的"X-Efficiency"的评论中对阻塞效应是否应成为经济学中的一个研究问题的质疑。然而，Färe 和 Svensson（1980）重新界定了阻塞效应的概念，Färe 和 Grosskopf（1983）则提出了阻塞效应概念的可操作的形式，随后 Färe 等（1985）提出了用于分析阻塞效应的模型并将它引入 DEA 框架之中。

假设有 n 个 DMU 单元，其各有 m 个不同的投入 $x_{ij}(i=1,\cdots,m;j=1,\cdots,m)$，$s$ 个不同的产出 $Y_{rj}(r=1,\cdots,s;j=1,\cdots,n)$ 。目前，DEA 框架中针对阻塞效应的分析主要有三种思路，且第一步都需要应用 BCC-DEA 模型（Banker et al.，1984）。由于 Cooper 等（2000）指出基于投入的 BCC-DEA 模型会产生错误的结果，本研究采用基于产出的 BCC-DEA 模型作为阻塞效应分析的第一步。DMU_0 的相对效率可以由式（7-1）得到。

$$
\begin{aligned}
&\hat{\theta} = \max\left\{\theta - \varepsilon\left(\sum_{i=1}^{m} s_i^- + \sum_{r=1}^{s} s_r^+\right)\right\} \\
&\text{s. t.} \quad \sum_{j=1}^{n} \lambda_j x_{ij} + s_i^- = x_{i0} \quad i = 1,\cdots,m \\
&\qquad \sum_{j=1}^{n} \lambda_j y_{rj} - s_r^+ = \theta y_{r0} \quad r = 1,\cdots,s \\
&\qquad \sum_{j=1}^{n} \lambda_j = 1 \\
&\qquad s_i^- \geqslant 0, s_r^+ \geqslant 0, \lambda_j \geqslant 0, i = 1,\cdots,m; r = 1,\cdots,s; j = 1,\cdots,n; \theta \text{ free}
\end{aligned}
\tag{7-1}
$$

式中，ε 为非阿基米德无穷小；s_i^-，s_r^+ 为松弛变量。

第一种思路可以称为 FGL(Färe et al.,1985)模型。该模型[式(7-1)]中蕴含强任意处置假定,即如果投入增加,产出不会减少。Färe 等(1985)提出弱任意处置假定,并基于此给出了计算阻塞效应的模型如下：

$$
\begin{aligned}
&\max \beta \\
&\text{s. t.} \quad \sum_{j=1}^{n} \lambda_j x_{ij} = \tau x_{i0} \qquad i = 1,\cdots,m \\
&\qquad \sum_{j=1}^{n} \lambda_j y_{rj} \geqslant \beta y_{r0} \qquad r = 1,\cdots,s \\
&\qquad \sum_{j=1}^{n} \lambda_j = 1 \\
&\qquad 1 \geqslant \tau \geqslant 0, \lambda_j \geqslant 0, j = 1,\cdots,n; \beta \text{ free}
\end{aligned}
\tag{7-2}
$$

令 θ^* 和 β^* 分别为式(7-1)和式(7-2)中 θ 和 β 的最优值。Byrnes 等(1984)将 $1/\beta^*$ 定义为纯技术效率①,将 β^*/θ^* 作为表征阻塞效应程度的量,其内涵为投入强任意处置假定和弱任意处置假定下 DMU_0 的相对效率的差异。因此,有下式成立：技术效率（$1/\theta^*$）= 纯技术效率（$1/\beta^*$）× 阻塞效应（β^*/θ^*）。

① 此处的纯技术效率与 BCC-DEA 模型下纯技术效率的概念有所不同,BCC-DEA 模型中的纯技术效率等于此处纯技术效率与阻塞效应的乘积。其原因是生产前沿面假定有所不同。

值得指出的是,在只有唯一投入的情况下,式(7-1)和式(7-2)完全等价,即 $\beta^*/\theta^*=1$,因此 FGL 模型下不存在阻塞效应。

第二种思路可以称为 CTT(Cooper et al.,1996)模型。CTT 模型是基于松弛变量的模型,其基本思想是通过确定式(7-1)确定 DMU_0在前沿面上的参照点:

$$\begin{cases}\hat{x}_{i0}=x_{i0}-s_i^{-*} & i=1,\cdots,m\\ \hat{y}_{r0}=\theta^* y_{r0}+s_r^{+*} & r=1,\cdots,s\end{cases} \tag{7-3}$$

式中,θ^* 、s_i^{-*} 和 s_r^{+*} 为式(7-1)的最优解。DMU_0为技术有效,当且仅当 $\hat{x}_{i0}=x_{i0}$ 和 $\hat{y}_{r0}=y_{r0}$, $\forall i,r$ 。

为了确定投入阻塞的程度,CTT 模型采用如下第二阶段模型计算可减少的最大投入:

$$\begin{aligned}&\max \sum_{i=1}^{m}\delta_i^-\\ &\text{s. t.}\quad \sum_{j=1}^{n}\lambda_j x_{ij}-\delta_i^-=\hat{x}_{i0}\quad i=1,\cdots,m\\ &\qquad\ \ \sum_{j=1}^{n}\lambda_j y_{rj}=\hat{y}_{r0}\qquad r=1,\cdots,s\\ &\qquad\ \ \sum_{j=1}^{n}\lambda_j=1\\ &\qquad\ \ \delta_i^-\leqslant s_i^{-*}\\ &\qquad\ \ \delta_i^-\geqslant 0,\lambda_j\geqslant 0,i=1,\cdots,m;j=1,\cdots,n\end{aligned} \tag{7-4}$$

式中,δ_i^- 和 λ_j 为变量。则与投入 i 相关的阻塞程度可以表示为

$$s_i^c=s_i^{-*}-\delta_i^{-*}\quad i=1,\cdots,m \tag{7-5}$$

需要指出的是,在 CTT 模型中,每个投入分量的重要性相同,因此在实际应用中需要谨慎选择投入的量纲。

第三种思路可以称为 WY-TS 模型,由 Wei 和 Yan(2004)以及 Tone 和 Sahoo(2004)提出。WY-TS 模型应用如下模型计算纯技术效率:

$$
\begin{aligned}
&\max \ \eta \\
&\text{s. t.} \quad \sum_{j=1}^{n} \lambda_j x_{ij} = x_{i0} \qquad i = 1, \cdots, m \\
&\qquad\quad \sum_{j=1}^{n} \lambda_j y_{rj} \geqslant \eta y_{r0} \quad r = 1, \cdots, s \\
&\qquad\quad \sum_{j=1}^{n} \lambda_j = 1 \\
&\qquad\quad \lambda_j \geqslant 0, j = 1, \cdots, n; \eta \text{ free}
\end{aligned} \tag{7-6}
$$

式(7-6)对应的生产可能集为

$$
P_{\text{convex}}(X,Y) = \left\{ (X,Y) \mid \sum_{j=1}^{n} \lambda_j X_j = X; \sum_{j=1}^{n} \lambda_j Y_j \geqslant Y; \sum_{j=1}^{n} \lambda_j = 1; \lambda_j \geqslant 0; j = 1, \cdots, n \right\}
$$

式中，$X_j = (x_{1j}, x_{2j}, \cdots, x_{mj})$ 且 $Y_j = (y_{1j}, y_{2j}, \cdots, y_{sj})$ 。此生产可能集允许生产函数向下弯曲，从而向下弯曲的部分上的点的局部规模收益为负值，即发生了阻塞效应。对于阻塞效应的测度同样可以采用 $\varphi = \eta^* / \theta^*$ 。式(7-6)的对偶模型为

$$
\begin{aligned}
&\max \sum_{r=1}^{s} u_r y_{r0} \\
&\text{s. t.} \quad \sum_{r=1}^{s} u_r y_{rj} - \sum_{i=1}^{m} v_i x_{ij} - v_0 \leqslant 0 \quad j = 1, \cdots, n \\
&\qquad\quad \sum_{i=1}^{m} v_i x_{i0} + v_0 = 1 \\
&\qquad\quad u_r \geqslant 0, r = 1, \cdots, s; v_i \text{ free}; i = 0, 1, \cdots, m
\end{aligned} \tag{7-7}
$$

式(7-7)的约束条件中除了 $v_i (i = 1, \cdots, m)$ 为无约束变量而不是大于0的变量以外，与传统 BCC-DEA 模型（Banker et al.，1984）类似。这也说明前沿面上的某个平面可以向下倾斜，即发生阻塞效应。值得指出的是：综合效率=规模效率×技术效率 $(1/\theta^*)$ = 规模效率×纯技术效率 $(1/\beta^*)$ ×阻塞效应 (β^*/θ^*) 。

特别地,Tone 和 Sahoo(2004)在研究中,提出了强阻塞效应和弱阻塞效应的定义,分别为:

定义 7-2　强阻塞效应:如果 $(X_0, Y_0) \in P_{\text{convex}}(X, Y)$ 且为强有效,且存在 $(\widetilde{X}_0, \widetilde{Y}_0) \in P_{\text{convex}}(X, Y)$,满足 $\widetilde{X}_0 = \alpha X_0 (0 < \alpha < 1)$ 和 $\widetilde{Y}_0 \geqslant \beta Y_0 (\beta > 1)$,则称 DMU 单元$(X_0, Y_0)$ 存在强阻塞效应。

定义 7-3　弱阻塞效应:如果 $(X_0, Y_0) \in P_{\text{convex}}(X, Y)$ 且为强有效,且存在一个 DMU 单元 $(\widetilde{X}, \widetilde{Y}) \in P_{\text{convex}}(X, Y)$ 比 $(X_0, Y_0) \in P_{\text{convex}}(X, Y)$ 使用某个(或某些)更少的投入可以生成某个(或某些)更多的产出,则称 DMU 单元(X_0, Y_0) 存在弱阻塞效应。

Tone 和 Sahoo(2004)给出的判定 DMU 单元强阻塞和弱阻塞的方法如下:

第一步,求解基于产出的 BCC-DEA 模型[式(7-1)],如果:

(a) $\theta^* = 1, S^{-*} = 0, S^{+*} = 0$,则 (X_0, Y_0) 为 BCC-DEA 模型有效,不存在阻塞效应。

(b) $\theta^* = 1, S^{-*} \neq 0, S^{+*} = 0$,则 (X_0, Y_0) 为技术无效。

(c)如果 $(\theta^* = 1, S^{+*} \neq 0)$ 或者 $\theta^* > 1$,则 (X_0, Y_0) 存在阻塞效应,进入第二步。

第二步,计算式(7-8)

$$
\begin{aligned}
&\bar{\omega} = \max \mu_0 \\
&\text{s. t.} \quad \sum_{r=1}^{s} u_r y_{rj} - \sum_{i=1}^{m} v_i x_{ij} + \mu_0 \leqslant 0 \quad j = 1, \cdots, n \\
&\qquad \sum_{r=1}^{s} u_r y_{r0} - \sum_{i=1}^{m} v_i x_{i0} + \mu_0 = 0 \\
&\qquad \sum_{r=1}^{s} u_r y_{r0} = 1 \\
&\qquad u_r \geqslant 0, r = 1, \cdots, s; v_i \text{ free}; i = 1, \cdots, m; \mu_0 \text{ free}
\end{aligned} \tag{7-8}
$$

令 $\bar{\rho} = 1 + \bar{\omega}$,则如果 $\bar{\rho} < 0$,则 (X_0, Y_0) 为强阻塞;如果 $\bar{\rho} \geqslant 0$,则 (X_0, Y_0) 为弱阻塞。

Kao(2010)指出,CTT 模型和 WY-TS 模型对阻塞效应的区分能力比 FGL 模型更强,同时 WY-TS 模型还能区分纯技术效率和阻塞效应,而 CTT 模型做不到这一点。

7.3 方向阻塞效应的定义与测度

本节采用和 WY-TS 模型相同的生产可能集 $P_{\text{convex}}(X,Y)$ 。

首先,分别定义生产可能集的前沿面和支撑超平面。

定义 7-4(支撑超平面) 生产可能集 $P_{\text{convex}}(X,Y)$ 的支撑超平面为

如果一个超平面

$$H(V,U,\mu_0)=\{(X,Y)\mid U^{\mathrm{T}}Y-V^{\mathrm{T}}X+\mu_0=0,U\geqslant 0;V,\mu_0\text{ free of sign}\} \tag{7-9}$$

满足:

(a) $(X_0,Y_0)\in\{(X,Y)\mid U^{\mathrm{T}}Y-V^{\mathrm{T}}X+\mu_0=0\}\cap P_{\text{convex}}(X,Y)$;

(b)所有 $(X,Y)\in P_{\text{convex}}(X,Y)$,均有 $U^{\mathrm{T}}Y-V^{\mathrm{T}}X+\mu_0\leqslant 0$;

(c) $(V,U)\neq(0,0)$。

则称 $H(V,U,\mu_0)$ 为生产可能集 $P_{\text{convex}}(X,Y)$ 在 (X_0,Y_0) 点的支撑超平面,记作 $H(V,U,\mu_0)\mid_{(X_0,Y_0)}$ 。此处的 0 代表零向量 $(0,0,\cdots,0)^{\mathrm{T}}$。

定义 7-5(强有效和弱有效前沿面) 生产可能集 $P_{\text{convex}}(X,Y)$ 的强有效和弱有效前沿面分别定义为

(1)弱有效前沿面

$$\mathrm{EF}_{\text{convex\_weak}}=\cup\{(X,Y)\in P_{\text{convex}}(X,Y)\mid(X,Y)\in H(V,U,\mu_0)\text{ such that at least one of the components of vectors }V\text{ or }U\text{ is zero}\} \tag{7-10a}$$

(2)强有效前沿面

$$\mathrm{EF}_{\text{convex\_strong}}=\cup\{(X,Y)\in P_{\text{convex}}(X,Y)\mid(X,Y)\in H(V,U,\mu_0)\text{ such that none of the components of vectors }V\text{ or }U\text{ is zero}\} \tag{7-10b}$$

此处 $H(V,U,\mu_0)$ 为生产可能集 $P_{\text{convex}}(X,Y)$ 的支撑超平面。

定义 7-6　生产可能集的有效前沿面的平面(Stoer and Witzgall,1970):过 (X_0,Y_0) 点的支撑超平面 $H(V,U,\mu_0)\mid_{(X_0,Y_0)}$ 与生产可能集的交集称为过 (X_0,Y_0) 点的有效前沿面的平面。

其次,给出方向阻塞效应的定义。

定义 7-7　方向阻塞效应:如果 $(X_0,Y_0)\in P_{\text{convex}}(X,Y)$ 且为强有效,且至少存在一个 DMU 单元 $(\widetilde{X},\widetilde{Y})\in P_{\text{convex}}(X,Y)$ 且为强有效,比 (X_0,Y_0) 沿某一方向 $(\omega_1,\cdots,\omega_m)^{\mathrm{T}}$ 使用更少(更多)的投入可以生成沿某一方向 $(\delta_1,\cdots,\delta_s)^{\mathrm{T}}$ 更多(更少)的产出,即存在 t_0,β_0,使得 $(\widetilde{X},\widetilde{Y})=(\Omega_0X_0,\Phi_0Y_0)$,其中,$\Omega_0=\mathrm{diag}\{1+\omega_1t_0,\cdots,1+\omega_mt_0\}$,$\Phi_0=\mathrm{diag}\{1+\delta_1\beta_0,\cdots,1+\delta_s\beta_0\}$,$(\omega_1,\cdots,\omega_m)^{\mathrm{T}}(\omega_i\geqslant 0;i=1,\cdots,m)$ 和$(\delta_1,\cdots,\delta_s)^{\mathrm{T}}(\delta_r\geqslant 0;r=1,\cdots,s)$ 代表投入和产出的方向因子,满足 $\sum\limits_{i=1}^{m}\omega_i=m;\sum\limits_{r=1}^{s}\delta_r=s$,此处 t_0,β_0 为系数,且满足 $t_0\beta_0<0$,则称 DMU 单元(X_0,Y_0) 存在方向阻塞效应。

定义 7-8　局部方向阻塞效应:如果 $(X_0,Y_0)\in P_{\text{convex}}(X,Y)$ 且为强有效,且在过 (X_0,Y_0) 点的有效前沿面的同一个平面上至少存在一个 DMU 单元 $(\widetilde{X},\widetilde{Y})\in P_{\text{convex}}(X,Y)$ 且为强有效,比 (X_0,Y_0) 沿某一方向 $(\omega_1,\cdots,\omega_m)^{\mathrm{T}}$ 使用更少(更多)的投入可以生成沿某一方向 $(\delta_1,\cdots,\delta_s)^{\mathrm{T}}$ 更多(更少)的产出,即存在 t_0,β_0,使得 $(\widetilde{X},\widetilde{Y})=(\Omega_0X_0,\Phi_0Y_0)$,其中 $\Omega_0=\mathrm{diag}\{1+\omega_1t_0,\cdots,1+\omega_mt_0\}$,$\Phi_0=\mathrm{diag}\{1+\delta_1\beta_0,\cdots,1+\delta_s\beta_0\}$,$(\omega_1,\cdots,\omega_m)^{\mathrm{T}}(\omega_i\geqslant 0;i=1,\cdots,m)$ 和 $(\delta_1,\cdots,\delta_s)^{\mathrm{T}}(\delta_r\geqslant 0;r=1,\cdots,s)$代表投入和产出的方向因子,满足 $\sum\limits_{i=1}^{m}\omega_i=m;\sum\limits_{r=1}^{s}\delta_r=s$,此处 t_0,β_0 为系数,且满足 $t_0\beta_0<0$,则称 DMU(X_0,Y_0) 存在局部方向阻塞效应。

定理 7-1　定义 7-7 和定义 7-8 等价。

证明　不失一般性,考虑 DMU 单元 (X_0,Y_0) 左侧的方向阻塞效应和局部方向阻塞效应,见图 7-2。

1)当 DMU 单元 (X_0,Y_0)"左侧"在确定方向上存在方向阻塞效应时,由于 $(X_0,Y_0)\in P_{\text{convex}}(X,Y)$ 和 $(\widetilde{X},\widetilde{Y})\in P_{\text{convex}}(X,Y)$ 均为强有效,则有 $\widetilde{X}\leqslant X_0$ 和

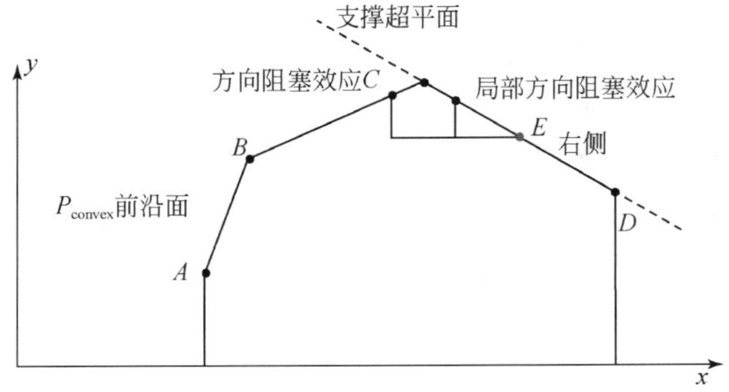

图 7-2　E 点的方向阻塞效应和局部方向阻塞效应

$\widetilde{Y} \geqslant Y_0$，令 $\lambda \in [0,1]$，同时令 $F(X,Y) = 0$ 代表由生产可能集 $P_{\text{convex}}(X,Y)$ 弱有效前沿面形成的生产函数。由于生产可能集 $P_{\text{convex}}(X,Y)$ 为凸集，则有 $F(X,Y) = 0$ 为分段线性的凹函数。

令 $\overline{X} = \lambda X_0 + (1-\lambda)\widetilde{X}$，$\overline{Y}$ 为投入为 $\overline{X}$ 时的产出向量并满足 $F(\overline{X},\overline{Y}) = 0$，由于 $F(X,Y) = 0$ 为分段线性的凹函数，则有 $\overline{X} = \lambda X_0 + (1-\lambda)\widetilde{X} \leqslant X_0$，$\overline{Y} \geqslant \lambda Y_0 + (1-\lambda)\widetilde{Y} \geqslant Y_0$。因此，$\overline{X} \leqslant X_0$ 和 $\overline{Y} \geqslant Y_0$。当 λ 趋近于 1 时，$(\overline{X},\overline{Y})$ 趋近于 (X_0, Y_0)。因此，总能找到一个 λ^*，使得 $(\overline{X}^*, \overline{Y}^*)$ 与 (X_0,Y_0) 处于过 (X_0,Y_0) 点的有效前沿面的同一个平面上，其中，$\overline{X}^* = \lambda^* X_0 + (1-\lambda^*)\widetilde{X}$，$\overline{Y}^*$ 为投入为 $\overline{X}^*$ 时的产出向量并满足 $F(\overline{X}^*, \overline{Y}^*) = 0$，即 DMU 单元 (X_0,Y_0) “左侧”在相同方向上存在局部方向阻塞效应。

2）当 DMU 单元 (X_0,Y_0) “左侧”在确定方向上存在局部方向阻塞效应时，显然此 DMU 单元 (X_0,Y_0) “左侧”在相同方向上存在方向阻塞效应。证毕。

从定义 7-7 和定义 7-8 可以看出，方向阻塞效应有两种可能：一是至少存在一个 DMU 单元（强有效）沿某一方向 Ω 使用更少的投入可以生成沿某一方向 Φ 更多的产出；二是至少存在一个 DMU 单元（强有效）沿某一方向 Ω 使用更多的投入可以生成沿某一方向 Φ 更少的产出。以单投入单产出为例，见图 7-3。

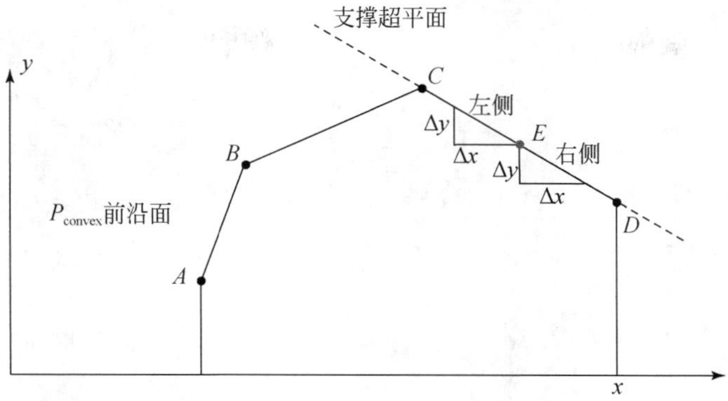

图 7-3　E 点的方向阻塞效应①

图 7-3 中 E 点位于 $P_{\text{convex}}(X,Y)$ 强有效前沿面 $\text{EF}_{\text{convex\_strong}}$，$E$ 点"右侧"代表至少存在一个 DMU 单元(强有效)沿某一方向 Ω 使用更多的投入可以生成沿某一方向 Φ 更少的产出；E 点"左侧"代表至少存在一个 DMU 单元(强有效)沿某一方向 Ω 使用更少的投入可以生成沿某一方向 Φ 更多的产出。

最后，给出式(7-1)的对偶模型：

$$
\begin{aligned}
&\min \sum_{i=1}^{m} v_i x_{ij} - \mu_0 \\
&\text{s.t.} \quad \sum_{r=1}^{s} u_r y_{rj} - \sum_{i=1}^{m} v_i x_{ij} + \mu_0 \leqslant 0 \quad j = 1, \cdots, n \\
&\qquad \sum_{r=1}^{s} u_r y_{r0} - \sum_{i=1}^{m} v_i x_{i0} + \mu_0 = 0 \\
&\qquad \sum_{r=1}^{s} u_r y_{r0} = 1 \\
&\qquad u_r \geqslant 0, v_i \text{ free}, r = 1, \cdots, s; i = 1, \cdots, m; \mu_0 \text{ free}
\end{aligned}
\tag{7-11}
$$

分别采用 FDM 方法和上下界方法分析 DMU 单元的方向阻塞效应②。需要指出的是，如不特别说明，以下讨论的都是局部方向阻塞效应。

① 单投入单产出生产函数下，方向阻塞效应与阻塞效应等价。

② 以下部分内容与第 5 章相关部门看起来类似，但事实上由于生产可能集假定不同，相关模型有本质区别。

7.3.1 FDM 方法

本小节仍然采用5.3.1节和6.2.1节提到的FDM方法(Rosen et al.,1998; Golany and Yu,1997)确定生产可能集 $P_{\text{convex}}(X,Y)$ 前沿面上DMU单元(强有效)的方向阻塞效应。

7.3.1.1 生产可能集 $P_{\text{convex}}(X,Y)$ 前沿面上DMU单元(强有效)的方向阻塞效应

采用FDM方法估算DMU单元方向阻塞效应的基本思想是:方向阻塞效应是DMU单元的局部性质,因此在DMU单元周围指定方向上设定投入增加(或减少)的足够小的量 t_0,考察产出在生产前沿面上沿指定方向的变化量 β。根据定义7-7,当方向阻塞效应发生时,有 $t_0>0,\beta\leqslant 0;t_0<0,\beta\geqslant 0$。

生产可能集 $P_{\text{convex}}(X,Y)$ 的前沿面为分段线性函数,因此对有效DMU (X_0,Y_0) 的方向规模收益分为“右侧”(投入增加、产出下降)和“左侧”(投入下降、产出增加)两种方式进行判定。以 E 点为例,其“右侧”和“左侧”的阻塞效应情况见图7-2。

(1)有效DMU单元“右侧”的方向阻塞效应

基于FDM方法的思想以及定义7-7,得到强有效DMU单元在“右侧”指定的投入和产出方向上的方向规模弹性的判断方法:

$$
\begin{aligned}
&\max \xi=\beta/t_0\\
&\text{s. t.}\quad \sum_{j=1}^{n}\lambda_j x_{ij}=(1+\omega_i t_0)x_{i0}\quad i=1,\cdots,m\\
&\qquad\ \ \sum_{j=1}^{n}\lambda_j y_{rj}\geqslant(1+\delta_r\beta)y_{r0}\quad r=1,\cdots,s\\
&\qquad\ \ \sum_{j=1}^{n}\lambda_j=1,\lambda_j\geqslant 0\qquad j=1,\cdots,n
\end{aligned}
\tag{7-12}
$$

其中,$(\omega_1,\cdots,\omega_m)^{\mathrm{T}}$ 和 $(\delta_1,\cdots,\delta_s)^{\mathrm{T}}$ 为投入和产出的方向因子,满足 $\sum_{r=1}^{s}\delta_r=$

$s,\delta_r \geqslant 0, r=1,\cdots,s;\sum_{i=1}^{m}\omega_i = m, \omega_i \geqslant 0, i=1,\cdots,m;t_0,\beta$ 为系数。

如果式(7-12)存在最优解 (λ_j^*,β^*)，并且存在一个足够小的量 t_0^*，当 $0 < t_0 \leqslant t_0^*$ 时，满足：

(a) (X_0,Y_0) 和 $(\Omega_0 X_0,\Phi^* Y_0)$ 都在弱有效前沿面 EF_{convex_weak} 上；

(b) (X_0,Y_0) 和 $(\Omega_0 X_0,\Phi^* Y_0)$ 有共同的支撑超平面(此超平面可能与 t_0 有关)。

其中，$\Omega_0 = \text{diag}\{1+\omega_1 t_0,\cdots,1+\omega_m t_0\}$，$\Phi^* = \text{diag}\{1+\delta_1\beta^*,\cdots,1+\delta_s\beta^*\}$。

当 t_0^* 为足够小的量，且 $t_0^* \geqslant t_0 > 0$ 时，求解式(7-12)，如果 $\xi^*(X_0,Y_0) < 0$，则 DMU 单元 (X_0,Y_0) "右侧"在指定方向上存在方向阻塞效应。

如果式(7-12)不存在最优解，则有效 DMU 单元"右侧"的方向阻塞效应没有意义(现有数据不能确定)。

以单投入单产出情况为例，E 点"右侧"规模弹性为：$\xi^*(x_0,y_0)\mid_{\text{DMU}_E} = \dfrac{\frac{\Delta y}{y_0}}{\frac{\Delta x}{x_0}} < 0$，即 E 点"右侧"存在方向阻塞效应，见图 7-4。

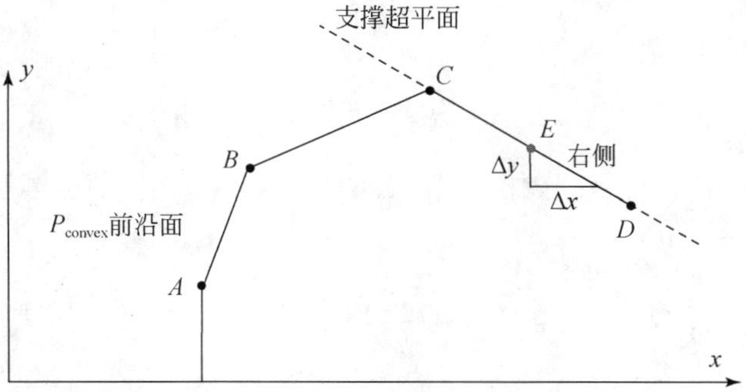

图 7-4　E 点"右侧"的方向阻塞效应

定理 7-2　如果式(7-12)存在最优解 (λ_j^*,β^*)，则存在 $t_0^* > 0$，使得① $t_0^* \geqslant t_0 > 0$ 且 $(\Omega_0 X_0,\Phi^* Y_0) \in P_{convex}(X,Y)$ 时，$(\Omega_0 X_0,\Phi^* Y_0)$ 在弱有效前沿面 EF_{convex_weak} 上；②当 $t_0^* \geqslant t_0 > 0$ 时，(X_0,Y_0) 和 $(\Omega_0 X_0,\Phi^* Y_0)$ 有共同的支撑超平面。

证明

(a)当 $t_0^* \geqslant t_0 > 0$ 且 $(\Omega_0 X_0, \Phi^* Y_0) \in P_{\text{convex}}(X,Y)$ 时，$(\Omega_0 X_0, \Phi^* Y_0)$ 在弱前沿面 EF_{weak} 上。假设 $(\Omega_0 X_0, \Phi^* Y_0)$ 不在弱前沿面 $\text{EF}_{\text{convex\_weak}}$ 上，考察式(7-13)：

$$\begin{aligned} & \max \theta \\ & \text{s. t.} \quad \sum_{j=1}^{n} \lambda_j x_{ij} \leqslant (1 + \omega_i t_0) x_{i0} \quad i = 1, \cdots, m \\ & \qquad \sum_{j=1}^{n} \lambda_j y_{rj} \geqslant \theta (1 + \delta_r \beta^*) y_{r0} \quad r = 1, \cdots, s \\ & \qquad \sum_{j=1}^{n} \lambda_j = 1, \lambda_j \geqslant 0 \quad j = 1, \cdots, n \end{aligned} \tag{7-13}$$

令 θ^* 为上式目标函数最优值，由于 $(\Omega_0 X_0, \Phi^* Y_0)$ 不在弱前沿面 $\text{EF}_{\text{convex\_weak}}$ 上，则有 $\theta^* > 1$，即有 $(\Omega_0 X_0, \Theta^* \Phi^* Y_0) \in P_{\text{convex}}(X,Y)$，其中 $\Theta^* = \text{diag}\underbrace{\{\theta^*, \cdots, \theta^*\}}_{s}$。

同时，由于 $\theta^* > 1$，则有 $\theta^* (1 + \delta_r \beta^*) y_{r0} \geqslant [1 + \delta_r (\theta^* \beta^*)] y_{r0} (r = 1, \cdots, s)$，则 $(\lambda_j^*, \theta^* \beta^*)$ 为式(7-12)可行解。而 $\theta^* \beta^* > \beta^*$ 与 (λ_j^*, β^*) 为式(7-12)最优解矛盾。

(b)由于 $t_0 \to 0$ 时，$(\Omega_0 X_0, \Phi^* Y_0)$ 无限逼近 (X_0, Y_0)，此时显然存在 t_0^* 使得当 $t_0^* \geqslant t_0 > 0$ 时 (X_0, Y_0) 和 $(\Omega_0 X_0, \Phi^* Y_0)$ 有共同的支撑超平面(此超平面可能与 t_0 有关)。证毕。

下面讨论如何选取 t_0。考察式(7-14)：

$$\begin{aligned} & \max \beta \\ & \text{s. t.} \quad \sum_{j=1}^{n} \lambda_j x_{ij} = (1 + \omega_i t_0) x_{i0} \quad i = 1, \cdots, m \\ & \qquad \sum_{j=1}^{n} \lambda_j y_{rj} \geqslant (1 + \delta_r \beta) y_{r0} \quad r = 1, \cdots, s \\ & \qquad \sum_{j=1}^{n} \lambda_j = 1, \lambda_j \geqslant 0 \quad j = 1, \cdots, n \end{aligned} \tag{7-14}$$

令 (λ_j^*, β^*) 为式(7-14)的最优解，令 $\Omega_0 = \text{diag}\{1 + \omega_1 t_0, \cdots, 1 + \omega_m t_0\}$，$\Phi^* = \text{diag}\{1 + \delta_1 \beta^*, \cdots, 1 + \delta_s \beta^*\}$。考察式(7-15)：

$$
\begin{aligned}
& \max \sigma = U^{\mathrm{T}} Y_0 + \mu_0 \\
& \text{s. t.} \quad U^{\mathrm{T}} Y_j - V^{\mathrm{T}} X_j + \mu_0 \leqslant 0 \quad j = 1, \cdots, n \\
& \qquad V^{\mathrm{T}} X_0 = 1 \\
& \qquad U^{\mathrm{T}} \Phi^* Y_0 - V^{\mathrm{T}} \Omega_0 X_0 + \mu_0 = 0 \\
& \qquad U \geqslant 0; V, \mu_0 \text{ free}
\end{aligned}
\tag{7-15}
$$

如果式(7-15)存在最优目标函数值 $\sigma^* = 1$，则有 t_0 为足够小的量。此时，(X_0, Y_0) 和 $(\Omega_0 X_0, \Phi^* Y_0)$ 都在弱有效前沿面 $EF_{\text{convex\_weak}}$ 上且 (X_0, Y_0) 和 $(\Omega_0 X_0, \Phi^* Y_0)$ 有相同的支撑超平面。

定理 7-3　如果式(7-12)存在最优解 (λ_j^*, β^*)，则当 t_0 足够小，且 $t_0 > 0$ 时，式(7-11)的最优目标函数值与 t_0 无关。

证明　令 (λ_j^*, β^*) 为式(7-12)的最优解，由于 t_0 足够小，且 $t_0 > 0$，则 (X_0, Y_0) 和 $(\Omega_0 X_0, \Phi^* Y_0)$ 都处于 $P_{\text{convex}}(X, Y)$ 弱有效前沿面 $EF_{\text{convex\_weak}}$ 并有共同的支撑超平面。根据 $P_{\text{convex}}(X, Y)$ 弱有效前沿面 $EF_{\text{convex\_weak}}$ 的具体形式（Kao，1984；Wei and Yan，2004；Tone and Sahoo，2004），有

$$
\begin{cases}
U^{\mathrm{T}*} Y_0 - V^{\mathrm{T}*} X_0 + \mu_0^* = 0 \\
U^{\mathrm{T}*} \Phi^* Y_0 - V^{\mathrm{T}*} \Omega_0 X_0 + \mu_0^* = 0
\end{cases}
\tag{7-16}
$$

式中，$\Omega_0 = \text{diag}\{1 + \omega_1 t_0, \cdots, 1 + \omega_m t_0\}$，$\Phi^* = \text{diag}\{1 + \delta_1 \beta^*, \cdots, 1 + \delta_s \beta^*\}$。令 $U^* = (u_1^*, u_2^*, \cdots, u_s^*)^{\mathrm{T}}$，$V^* = (v_1^*, v_2^*, \cdots, v_m^*)^{\mathrm{T}}$，$\mu_0^*$ 为 DMU 单元 (X_0, Y_0) 的式(7-15)的最优解。根据式(7-16)可知：

$$
\sum_{r=1}^{s} u_r^* \delta_r \beta^* y_{r0} - \sum_{i=1}^{m} v_i^* \omega_i t_0 x_{i0} = 0 \tag{7-17}
$$

根据式(7-17)有

$$
\frac{\beta^*}{t_0} = \frac{\sum_{i=1}^{m} v_i^* \omega_i x_{i0}}{\sum_{r=1}^{s} u_r^* \delta_r y_{r0}} \tag{7-18}
$$

因此，当 t_0 足够小，且 $t_0 > 0$ 时，式(7-12)取最优解时有

$$\xi^* = \frac{\beta^*}{t_0} = \frac{\sum_{i=1}^{m} v_i^* \omega_i x_{i0}}{\sum_{r=1}^{s} u_r^* \delta_r y_{r0}} \tag{7-19}$$

其中，$U^* = (u_1^*, u_2^*, \cdots, u_s^*)^{\mathrm{T}}, V^* = (v_1^*, v_2^*, \cdots, v_m^*)^{\mathrm{T}}$，$(U^*, -V^*)$ 为 (X_0, Y_0) 和 $(\Omega_0 X_0, \Phi^* Y_0)$ 所在支撑超平面的法向量。类似地，假设极限式(5-6)总是存在，因此当 $0 < t_0 \leqslant t_0^*$ 且 $t_0 \to 0$ 时，(X_0, Y_0) 和 $(\Omega_0 X_0, \Phi^* Y_0)$ 都处于弱有效前沿面 $\mathrm{EF}_{\mathrm{convex\_weak}}$ 上的同一个平面上，或 $\xi^* = \frac{\beta^*}{t_0} = \frac{\sum_{i=1}^{m} v_i^* \omega_i x_{i0}}{\sum_{r=1}^{s} u_r^* \delta_r y_{r0}}$ 不变，否则极限式(5-6)不存在。由式(7-19)可知，当 t_0 足够小，且 $t_0 > 0$ 时，式(7-12)的最优目标函数值与 t_0 无关。证毕。

(2)有效 DMU 单元"左侧"的方向阻塞效应

基于 FDM 方法的思想及定义 7-7，得到有效 DMU 单元在"左侧"指定的投入和产出方向上的方向阻塞效应的判断方法：

$$\begin{aligned}
&\min \psi = \frac{\beta}{t_0} \\
&\text{s. t.} \quad \sum_{j=1}^{n} \lambda_j x_{ij} = (1 - \omega_i t_0) x_{i0} \quad i = 1, \cdots, m \\
&\qquad \sum_{j=1}^{n} \lambda_j y_{rj} \geqslant (1 - \delta_r \beta) y_{r0} \quad r = 1, \cdots, s \\
&\qquad \sum_{j=1}^{n} \lambda_j = 1, \lambda_j \geqslant 0 \quad j = 1, \cdots, n
\end{aligned} \tag{7-20}$$

式中，$(\omega_1, \cdots, \omega_m)^{\mathrm{T}}$ 和 $(\delta_1, \cdots, \delta_s)^{\mathrm{T}}$ 为投入和产出的方向因子，满足 $\sum_{r=1}^{s} \delta_r = s, \delta_r \geqslant 0 (r = 1, \cdots, s)$，$\sum_{i=1}^{m} \omega_i = m, \omega_i \geqslant 0 (i = 1, \cdots, m)$；$t_0, \beta$ 为系数。

如果式(7-20)存在最优解 (λ_j^*, β^*) ,并且存在一个足够小的量 t_0^* ,当 $0 < t_0 \leqslant t_0^*$ 时,满足

(a) (X_0, Y_0) 和$(\Omega_0 X_0, \Phi^* Y_0)$ 都在弱有效前沿面 EF_{convex_weak}上;

(b) (X_0, Y_0) 和$(\Omega_0 X_0, \Phi^* Y_0)$ 有共同的支撑超平面(此超平面可能与 t_0 有关)。

其中, $\Omega_0 = \mathrm{diag}\{1 - \omega_1 t_0, \cdots, 1 - \omega_m t_0\}$, $\Phi^* = \mathrm{diag}\{1 - \delta_1 \beta^*, \cdots, 1 - \delta_s \beta^*\}$ 。

当 t_0^* 为足够小的量,且 $t_0^* \geqslant t_0 > 0$ 时,求解式(7-20),如果 $\psi^*(X_0, Y_0) < 0$,则 DMU 单元 (X_0, Y_0) “左侧”在指定方向上存在方向阻塞效应。

如果式(7-20)不存在最优解,则有效 DMU 单元“左侧”的方向阻塞效应没有意义(现有数据不能确定)。

定理 7-4[①] 如果式(7-20)存在最优解 (λ_j^*, β^*) ,则存在 $t_0^* > 0$,使得:①当 $t_0^* \geqslant t_0 > 0$ 且 $(\Omega_0 X_0, \Phi^* Y_0) \in P_{convex}(X, Y)$ 时, $(\Omega_0 X_0, \Phi^* Y_0)$ 在弱有效前沿面 EF_{convex_weak}上;②当 $t_0^* \geqslant t_0 > 0$ 时, (X_0, Y_0) 和 $(\Omega_0 X_0, \Phi^* Y_0)$ 有共同的支撑超平面。证明参照定理 7-2。

下面讨论如何选取 t_0。考察式(7-21):

$$
\begin{aligned}
& \min \beta \\
& \text{s.t.} \quad \sum_{j=1}^{n} \lambda_j x_{ij} = (1 - \omega_i t_0) x_{i0} \quad i = 1, \cdots, m \\
& \qquad \sum_{j=1}^{n} \lambda_j y_{rj} \geqslant (1 - \delta_r \beta) y_{r0} \quad r = 1, \cdots, s \\
& \qquad \sum_{j=1}^{n} \lambda_j = 1, \lambda_j \geqslant 0 \quad j = 1, \cdots, n
\end{aligned}
\tag{7-21}
$$

令 (λ_j^*, β^*) 为式(7-21)的最优解,令 $\Omega_0 = \mathrm{diag}\{1 - \omega_1 t_0, \cdots, 1 - \omega_m t_0\}$, $\Phi^* = \mathrm{diag}\{1 - \delta_1 \beta^*, \cdots, 1 - \delta_s \beta^*\}$ 。考察式(7-22):

① 定理 7-3 与定理 7-1 类似,但 $(\Omega_0 X_0, \Phi Y_0)$ 不同。

$$\begin{aligned}
&\min \sigma = U^{\mathrm{T}}Y_0 + \mu_0 \\
&\text{s. t.} \quad U^{\mathrm{T}}Y_j - V^{\mathrm{T}}X_j + \mu_0 \leqslant 0 \quad j = 1, \cdots, n \\
&\qquad V^{\mathrm{T}}X_0 = 1 \\
&\qquad U^{\mathrm{T}}\Phi^{*}Y_0 - V^{\mathrm{T}}\Omega_0 X_0 + \mu_0 = 0 \\
&\qquad U \geqslant 0, V, \mu_0 \text{ free}
\end{aligned} \tag{7-22}$$

如果式(7-22)存在最优目标函数值 $\sigma^{*}=1$，则有 t_0 为足够小的量。此时，(X_0, Y_0) 和 $(\Omega_0 X_0, \Phi^{*} Y_0)$ 都在弱有效前沿面 EF_{convex_weak} 上且 (X_0, Y_0) 和 $(\Omega_0 X_0, \Phi^{*} Y_0)$ 有共同的支撑超平面。

定理 7-5 如果式(7-20)存在最优解 $(\lambda_j^{*}, \beta^{*})$，则当 t_0 足够小，且 $t_0 > 0$ 时，式(7-20)的最优目标函数值与 t_0 无关。证明过程参照定理 7-3。

综合以上分析可得 $P_{convex}(X, Y)$ 强有效前沿面上 EF_{convex_strong} 的强有效 DMU 单元 (X_0, Y_0) 的方向阻塞效应的判定方式。

程序 7-1 $P_{convex}(X, Y)$ 强有效前沿面上 EF_{convex_strong} 的强有效 DMU 单元 (X_0, Y_0)，在方向 $(\omega_1, \cdots, \omega_m)^{\mathrm{T}}$（投入）和 $(\delta_1, \cdots, \delta_s)^{\mathrm{T}}$（产出）上的方向阻塞效应判定方式如下。

1）如果式(7-12)存在最优解 $(\lambda_j^{*}, \beta^{*})$，且最优目标函数值 $\xi^{*}(X_0, Y_0) < 0$，则强有效 DMU 单元 (X_0, Y_0)“右侧”在指定方向上存在方向阻塞效应；如果式(7-12)不存在最优解，则强有效 DMU 单元“右侧”的方向阻塞效应没有意义（现有数据不能确定）。

2）如果式(7-20)存在最优解 $(\lambda_j^{*}, \beta^{*})$，且最优目标函数值 $\psi^{*}(X_0, Y_0) < 0$，则强有效 DMU 单元 (X_0, Y_0)“左侧”在指定方向上存在方向阻塞效应；如果式(7-20)不存在最优解，则强有效 DMU 单元“左侧”的方向阻塞效应没有意义（现有数据不能确定）。

7.3.1.2 生产可能集 $P_{convex}(X, Y)$ 内部 DMU 单元的方向阻塞效应

步骤 1 采用式(7-23)将生产可能集 $P_{convex}(X, Y)$ 内部的 DMU 单元投影到强有效前沿面 EF_{convex_strong} 上，如式(7-23)所示。

$$\max \theta = \theta_0$$

$$\text{s.t.} \quad \sum_{j=1}^{n} \lambda_j x_{ij} = x_{i0} \qquad i = 1,\cdots,m$$

$$\sum_{j=1}^{n} \lambda_j y_{rj} - s_r^+ = \theta_0 y_{r0} \qquad r = 1,\cdots,s$$

$$\sum_{j=1}^{n} \lambda_j = 1, \lambda_j, s_i^-, s_r^+ \geqslant 0 \quad r = 1,\cdots,s; i = 1,\cdots,m; j = 1,\cdots,n \tag{7-23}$$

式中，s_i^-, s_r^+ 为松弛变量。投影的方式如下：

$$\begin{cases} \tilde{x}_{i0} \leftarrow x_{i0} & i = 1,\cdots,m \\ \tilde{y}_{r0} \leftarrow \theta_0^* y_{r0} + s_r^{+*} & r = 1,\cdots,s \end{cases} \tag{7-24}$$

步骤 2　确定强有效前沿面 $\mathrm{EF}_{\mathrm{convex\_strong}}$ 的投影点之后，根据 7.3.1.1 节中的步骤，判断 DMU 单元方向阻塞效应。

7.3.2　上下界方法

本节主要讨论强有效前沿面 $\mathrm{EF}_{\mathrm{strong}}$ 上的 DMU 单元(指强有效 DMU 单元)的方向阻塞效应情况。生产可能集内部 DMU 单元及弱有效 DMU 单元的方向阻塞效应情况采用类似 7.3.1.2 节方式处理。

第 5 章中给出方向规模弹性的定义，见式(5-3)。根据定义 7-5，生产可能集 $P_{\mathrm{convex}}(X,Y)$ 上 (X_0,Y_0) 点为强有效 DMU 单元，满足：

$$U^{\mathrm{T}*} Y_0 - V^{\mathrm{T}*} X_0 + \mu_0 = 0 \tag{7-25}$$

式中，$(U^*, -V^*)$ 为过 (X_0,Y_0) 点的弱有效前沿面某一平面的法向量。

在以上弱有效前沿面某个平面上取点 $(\Omega X_0, \Phi Y_0)$ ①，其中 $\Omega = \mathrm{diag}\{1+\omega_1 t, \cdots, 1+\omega_m t\}$，$\Phi = \mathrm{diag}\{1+\delta_1\beta, \cdots, 1+\delta_s\beta\}$，$t,\beta$ 为系数且 $t \neq 0$；$(\omega_1,\cdots,\omega_m)^{\mathrm{T}}$ 和 $(\delta_1,\cdots,\delta_s)^{\mathrm{T}}$ 为投入和产出的方向因子，其中 $\sum_{r=1}^{s} \delta_r = s, \delta_r \geqslant 0$；$\sum_{i=1}^{m} \omega_i = m, \omega_i \geqslant$

① 当 $t \neq 0$ 时，弱有效前沿面的平面上有时会取不到 $(\Omega X_0, \Phi Y_0)$，此时式(7-30)目标函数值无上或下确界，即根据现有数据不能判断方向阻塞效应。

0。则有

$$\begin{cases} U^{T*}Y_0 - V^{T*}X_0 + \mu_0 = 0 \\ U^{T*}\Phi Y_0 - V^{T*}\Omega X_0 + \mu_0 = 0 \end{cases} \tag{7-26}$$

则有

$$\frac{\beta}{t} = \frac{\sum_{i=1}^{m} v_i^* \omega_i x_{i0}}{\sum_{r=1}^{s} u_r^* \delta_r y_{r0}} \tag{7-27}$$

由于 WY-TS 模型的生产可能集 $P_{\text{convex}}(X,Y)$ 为凸多面体,在其角点附近(任意有效前沿面的交集)可用连续可微的光滑曲面 $F_\varepsilon = 0$ 无限逼近,因此式(5-3)可用。即

$$e(Y_0, X_0) = \lim_{t \to 0} \frac{\beta}{t} = \frac{\sum_{i=1}^{m} v_i^* \omega_i x_{i0}}{\sum_{r=1}^{s} u_r^* \delta_r y_{r0}} \tag{7-28}$$

从另一方面看,由于

$$\lim_{\varepsilon \to 0} \frac{\partial F_\varepsilon}{\partial x_i} = - v_i^*, \quad \lim_{\varepsilon \to 0} \frac{\partial F_\varepsilon}{\partial y_r} = u_r^* \tag{7-29}$$

则由式(5-3)可以得到与式(7-28)相同的结论。

但是,在实际应用中,仍然可能会遇到 (U^*, V^*) 有多重最优解的情形。因此,可以通过式(7-30)确定 DMU (X_0, Y_0) 的方向规模弹性上下界,并据此判定 DMU 单元的方向规模收益情况。

$$\begin{aligned} \bar{\rho}(\underline{\rho}) = \max(\min) & \frac{\sum_{i=1}^{m} v_i \omega_i x_{i0}}{\sum_{r=1}^{s} u_r \delta_r y_{r0}} \\ \text{s. t.} \quad & \sum_{r=1}^{s} u_r y_{rj} - \sum_{i=1}^{m} v_i x_{ij} + \mu_0 \leqslant 0 \quad j = 1, \cdots, n \\ & \sum_{r=1}^{s} u_r y_{r0} - \sum_{i=1}^{m} v_i x_{i0} + \mu_0 = 0 \\ & \sum_{i=1}^{m} v_i x_{i0} = 1 \\ & u_r \geqslant 0, r = 1, \cdots, s; v_i\ free; i = 1, \cdots, m; \mu_0 \text{ free} \end{aligned} \tag{7-30}$$

定理 7-6　假设式(7-12)和式(7-20)最优目标函数值 $\xi^*(X_0,Y_0)$ 和 $\psi^*(X_0,Y_0)$ 以及式(7-30)确定的上下界 $\bar{\rho}(X_0,Y_0)$ 和 $\underline{\rho}(X_0,Y_0)$ 均有界,则式(7-30)确定的 DMU 单元 (X_0,Y_0) 的方向规模弹性上下界 $\bar{\rho}(X_0,Y_0)$ 和 $\underline{\rho}(X_0,Y_0)$ 分别为式(7-20)的最优目标函数值 $\psi^*(X_0,Y_0)$ 和式(7-12)的最优目标函数值 $\xi^*(X_0,Y_0)$ 。

证明　考察式(7-12)的最优目标函数值 $\xi^*(X_0,Y_0)$ 与式(7-30)确定的 DMU 单元 (X_0,Y_0) 的方向规模弹性的下界 $\underline{\rho}(X_0,Y_0)$ 的相等关系。

从式(7-12)可以看出,DMU 单元 (X_0,Y_0) “右侧”的方向规模弹性为

$$\xi^*(X_0,Y_0)=\frac{\beta^*}{t_0}=\frac{\sum_{i=1}^{m} v_i^*\omega_i x_{i0}}{\sum_{r=1}^{s} u_r^*\delta_r y_{r0}} \tag{7-31}$$

式中, $U^*=(u_1^*,u_2^*,\cdots,u_s^*)^{\mathrm{T}}, V^*=(v_1^*,v_2^*,\cdots,v_m^*)^{\mathrm{T}};\mu_0^*$ 为式(7-15)的最优解。

1) 如果 $\xi^*(X_0,Y_0) < \underline{\rho}(X_0,Y_0)$,则式(7-15)的最优解 $U^*=(u_1^*,u_2^*,\cdots,u_s^*)^{\mathrm{T}}, V^*=(v_1^*,v_2^*,\cdots,v_m^*)^{\mathrm{T}},\mu_0^*$ 满足如下约束

$$\begin{cases}\sum_{r=1}^{s} u_r^* y_{rj}-\sum_{i=1}^{m} v_i^* x_{ij}+\mu_0^*\leqslant 0 \quad j=1,\cdots,n\\ \sum_{r=1}^{s} u_r^* y_{r0}-\sum_{i=1}^{m} v_i^* x_{i0}+\mu_0^*=0\\ \sum_{i=1}^{m} v_i^* x_{i0}=1\end{cases} \tag{7-32}$$

即 $\underline{\rho}(X_0,Y_0)$ 不是式(7-30)的最小值,产生矛盾。

2)如果 $\xi^*(X_0,Y_0)>\underline{\rho}(X_0,Y_0)$,根据式(7-18)和式(7-27)可知:

$$\xi^*(X_0,Y_0)=\frac{\beta^*}{t_0}>\underline{\rho}(X_0,Y_0)=\frac{\beta_{\underline{\rho}}^*}{t_0} \tag{7-33}$$

由于 $t_0>0$,则有 $\beta^*>\beta_{\underline{\rho}}^*$ 。式(7-12)和式(7-30)中的 DMU 单元 (X_0,Y_0) 分别满足

$$U^{\mathrm{T}*}Y_0-V^{\mathrm{T}*}X_0+\mu_0^*=0 \tag{7-34}$$

$$U_{\underline{\rho}}^{\mathrm{T}*}Y_0-V_{\underline{\rho}}^{\mathrm{T}*}X_0+\mu_{\underline{\rho}0}^*=0 \tag{7-35}$$

其中，$(U^*, -V^*)$ 为 (X_0, Y_0) 点所在有效面的某个平面的法向量，$(U_{\underline{\rho}}^*, -V_{\underline{\rho}}^*)$ 为 (X_0, Y_0) 点所在支撑超平面的法向量。

根据式(7-34)和式(7-31)可知：

$$U^{T*}\Phi^* Y_0 - V^{T*}\Omega_0 X_0 + \mu_0 = 0 \tag{7-36}$$

式中，$\Omega_0 = \mathrm{diag}\{1+\omega_1 t_0, \cdots, 1+\omega_m t_0\}$，$\Phi^* = \mathrm{diag}\{1+\delta_1\beta^*, \cdots, 1+\delta_s\beta^*\}$。

在由法向量 $(U_{\underline{\rho}}^*, -V_{\underline{\rho}}^*)$ 确定的过 (X_0, Y_0) 的支撑超平面上取点 $(\Omega X_0, \Phi_{\underline{\rho}}^* Y_0)$，则有

$$U_{\underline{\rho}}^{T*}\Phi_{\underline{\rho}}^* Y_0 - V_{\underline{\rho}}^{T*}\Omega_0 X_0 + \mu_{\underline{\rho}0}^* = 0 \tag{7-37}$$

式中，$\Omega_0 = \mathrm{diag}\{1+\omega_1 t_0, \cdots, 1+\omega_m t_0\}$，$\Phi_{\underline{\rho}}^* = \mathrm{diag}\{1+\delta_1\beta_{\underline{\rho}}^*, \cdots, 1+\delta_s\beta_{\underline{\rho}}^*\}$。$(X_0, Y_0)$ 为强有效 DMU 单元，因此必然至少存在一组 $U_{\underline{\rho}}^* > 0, V_{\underline{\rho}}^* > 0$ 或 $U_{\underline{\rho}}^* > 0, -V_{\underline{\rho}}^* > 0$，满足 $U_{\underline{\rho}}^{T*} Y_0 - V_{\underline{\rho}}^{T*} X_0 + \mu_{\underline{\rho}0}^* = 0$，此时必然能取到 $(\Omega X_0, \Phi_{\underline{\rho}}^* Y_0)$ 点。

由于 $\beta^* > \beta_{\underline{\rho}}^*$，根据式(7-37)，有

$$U_{\underline{\rho}}^{T*}\Phi^* Y_0 - V_{\underline{\rho}}^{T*}\Omega_0 X_0 + \mu_{\underline{\rho}0}^* > 0 \tag{7-38}$$

由于 $(\Omega_0 X_0, \Phi^* Y_0)$ 为弱有效前沿面 EF_{convex_weak} 上的 DMU 单元，因此与式(7-30)生成的支撑超平面 $U_{\underline{\rho}}^{T*} Y - V_{\underline{\rho}}^{T*} X + \mu_{\underline{\rho}0}^* = 0$ 矛盾。

类似可以证明式(7-20)的最优目标函数值 $\psi^*(X_0, Y_0)$ 与式(7-30)确定的 DMU (X_0, Y_0) 的方向规模弹性上界 $\bar{\rho}(X_0, Y_0)$ 的相等关系。证毕。

因此，采用上下界方法判定 DMU 单元的方向规模收益情况类似程序 7-1。

式(7-30)为分式线性规划，因此直接求解比较困难。下面我们通过 Charnes-Cooper 变换(Charnes and Cooper，1962)，将式(7-30)转化为等价的线性规划模型。

我们将式(7-30)写成向量形式：

$$\begin{aligned}
&\bar{\rho}(\underline{\rho}) = \max(\min)\frac{V^T W X_0}{U^T \Delta Y_0} \\
&\text{s. t.}\quad U^T Y_j - V^T X_j + \mu_0 \leqslant 0 \quad j = 1, \cdots, n \\
&\qquad U^T Y_0 - V^T X_0 + \mu_0 = 0 \\
&\qquad V^T X_0 = 1 \\
&\qquad U \geqslant 0, V, \mu_0 \text{ free}
\end{aligned} \tag{7-39}$$

式中，$U = (u_1, u_2, \cdots, u_s)^T$，$V = (v_1, v_2, \cdots, v_m)^T$ 为乘数向量；$\Delta = \mathrm{diag}\{\delta_1, \delta_2, \cdots,$

$\delta_s\}$ ，$W = \mathrm{diag}\{\omega_1, \omega_2, \cdots, \omega_m\}$ 为方向矩阵。

令

$$\begin{cases} t = \dfrac{1}{U^{\mathrm{T}}} \Delta Y_0 \\ t V^{\mathrm{T}} W = \Gamma^{\mathrm{T}} \\ t U^{\mathrm{T}} \boldsymbol{\Delta} = \Lambda^{\mathrm{T}} \end{cases} \tag{7-40}$$

根据式(7-40)，则有

$$\begin{cases} t = \dfrac{1}{U^{\mathrm{T}}} \Delta Y_0 \\ V^{\mathrm{T}} = \dfrac{1}{t} \Gamma^{\mathrm{T}} W^{-1} \\ U^{\mathrm{T}} = \dfrac{1}{t} \Lambda^{\mathrm{T}} \boldsymbol{\Delta}^{-1} \end{cases} \tag{7-41}$$

则式(7-39)可以转化为

$$\begin{aligned} \bar{\rho}(\underline{\rho}) = \max(\min) \, & \Gamma^{\mathrm{T}} X_0 \\ \text{s. t.} \quad & \Lambda^{\mathrm{T}} \boldsymbol{\Delta}^{-1} Y_j - \Gamma^{\mathrm{T}} W^{-1} X_j + t\mu_0 \leqslant 0 \quad j = 1, \cdots, n \\ & \Lambda^{\mathrm{T}} \boldsymbol{\Delta}^{-1} Y_0 - \Gamma^{\mathrm{T}} W^{-1} X_0 + t\mu_0 = 0 \\ & \Gamma^{\mathrm{T}} W^{-1} X_0 = t \\ & \Lambda^{\mathrm{T}} Y_0 = 1 \\ & \Lambda \geqslant 0; t \geqslant 0; \Gamma, \mu_0 \text{ free} \end{aligned} \tag{7-42}$$

令 $t\mu_0 = \mu_0'$，则式(7-42)可以转化为如下线性规划模型：

$$\begin{aligned} \bar{\rho}(\underline{\rho}) = \max(\min) \, & \Gamma^{\mathrm{T}} X_0 \\ \text{s. t.} \quad & \Lambda^{\mathrm{T}} \boldsymbol{\Delta}^{-1} Y_j - \Gamma^{\mathrm{T}} W^{-1} X_j + \mu_0' \leqslant 0 \quad j = 1, \cdots, n \\ & \Lambda^{\mathrm{T}} \boldsymbol{\Delta}^{-1} Y_0 - \Gamma^{\mathrm{T}} W^{-1} X_0 + \mu_0' = 0 \\ & \Gamma^{\mathrm{T}} W^{-1} X_0 = t \\ & \Lambda^{\mathrm{T}} Y_0 = 1 \\ & \Lambda \geqslant 0, t \geqslant 0, \Gamma, \mu_0' \text{ free} \end{aligned} \tag{7-43}$$

求解式(7-43)，即可得到式(7-30)或式(7-39)的最优目标函数值。

7.4 方向阻塞与强阻塞和弱阻塞

根据强阻塞效应和弱阻塞效应的定义(定义7-2和定义7-3),容易看出方向阻塞与强阻塞和弱阻塞之间的关系:

定理7-7 如果DMU单元 $(X_0,Y_0) \in P_{\text{convex}}(X,Y)$ 且为强有效并在"左侧"径向方向($\omega_i=1,i=1,\cdots,m$; $\delta_r=1,r=1,\cdots,s$)上存在方向阻塞效应,当且仅当DMU单元存在强阻塞效应。

证明

(a)充分性。当DMU单元在径向方向($\omega_i=1,i=1,\cdots,m$; $\delta_r=1,r=1,\cdots,s$)"左侧"存在方向阻塞效应时,存在 $t_0>0$,满足 $\psi^*<0$ 且 $\theta^*=1$,其中 $(\lambda_j^*,\theta^*,\beta^*,\psi^*)$ 为式(7-44)最优解。

$$
\begin{aligned}
&\min \psi=\beta/t_0 \\
&\text{s. t.} \quad \sum_{j=1}^{n}\lambda_j x_{ij}=(1-t_0)x_{i0} \quad i=1,\cdots,m \\
&\qquad\ \ \sum_{j=1}^{n}\lambda_j y_{rj}\geqslant(1-\beta)y_{r0} \quad r=1,\cdots,s \\
&\qquad\ \ \sum_{j=1}^{n}\lambda_j=1,\lambda_j\geqslant 0 \quad j=1,\cdots,n
\end{aligned}
\tag{7-44}
$$

令 $\alpha=1-t_0,\gamma=1-\beta^*$,由于 $\psi^*<0$,故有 $0<\alpha<1,\gamma>1$,即存在 $(\alpha X_0,\gamma Y_0)\in P_{\text{convex}}(X,Y)$,满足 $\widetilde{X}_0=\alpha X_0(0<\alpha<1)$ 和 $\widetilde{Y}_0\geqslant\gamma Y_0(\gamma>1)$。

(b)必要性。如果存在 $(\widetilde{X}_0,\widetilde{Y}_0)\in P_{\text{convex}}(X,Y)$ 且满足 $\widetilde{X}_0=\alpha X_0(0<\alpha<1)$ 和 $\widetilde{Y}_0\geqslant\gamma Y_0(\gamma>1)$,则令 $\alpha=(1-t_0),\gamma=1-\beta$,则有式(7-44)存在负的可行解,即式(7-44)最优解小于0,即在"左侧"径向方向上存在方向阻塞效应。证毕。

定理7-8 如果DMU单元 $(X_0,Y_0)\in P_{\text{convex}}(X,Y)$ 且为强有效并在"左侧"某一方向 $\left[(\omega_1,\cdots,\omega_m)^{\text{T}}\text{和}(\delta_1,\cdots,\delta_s)^{\text{T}}\text{为投入和产出的方向因子},\sum_{r=1}^{s}\delta_r=s,\delta_r\geqslant 0;\sum_{i=1}^{m}\omega_i=m,\omega_i\geqslant 0\right]$ 上存在方向阻塞效应,当且仅当DMU单元存在弱阻塞效应。

证明

(a)充分性。如果 DMU 单元 $(X_0,Y_0) \in P_{\text{convex}}(X,Y)$ 且为强有效并在“左侧”某一方向 $\left[(\omega_1^*,\cdots,\omega_m^*)^{\mathrm{T}}\right.$ 和 $(\delta_1^*,\cdots,\delta_s^*)^{\mathrm{T}}$ 为投入和产出的方向因子，$\delta_r^* \geqslant 0(r=1,\cdots,s)$ 为常数且 $\sum_{r=1}^{s}\delta_r^* = s$，$\omega_i^* \geqslant 0(i=1,\cdots,m)$ 为常数且 $\left.\sum_{i=1}^{m}\omega_i^* = m\right]$ 上存在方向阻塞效应，则有式(7-45)在某一方向上最优解 $\psi^* < 0,\beta^* < 0$，且 $[(1-\omega_i^* t_0)x_{i0},(1-\delta_r^*\beta)y_{r0}] \in P_{\text{convex}}(X,Y)$，其中 $t_0 > 0$。

$$
\begin{aligned}
&\min \psi = \beta/t_0 \\
&\text{s. t.} \quad \sum_{j=1}^{n}\lambda_j x_{ij} = (1-\omega_i^* t_0)x_{i0} \quad i=1,\cdots,m \\
&\qquad \sum_{j=1}^{n}\lambda_j y_{rj} \geqslant (1-\delta_r^*\beta)y_{r0} \quad r=1,\cdots,s \\
&\qquad \sum_{j=1}^{n}\lambda_j = 1,\lambda_j \geqslant 0 \qquad j=1,\cdots,n
\end{aligned}
\tag{7-45}
$$

即存在 $[(1-\omega_i^* t_0)x_{i0},(1-\delta_r^*\beta)y_{r0}] \in P_{\text{convex}}(X,Y)$，比 $(X_0,Y_0) \in P_{\text{convex}}(X,Y)$ 使用某个(或某些)更少的投入可以生成某个(或某些)更多的产出，即存在弱阻塞效应。

(b)必要性。如果 DMU 单元存在弱阻塞效应，则存在一个 DMU 单元 $(\widetilde{X},\widetilde{Y}) \in P_{\text{convex}}(X,Y)$ 比 $(X_0,Y_0) \in P_{\text{convex}}(X,Y)$ 使用某个(或某些)更少的投入可以生成某个(或某些)更多的产出[其中 $\widetilde{X} = (\tilde{x}_i, i=1,\cdots,m)$；$\widetilde{Y} = (\tilde{y}_r, r=1,\cdots,s)$]，即 $\widetilde{X} \leqslant X_0,\widetilde{X} \neq X_0$，$\widetilde{Y} \leqslant Y_0,\widetilde{Y} \neq Y_0$。令 θ^* 为式(7-46)最优解：

$$
\begin{aligned}
&\max \theta \\
&\text{s. t.} \quad \sum_{j=1}^{n}\lambda_j X_j = \widetilde{X}_0, \\
&\qquad \sum_{j=1}^{n}\lambda_j Y_j \geqslant \theta\widetilde{Y}_0 \\
&\qquad \sum_{j=1}^{n}\lambda_j = 1,\lambda_j \geqslant 0 \quad j=1,\cdots,n
\end{aligned}
\tag{7-46}
$$

则有 $\theta^* \geqslant 1$，即 DMU 单元 $(\widetilde{X},\theta\widetilde{Y}) \in P_{\text{convex}}(X,Y)$ 且为强有效，并且比 $(X_0, Y_0) \in P_{\text{convex}}(X,Y)$ 使用某个(或某些)更少的投入可以生成某个(或某些)更多的产出。令 $\widetilde{x}_i = (1-\omega_i^* t_0)x_{i0}$，$\theta\widetilde{y}_r = (1-\delta_r^*\beta^*)y_{r0}$，则有 $\beta^* < 0, \psi^* = \beta^*/t_0^* < 0$，且

$$t_0 = \frac{1}{m}\sum_{i=1}^{m}\left(1-\frac{\widetilde{x}_i}{x_{i0}}\right),\ \beta^* = \frac{1}{r}\sum_{r=1}^{s}\left(1-\frac{\theta\widetilde{y}_r}{y_{r0}}\right) \tag{7-47}$$

因此，存在一个 DMU 单元 $(\widetilde{X},\theta\widetilde{Y}) \in P_{\text{convex}}(X,Y)$ 且为强有效，比 (X_0,Y_0) 沿方向 $\omega_i^* = \dfrac{1-\dfrac{\widetilde{x}_i}{x_{i0}}}{t_0}$ 使用更少的投入可以生成沿方向 $\delta_i^* = \dfrac{1-\dfrac{\theta\widetilde{y}_r}{y_{r0}}}{\beta^*}$ 更多的产出，即称 DMU 单元(X_0,Y_0)“左侧”在以上投入和产出方向上存在方向阻塞效应。证毕。

定理 7-9 如果 DMU 单元 $(X_0,Y_0) \in P_{\text{convex}}(X,Y)$ 且为强有效不存在弱阻塞，则 DMU 单元在“左侧”任何方向 $\left[(\omega_1,\cdots,\omega_m)^{\mathrm{T}}\right.$ 和 $(\delta_1,\cdots,\delta_s)^{\mathrm{T}}$ 为投入和产出的方向因子，$\left.\sum_{r=1}^{s}\delta_r = s, \delta_r \geqslant 0; \sum_{i=1}^{m}\omega_i = m, \omega_i \geqslant 0\right]$ 均不存在方向阻塞效应。

证明 反证法。如果 DMU 单元在“左侧”某一方向存在方向阻塞效应，则至少存在一个 DMU 单元 $(\widetilde{X},\widetilde{Y}) \in P_{\text{convex}}(X,Y)$ 且为强有效，并在此方向上比 (X_0,Y_0) 沿某一方向 Ω 使用更少的投入可以生成沿某一方向 Φ 更多的产出，方向因子 $\sum_{r=1}^{s}\delta_r = s, \delta_r \geqslant 0; \sum_{i=1}^{m}\omega_i = m, \omega_i \geqslant 0$，因此存在一个 DMU 单元 $(\widetilde{X},\widetilde{Y}) \in P_{\text{convex}}(X,Y)$ 比 $(X_0,Y_0) \in P_{\text{convex}}(X,Y)$ 使用某个(或某些)更少的投入可以生成某个(或某些)更多的产出，即为弱阻塞。证毕。

7.5 案例研究

本小节仍采用第 5 章中的案例。为方便起见，我们重新给出 2009 年基础领域 16 个研究所投入和产出指标的具体情况，见表 7-1。

表 7-1 基础领域 16 个研究所投入产出指标情况(2009 年)

研究所	产出				投入		纯技术效率值[式(7-23)]	BCC-DEA 效率值[式(7-1)]	阻塞效应 $\varphi=\eta^*/\theta^*$(WY-TS 模型)
	承担重大任务/分	高质量论文/篇	知识产权/分	奖励/分	科研经费/万元	研究人员/人			
DMU_1	23	135	32.2	23	2 574	304	1	1	1
DMU_2	25	329	81.4	15.25	17 276	446	0.965 5	0.909 1	0.941 6
DMU_3	2	135	0	5	863	72	1	1	1
DMU_4	10	196	12.2	34	7 569	832	1	1	1
DMU_5	22	48	37.4	0	8 328	299	0.880 5	0.880 5	1
DMU_6	29	447	109.2	12	17 861	439	1	1	1
DMU_7	28	115	14.3	38	10 078	544	1	1	1
DMU_8	12	52	17.2	1	1 485	446	1	1	1
DMU_9	23	68	0.4	5.01	5 296	144	1	1	1
DMU_{10}	11	172	39.6	19	4 316	225	1	1	1
DMU_{11}	10	51	2.7	4	9 158	196	1	0.441 5	0.441 5
DMU_{12}	39	154	131.3	16.5	47 207	887	1	1	1
DMU_{13}	15	66	9.1	11.5	3 695	179	0.966 5	0.966 5	1
DMU_{14}	6	36	6.35	19.5	2 490	342	1	0.881 8	0.881 7
DMU_{15}	1	97	27.2	0	4 091	170	0.933 1	0.933 1	1
DMU_{16}	1	1	21.4	0	948	144	1	1	1

数据来源:中国科学院研究所定量监测数据(2009 年);《中国科学院统计年鉴》(2009 年)

根据 WY-TS 模型可以看出,2009 年基础领域 16 个研究所 DMU_2、DMU_{11}和 DMU_{14}存在阻塞效应。下面分析这 3 个 DMU 单元的方向阻塞效应情况。

步骤 1 本节采用径向测度基于产出的 BCC-DEA 模型[式(7-23)]确定强有效前沿面 EF_{convex_strong}和弱有效前沿面 EF_{convex_weak}。2009 年中国科学院基础领域 16 个研究所相对效率情况见表 7-1。其中,DMU_1、DMU_3、DMU_4、DMU_6、DMU_7、DMU_8、DMU_9、DMU_{10}、DMU_{11}、DMU_{12}、DMU_{14}和 DMU_{16}为有效 DMU 单元。16 个研究所在强有效前沿面 EF_{convex_strong}上的投影情况见表 7-2。投影的方式如下:

$$\begin{cases} \tilde{x}_{i0} \leftarrow x_{i0} & i = 1, \cdots, m \\ \tilde{y}_{r0} \leftarrow \theta_0^* y_{r0} + s_r^{+*} & r = 1, \cdots, s \end{cases} \tag{7-48}$$

表 7-2　基础领域 16 个研究所在前沿面的投影

研究所	投影点(产出)				纯技术效率值	投影点(投入)	
	承担重大任务/分	高质量论文/篇	知识产权/分	奖励/分		科研经费/万元	研究人员/人
DMU_1	23	135	32.200 0	23	1	2 574	304
DMU_2	26.307 8	340.759 2	90.228 0	15.795 1	0.965 5	17 276	446
DMU_3	2	135	0	5	1	863	72
DMU_4	10	196	12.200 0	34	1	7 569	832
DMU_5	24.986 4	200.912 3	42.476 9	14.259 5	0.880 5	8 328	299
DMU_6	29	447	109.200 0	12	1	17 861	439
DMU_7	28	115	14.300 0	38	1	10 078	544
DMU_8	12	52	17.200 0	1	1	1 485	446
DMU_9	23	68	0.400 0	5.010 0	1	5 296	144
DMU_{10}	11	172	39.600 0	19	1	4 316	225
DMU_{11}	10	51	2.700 0	4	1	9 158	196
DMU_{12}	39	154	131.300 0	16.500 0	1	47 207	887
DMU_{13}	15.519 6	121.313 0	16.525 2	11.898 4	0.966 5	3 695	179
DMU_{14}	6	36	6.350 0	19.500 0	1	2 490	342
DMU_{15}	6.669 6	139.564 3	29.150 2	4.298 2	0.933 1	4 091	170
DMU_{16}	1	1	21.400 0	0	1	948	144

步骤 2　根据式(7-12)和式(7-20),得到各 DMU 单元的"右侧"和"左侧"的方向阻塞效应情况。本节以 DMU_1 和 DMU_2 为例进行深入分析。其中,DMU_1 为强有效前沿面 EF_{convex_strong} 上的单元,而 DMU_2 为生产可能集 $P_{convex}(X,Y)$ 内部的单元。对 DMU_1 和 DMU_2 来说,不失一般性,我们设定产出的方向 $\delta_1 = \delta_2 = \delta_3 = \delta_4 = 1$,则在不同的投入方向上,DMU_1 和 DMU_2 的方向规模收益情况如表 7-3 所示[本节令 $t_0 = 1 \times 10^{-6}$,表 7-3 展示的各个方向上分别经式(7-14)、式(7-15)和式(7-21)、式(7-22)的检验通过]。

表 7-3　DMU_1和DMU_2在若干投入方向上的方向阻塞效应情况

研究所	ω_1	ω_2	ξ^*（右侧）	ψ^*（左侧）	方向阻塞效应（右侧）	方向阻塞效应（左侧）
DMU_1	0.3	1.7	1.57	0.3	不存在阻塞	不存在阻塞
	0.5	1.5	1.41	0.5	不存在阻塞	不存在阻塞
	0.7	1.3	1.24	0.7	不存在阻塞	不存在阻塞
	0.9	1.1	1.08	0.9	不存在阻塞	不存在阻塞
	1	1	1	1	不存在阻塞	不存在阻塞
	1.1	0.9	0.92	1.1	不存在阻塞	不存在阻塞
	1.3	0.7	0.76	1.3	不存在阻塞	不存在阻塞
	1.5	0.5	0.59	1.5	不存在阻塞	不存在阻塞
	1.7	0.3	0.43	1.7	不存在阻塞	不存在阻塞
DMU_2	0.3	1.7	1.35	1.35	不存在阻塞	不存在阻塞
	0.5	1.5	1.11	1.11	不存在阻塞	不存在阻塞
	0.7	1.3	0.87	0.87	不存在阻塞	不存在阻塞
	0.9	1.1	0.63	0.63	不存在阻塞	不存在阻塞
	1	1	0.51	0.51	不存在阻塞	不存在阻塞
	1.1	0.9	0.39	0.39	不存在阻塞	不存在阻塞
	1.3	0.7	0.07	0.14	不存在阻塞	不存在阻塞
	1.5	0.5	−0.40	−0.10	存在阻塞	存在阻塞
	1.7	0.3	−0.87	−0.34	存在阻塞	存在阻塞

根据以上案例的分析发现，在 WY-TS 模型中存在阻塞效应的 DMU_2单元在某些特定的方向上（如 $\omega_1=0.3, \omega_2=1.7; \delta_1=\delta_2=\delta_3=\delta_4=1$）不存在方向阻塞效应，而在某些特定的方向上（如 $\omega_1=1.7, \omega_2=0.3; \delta_1=\delta_2=\delta_3=\delta_4=1$）存在方向阻塞效应。

此外，我们还通过 Tone 和 Sahoo（2004）给出的判定 DMU 单元强阻塞和弱阻塞的方法，得到 DMU_2在 EF_{convex}上的投影为弱阻塞，具体如下：第一步，求解基于产出的 BCC-DEA 模型［式（7-1）］，$\theta^*(DMU_2)=1.0215>1$；第二步，求解式（7-8），有

$$\bar{\rho}=1+\bar{\omega}=1-0.2443=0.7557 \tag{7-49}$$

可见 DMU_2在 EF_{convex}上的投影为弱阻塞。根据 Tone 和 Sahoo（2004）给出的弱阻塞模型，可以得到阻塞的方向为 $\omega_1=2, \omega_2=0; \delta_1=1.2836, \delta_2=2.1584, \delta_3=$

0.5579, $\delta_4 = 0$, 即 DMU_2 至少在此方向上存在方向阻塞效应。事实上，从表 7-3 中可以看出，DMU_2 在 $\omega_1 = 1.7, \omega_2 = 0.3$; $\delta_1 = \delta_2 = \delta_3 = \delta_4 = 1$ 等其他方向上也存在方向阻塞效应。也就是说，传统意义上存在阻塞效应的 DMU 单元，在某些投入和产出方向上一定存在方向阻塞效应。这一现象与定理 7-8 描述的内容完全相符。

7.6 本章小结

本章在前人研究的基础上提出方向阻塞效应的概念，即在指定的投入产出方向上观察 DMU 单元是否存在阻塞效应。本章给出了 DEA 框架下，方向阻塞效应的判定方法，并比较了方向阻塞与强阻塞和弱阻塞之间的关系。最后，本章仍然采用 2009 年中国科学院基础领域 16 个研究所为案例，进行了深入分析，发现传统意义下存在阻塞效应的 DMU 单元，在某些特定的方向上存在方向阻塞效应，而在某些特定的方向上不存在方向阻塞效应。以上研究可为研究所下一步资源配置提供依据。

第8章　中国科学院生物领域研究所方向规模收益分析

本章旨在应用以上理论研究成果分析2010年中国科学院生物领域15个研究所的相对效率和方向规模收益变化情况。首先,本章提出分析所用的投入产出指标:人员、经费、SCI论文、高质量论文和研究生培养;其次,本章通过传统的CCR-DEA模型和BCC-DEA模型进行中国科学院生物领域研究所相对效率评价;最后,本章采用第5~7章提出的方向规模收益判定方法、最优投入方向判定方法以及方向阻塞效应的判断方法深入分析中国科学院生物领域研究所的方向规模收益、最优投入方向以及方向阻塞效应。

8.1　研究背景

中国科学院是我国科学技术方面的最高学术机构,研究领域涉及基础研究、高技术研究、生物科学和资源环境科学等多个方面。截至2009年,中国科学院共有97个研究单位,分布在全国各地。知识创新工程以来,中国科学院瞄准世界科技前沿和与我国中长期发展目标紧密相关的具有战略意义的学科领域和研究方向,在重要基础研究领域、重大公益性科技创新领域,以及战略高技术研究领域积极布局,不断凝练和提升科技创新目标,积极培育新学科生长点,夯实学科发展基础,培养和凝聚创新人才,优化队伍结构,加强科技平台建设,创新体制机制,整体实力显著增强,科技创新能力大幅提升。

在知识创新工程期间,中国科学院整体投入和产出都有大幅的增加。选取若干指标为例:中国科学院总收入从1998年的493 598万元增长到2007年的1 703 971万元,R&D人员全时工作当量(FTE)从1998年的30 611增长到2007

年的44 307(图8-1)。产出方面以SCI论文为例,中国科学院发表SCI论文数量从1998年的5474篇增长到2010年的23 674篇,增长了3.3倍①。

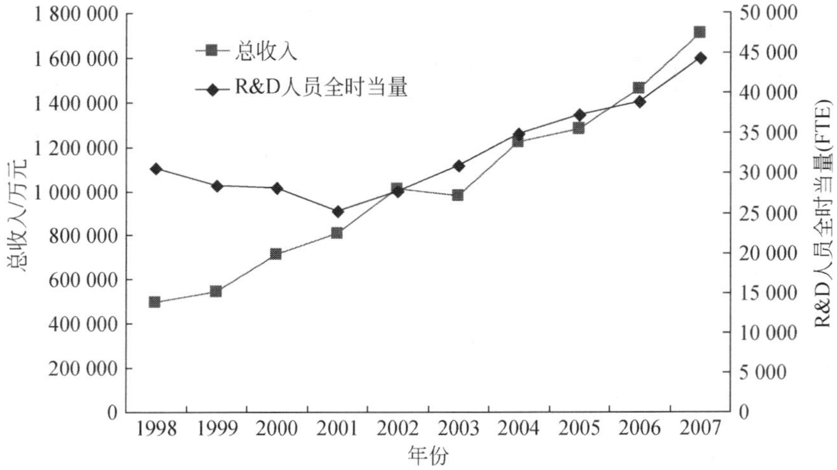

图8-1 中国科学院1998~2007年总收入和R&D人员变化情况

数据来源:《中国科学院统计年鉴》(1999~2008年)

中国科学院外争经费的能力也不断增强。以1998~2009年中国科学院承担国家自然科学基金项目、"973"项目和"863"项目为例,经费体量从不到6亿元增长到约30亿元(图8-2)①。

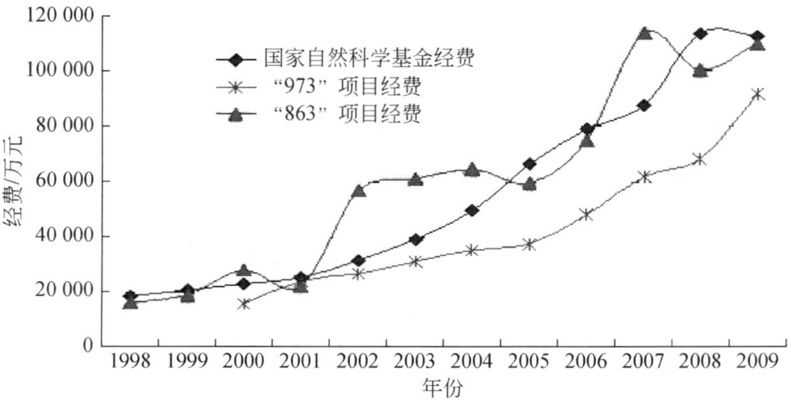

图8-2 中国科学院承担国家自然科学基金项目、"973"项目和"863"项目经费变化

数据来源:中国科学院年度决算表1998~2009年,不包含中国科技大学数据

① 中国特色国家创新体系建设的成功实践——知识创新工程(1998~2010年)评估报告。

在知识创新工程期间,中国科学院生物领域研究所的若干投入和产出指标也有明显增长。以科研经费和高质量论文①为例,2004~2009 年定量监测结果显示,中国科学院全院与生物领域研究所科研经费和高质量论文在以上 6 年期间,均有成倍地增加(图 8-3 和图 8-4)②。在这种情况下,如何看待生物领域研究所的发展是一个需要深入思考的问题。

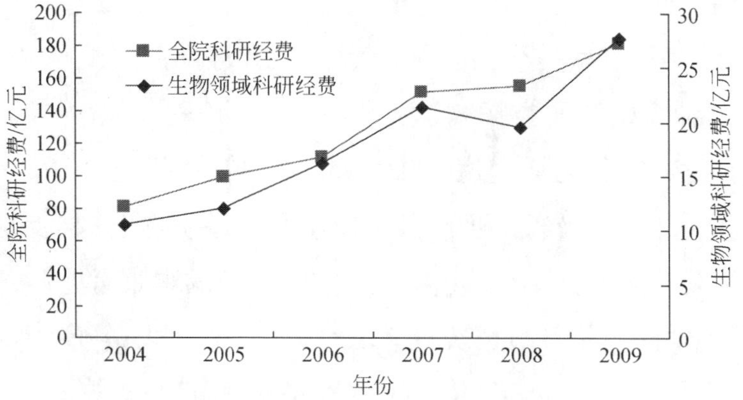

图 8-3　全院和生物领域研究所科研经费③

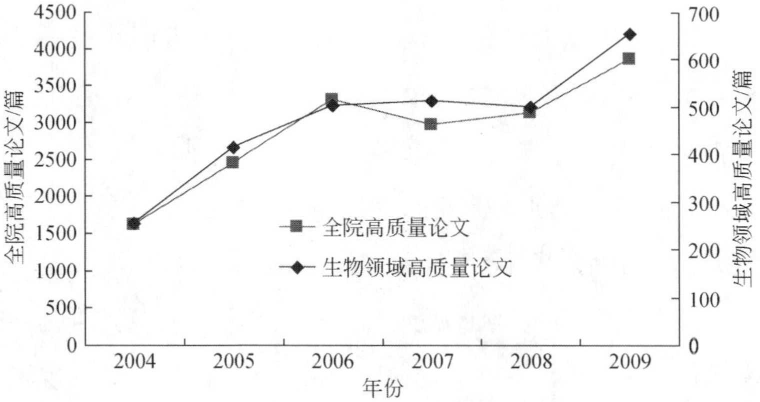

图 8-4　全院和生物领域研究所高质量论文

中国科学院研究所评价始于 1993 年。十几年来,中国科学院根据研究所不

① 在 SCI、SSCI 收录的高影响因子刊物上发表的学术论文。其中,高影响因子刊物指 JCR 学科分类中近三年平均影响因子排在前 15% 的刊物(包括 SCI、SSCI)。

② 中国科学院研究所定量监测报告(2005~2009 年),2010 年。

③ 以财务决算表中合同预收款表征。

同发展阶段特点不断调整评价方法，经历了“蓝皮书评价”和“知识创新工程试点”评价、创新能力指数评价、综合质量评估、重大产出导向评价等不同阶段。其中，创新能力的定量监测环节，对研究所各类投入产出进行了全面的监测。虽然创新能力监测体系考虑到了研究所的效率，但是指标设计还是主要侧重于总量，如科研经费、高质量论文等指标中并不考虑研究所的体量，从而导致体量大的研究所处于相对有利的位置。

科技资源的使用效率是目前我国宏观科技管理部门关心的重要问题之一。2007～2011年，国家财政科技拨款达到13 408亿元，是“十五”期间国家财政科技拨款总额的2.7倍，年均增速达到23%。与此同时，截至2010年，我国研发人员接近260万人，居世界首位。但科技经费仍是稀缺资源，怎样保证科技经费用在刀刃上，成为公众关心的话题，也是科技主管部门的艰难考题①。

对于中国科学院生物领域研究所来说，其发展过程中科技资源的使用效率如何？组织规模是不是达到了最优？这些都是国家和中国科学院科技管理部门在制定相关科技政策的过程中需要了解的基础信息。本书旨在通过定量的方式估计中国科学院生物领域研究所的相对效率和方向规模收益情况。从方法论本身来说，相关分析可以从纵向和横向两个维度出发，既可以纵向跟踪分析一个研究所若干年的效率与规模变化情况，也可以横向分析多个研究所的效率与规模。本章重在验证前面提出的方法，因此选取了多个研究所2010年的投入产出数据进行横向分析，作为展示本领域研究所效率和规模收益等信息的基础。事实上，这种定量计算的方式必然忽略若干不能用定量指标表达的信息，但是逻辑严谨的定量方法还是可以提供生物领域研究所的相对效率和方向规模收益的大体判断。

本章剩余部分组织如下：8.2节提出分析相对效率和方向规模收益的投入产出指标；8.3节通过传统的CCR-DEA模型和BCC-DEA模型进行中国科学院生物领域研究所相对效率评价；8.4节采用第5～7章提出的方向规模收益判定方法、最优投入方向判定方法以及方向阻塞效应的判断方法深入分析中国科学院生物领域研究所的方向规模收益、最优投入方向以及方向阻塞效应；最后8.5节为本章的总结。

---

① 科技日报，2011年12月1日。

8.2　指标与数据

8.2.1　投入产出指标

目前,如何帮助管理者设计测量科研组织绩效的指标体系已经成为公共管理领域国内外学者的热点议题。从近年国际发展趋势来看,科研机构的绩效指标体系已从单纯基于产出(结果)的评估指标逐步转向建立基于目标-过程-结果三位一体的绩效指标体系(Cozzens,2002)。在评估指标的理论研究方面,Geisler(2000)从测量理论的角度定义科学技术指标,并分析不同类型科技评估指标(如文献计量指标、专利指标、同行评议等)的测量特征。Keeney 和 Gregory(2005)研究如何有效选择或构建测量目标完成情况的属性(即评估指标)。Roper 等(2004)则根据知识溢出的私有收益和社会收益两个维度,研究事先评估公共资助 R&D 活动的指标体系。英国学者 Mingers 等从 3E 理论出发开展构建评价指标体系的研究(Meng et al.,2008;Mingers et al.,2009)。张大群等(2011)基于战略地图提出做了科研机构绩效指标体系构建的尝试。

从国立科研机构评价实践上看,国立科研机构相比于更加偏向自由探索科学研究的大学来说,往往更加关注需要长期积累的科学问题研究,更加针对国家经济与社会发展以及国家安全的需求,因此如何通过评价不断提升国立科研机构的效率,使其在国家经济发展、社会进步和国防建设中发挥更大作用,是各国国立科研机构管理的重要课题(李晓轩,2005)。在中国科学院研究所评估实践中,采用若干基本指标元素监测研究所的年度投入产出情况,见表 8-1。

表 8-1　24 个基础监测指标

序号	指标	序号	指标
1	出版物:论文、论著	6	新医药、新农药、新兽药、新肥料、新品种
2	学术会议报告	7	标准制定
3	奖励	8	咨询报告
4	专利	9	技术转让
5	软件著作权	10	参股、控股企业经济效益

续表

序号	指标	序号	指标
11	技术转让的社会、经济效益	18	将帅人才
12	研究生培养	19	基础设施与能力
13	博士后、访问学者培养	20	经费
14	科普及培训	21	科技目标完成情况
15	大科学工程的建设与运行	22	政策执行情况
16	重大创新贡献	23	创新文化建设
17	项目	24	教育状况

数据来源：中国科学院创新能力指数评价体系报告(2005 年)

从以上分析可见，现有研究和实践提出了科研机构绩效测度的各类指标，其中包含若干定量指标。由于本章的研究工作重点是对本书所提方法的应用尝试，因此从简洁的角度出发，选取部分投入产出指标(Liu et al.,2011)，具体包括①投入指标：在职职工数(Staff)①和科研经费数(Res. Expen.)②；②产出指标：SCI 论文数(SCI Pub.)、高质量论文数(High Pub.)和研究生培养数(Grad. Enroll.)。基于以上指标，本章针对中国科学院生物领域 15 个研究所，分析其在 2010 年的相对效率和方向规模收益情况。

这些指标的选取，特别是产出指标并不能完全代表生物领域研究所的所有贡献。15 个研究所虽然都是处于生物领域，但是由于具体研究方向及学科特色，这些研究所并不具有完全的一致性。事实上，3 个产出指标仅仅涵盖了生物领域研究所基础研究和学生培养的一部分工作，因此准确地说，其衡量的是基础研究和学生培养方面的效率，而不是研究所整体的效率情况。另外，由于科研活动的特殊性，当期投入和产出之间存在时滞，当期产出并不完全是当期投入的结果。因此，本章的研究是对本书所提方法的一次尝试，后续还需要进一步深入研究。

8.2.2 数据

2010 年中国科学院生物领域 15 个研究所投入产出数据见表 8-2。

① 《中国科学院统计年鉴》中的在职职工总计(regular staff total)。

② 《中国科学院统计年鉴》中的事业单位总收入(total income)。

表 8-2　2010 年生物领域 15 个研究所投入产出数据

研究所	投入		产出		
	Staff /人	Res. Expen. /万元	SCI Pub. /篇	High Pub. /篇	Grad. Enroll. /人
DMU_1	640	25 370	325	105	604
DMU_2	367	25 115	368	109	477
DMU_3	172	9 174	207	66	241
DMU_4	435	18 963	256	62	388
DMU_5	472	39 586	259	96	500
DMU_6	543	49 732	216	93	553
DMU_7	236	8 945	112	39	190
DMU_8	1 910	93 044	785	323	1 488
DMU_9	608	5 372	385	125	417
DMU_{10}	198	11 128	118	36	235
DMU_{11}	289	18 204	216	63	481
DMU_{12}	335	10 185	125	37	267
DMU_{13}	356	11 397	189	66	232
DMU_{14}	413	21 494	313	64	302
DMU_{15}	180	5 691	83	17	126

数据来源:中国科学院研究所定量监测数据(2011 年);《中国科学院统计年鉴》(2011 年)

8.3　相对效率分析

本节采用基于投入的 CCR-DEA 模型和 BCC-DEA 模型,分析 2010 年中国科学院生物领域 15 个研究所的相对效率情况,见表 8-3。

表 8-3　2010 年生物领域 15 个研究所的相对效率

研究所	基于投入的 CCR-DEA 模型		基于投入的 BCC-DEA 模型		规模效率
	效率值	排序	效率值	排序	
DMU_1	0.9026	4	1	1	0.9026
DMU_2	0.8963	5	1	1	0.8963
DMU_3	1	1	1	1	1
DMU_4	0.7767	10	0.8338	11	0.9315
DMU_5	0.6875	11	0.7839	14	0.8770

续表

研究所	基于投入的 CCR-DEA 模型		基于投入的 BCC-DEA 模型		规模效率
	效率值	排序	效率值	排序	
DMU_6	0.6418	13	0.7834	15	0.8192
DMU_7	0.8063	7	0.8529	10	0.9454
DMU_8	0.6074	14	1	1	0.6074
DMU_9	0.5358	15	0.7934	13	0.6753
DMU_{10}	0.8	9	0.8687	9	0.9209
DMU_{11}	1	1	1	1	1
DMU_{12}	0.9924	3	0.9968	7	0.9956
DMU_{13}	0.8049	8	0.8049	12	1
DMU_{14}	0.6454	12	0.9151	8	0.7053
DMU_{15}	0.8404	6	1	1	0.8404

根据表 8-3 中的评价结果可以看出：

1）采用基于投入的 CCR-DEA 模型时（规模收益不变假定），DMU_3和 DMU_{11}为有效 DMU 单元（综合效率为 1），占所有 DMU 单元的 13.33%，而其余 DMU 单元 DEA 无效；采用基于投入的 BCC-DEA 模型时（规模收益可变假定），DMU_1、DMU_2、DMU_3、DMU_8、DMU_{11}、DMU_{15}为有效 DMU 单元（纯技术效率为 1），占所有 DMU 单元的 40%，其余无效。整体来看，以上分析说明 2010 年生物领域 15 个研究所整体综合效率和纯技术效率都还有待进一步提升。

以 DMU_4为例进行深入分析，在规模收益不变假定下，我们可以发现 DMU_4在在职职工指标和高质量论文指标上表现相对较差（体现为模型中的松弛变量），从而造成了其综合效率较低；在规模收益可变假定下，仍然是在研究人员指标和高质量论文指标上表现相对较差，造成其纯技术效率较低。因此，对 DMU_4来说，提高效率需要重点关注研究人员指标和高质量论文指标。其他 DMU 单元可以类似分析。

这里要特别注意的是，指标的选取对结果有决定性的影响，本书的产出指标并不能完全代表生物领域研究所的所有贡献，如产业化相关工作。事实上，3 个产出指标仅仅涵盖了生物领域研究所基础研究和学生培养的一部分工作。因此准确地说，3 个产出指标衡量的是基础研究和学生培养方面的效率，而不是研究所整体的效率情况。另外，由于科研活动的特殊性，当期投入和产出之间存在时滞，当期产出并不完全是当期投入的结果。

2）从规模效率的角度来看，DMU_3、DMU_{11} 和 DMU_{13} 的规模效率为1，即这些DMU单元处于最优产出规模点，规模收益不变，而其他DMU单元规模效率小于1，规模收益递增或递减，因此需要相应的扩大或减小组织的规模，从而提高效率。

8.4　方向规模收益与方向阻塞效应分析

8.4.1　方向规模收益与最优投入方向

首先，采用基于投入的BCC-DEA模型确定有效前沿面EF，见式（8-1）。

$$
\begin{aligned}
&\min \theta = \theta_0 - \varepsilon\left(\sum_{i=1}^{m} s_i^- + \sum_{r=1}^{s} s_r^+\right) \\
&\text{s.t.} \quad \sum_{j=1}^{n} \lambda_j x_{ij} + s_i^- = \theta_0 x_{i0} \qquad i = 1, \cdots, m \\
&\qquad \sum_{j=1}^{n} \lambda_j y_{rj} - s_r^+ = y_{r0} \qquad r = 1, \cdots, s \\
&\qquad \sum_{j=1}^{n} \lambda_j = 1, \lambda_j, s_i^-, s_r^+ \geqslant 0 \quad r = 1, \cdots, s; i = 1, \cdots, m; j = 1, \cdots, n
\end{aligned}
\tag{8-1}
$$

根据式（8-1），可得2010年中国科学院生物领域15个研究所的效率值和松弛变量，见表8-4。

表8-4　2010年生物领域15个研究所的效率值和松弛变量

研究所	效率值	s^{1-}	s^{2-}	s^{1+}	s^{2+}	s^{3+}
DMU_1	1	0	0	0	0	0
DMU_2	1	0	0	0	0	0
DMU_3	1	0	0	0	0	0
DMU_4	0.8338	2.7426	0	0	20.0478	0
DMU_5	0.7839	0	71.1151	59.8809	0	0
DMU_6	0.7834	0	136.5624	78.1067	0	0
DMU_7	0.8529	25.7412	0	40.0087	5.2696	0

续表

研究所	效率值	s^{1-}	s^{2-}	s^{1+}	s^{2+}	s^{3+}
DMU_8	1	0	0	0	0	0
DMU_9	0. 7934	0	124. 2564	14. 1776	0	135. 5888
DMU_{10}	0. 8687	0	4. 9275	89	30	6
DMU_{11}	1	0	0	0	0	0
DMU_{12}	0. 9968	149. 2478	0	82. 9750	28. 6750	0
DMU_{13}	0. 8049	114. 5617	0	18	0	9
DMU_{14}	0. 9151	77. 5542	0	0	30. 3106	94. 3789
DMU_{15}	1	0	0	0	0	0

2010 年中国科学院生物领域 15 个研究所在强有效前沿面上的投影情况见表 8-5。投影的方式如下：

$$\begin{cases} \tilde{x}_{i0} \leftarrow \theta_0^* x_{i0} - s_i^{-*} & i = 1, \cdots, m \\ \tilde{y}_{r0} \leftarrow y_{r0} + s_r^{+*} & r = 1, \cdots, s \end{cases} \tag{8-2}$$

表 8-5　2010 年生物领域 15 个研究所在前沿面上的投影

研究所	投入		产出		
	Staff /人	Res. Expen. /万元	SCI Pub. /篇	High Pub. /篇	Grad. Enroll. /人
DMU_1	640	25 370. 00	325	105	604
DMU_2	367	25 115. 00	368	109	477
DMU_3	172	9 174. 00	207	66	241
DMU_4	359. 945 7	15 810. 71	213. 444 2	71. 741 2	323. 501 3
DMU_5	370. 023 3	23 921. 84	262. 923 3	75. 2590	391. 973 8
DMU_6	425. 385 5	25 303. 75	247. 320 8	72. 856 1	433. 219 5
DMU_7	175. 547 8	7 629. 36	135. 535 7	38. 533 4	162. 054 7
DMU_8	1910	93 044. 00	785	323	1 488
DMU_9	482. 364 5	30 193. 80	319. 622 2	99. 170 3	466. 421 0
DMU_{10}	172. 0000	9 174. 00	191. 505 1	61. 272 7	210. 141 4
DMU_{11}	289	18 204. 00	216	63	481
DMU_{12}	184. 6750	10 152. 25	207. 573 1	65. 556 0	266. 141 5

续表

研究所	投入		产出		
	Staff /人	Res. Expen. /万元	SCI Pub. /篇	High Pub. /篇	Grad. Enroll. /人
DMU_{13}	172.000 0	9 174.00	170.135 3	53.126 6	195.748 1
DMU_{14}	300.385 1	19 669.32	286.428 6	88.877 4	370.741 3
DMU_{15}	180	5 691.00	83	17	126

其次，根据第5章中的内容，我们可以得到2010年中国科学院生物领域15个研究所的方向规模收益情况（选取 DMU_1 和 DMU_2 作为案例）（表8-6）。其中不失一般性，设定产出的方向 $\delta_1 = \delta_2 = \delta_3 = 1$。

最后，根据第6章中的内容，可得 DMU_1 和 DMU_2 的最优投入方向，见图8-5～图8-8。

表8-6　2010年生物领域 DMU_1 和 DMU_2 研究所的方向规模收益情况

研究所	ω_1	ω_2	$\underline{\rho}$（下界）	$\bar{\rho}$（上界）	方向规模收益（右侧）	方向规模收益（左侧）
DMU_1	0.1	1.9	0.69	1.65	递减	递增
	0.2	1.8	0.68	1.56	递减	递增
	0.3	1.7	0.68	1.47	递减	递增
	0.4	1.6	0.67	1.39	递减	递增
	0.5	1.5	0.66	1.3	递减	递增
	0.6	1.4	0.65	1.21	递减	递增
	0.7	1.3	0.64	1.13	递减	递增
	0.8	1.2	0.63	1.04	递减	递增
	0.9	1.1	0.59	0.95	递减	递减
	1	1	0.54	0.87	递减	递减
	1.1	0.9	0.48	0.78	递减	递减
	1.2	0.8	0.43	0.71	递减	递减
	1.3	0.7	0.38	0.68	递减	递减
	1.4	0.6	0.32	0.66	递减	递减
	1.5	0.5	0.27	0.63	递减	递减
	1.6	0.4	0.22	0.62	递减	递减
	1.7	0.3	0.16	0.6	递减	递减
	1.8	0.2	0.11	0.59	递减	递减
	1.9	0.1	0.05	0.57	递减	递减

续表

研究所	ω_1	ω_2	$\underline{\rho}$（下界）	$\bar{\rho}$（上界）	方向规模收益(右侧)	方向规模收益(左侧)
DMU_2	0.1	1.9	0.03	1.37	递减	递增
	0.2	1.8	0.05	1.29	递减	递增
	0.3	1.7	0.08	1.22	递减	递增
	0.4	1.6	0.11	1.15	递减	递增
	0.5	1.5	0.13	1.08	递减	递增
	0.6	1.4	0.16	1.01	递减	递增
	0.7	1.3	0.19	0.93	递减	递减
	0.8	1.2	0.22	0.86	递减	递减
	0.9	1.1	0.24	0.81	递减	递减
	1	1	0.27	0.88	递减	递减
	1.1	0.9	0.3	0.97	递减	递减
	1.2	0.8	0.32	1.06	递减	递增
	1.3	0.7	0.29	1.15	递减	递增
	1.4	0.6	0.25	1.23	递减	递增
	1.5	0.5	0.21	1.32	递减	递增
	1.6	0.4	0.17	1.41	递减	递增
	1.7	0.3	0.13	1.5	递减	递增
	1.8	0.2	0.08	1.59	递减	递增
	1.9	0.1	0.04	1.67	递减	递增

根据以上案例的分析，有以下几点发现（图8-5～图8-8）。

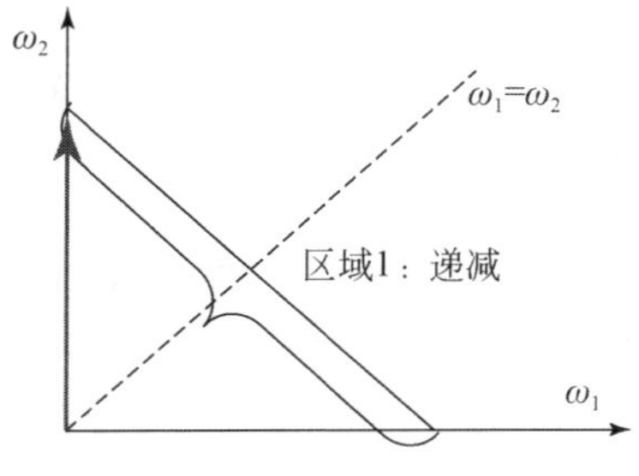

图8-5　DMU_1 的方向规模收益（右侧）

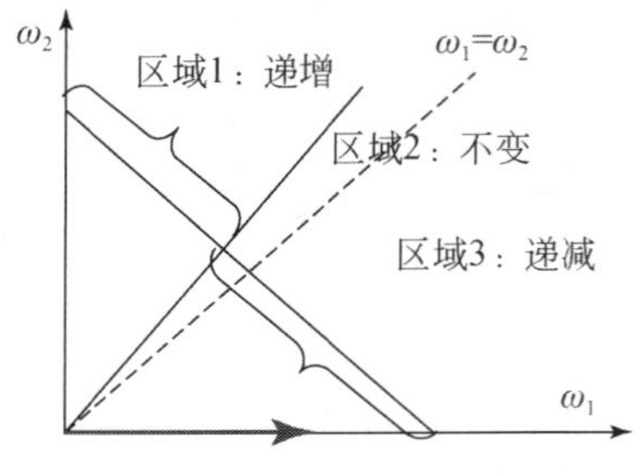

图8-6　DMU_1 的方向规模收益（左侧）

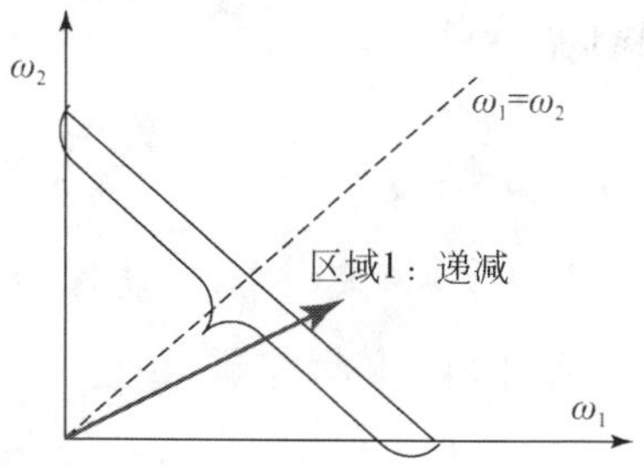

图 8-7　DMU_2 的方向规模收益(右侧)

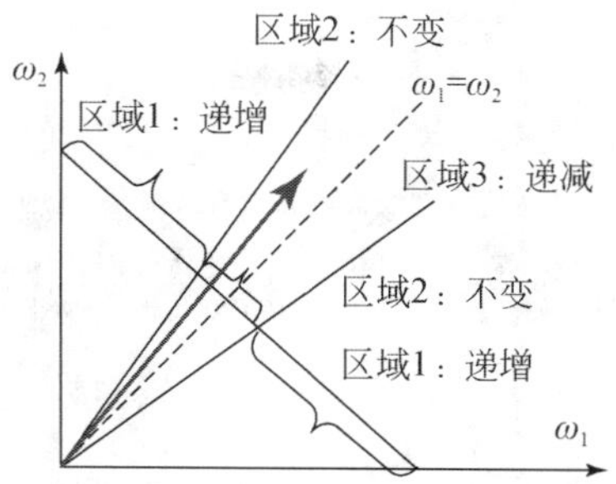

图 8-8　DMU_2 的方向规模收益(左侧)

(1)DMU 单元"右侧"方向规模收益情况

1)对 DMU_1单元来说,在现有投入的基础上,如果科研人员和科研经费按任何比例增加,DMU_1单元处于方向规模递减区域,即科研人员增长和科研经费增长为任何比例,DMU_1单元方向规模收益递减(图 8-5)。

2)对 DMU_2单元来说,在现有投入的基础上,如果科研人员和科研经费按任何比例增加,DMU_2单元处于方向规模递减区域,即科研人员增长和科研经费增长为任何比例,DMU_2单元方向规模收益递减(图 8-7)。

(2)DMU 单元"左侧"方向规模收益情况

1)对 DMU_1单元来说,在现有投入的基础上,如果科研人员和科研经费按等比例减少,DMU_1单元处于方向规模递减区域;如果科研人员减少的比例远超过或远小于科研经费减少的比例(图 8-6,区域 1),则 DMU_1单元的方向规模收益递增;如果科研人员减少与科研经费减少的比例处于图 8-6 中的区域 3,则 DMU_1单元的方向规模收益递减(图 8-6)。

2)对 DMU_2单元来说,在现有投入的基础上,如果科研人员和科研经费按等比例减少,DMU_2单元处于方向规模递减区域;如果科研人员减少的比例超过科研经费减少的比例(图 8-8,区域 1),则 DMU_2单元的方向规模收益递增;如果科研人员减少与科研经费减少的比例处于图 8-8 中的区域 3,则 DMU_2单元的方向规模收益递减(图 8-8)。

类似地,可以分析其他 DMU 单元的"左侧"和"右侧"方向规模收益情况。

8.4.2 方向阻塞效应

2010 年生物领域 15 个研究所投入产出指标具体情况见表 8-7。同时，根据 WY-TS 模型（Wei and Yan, 2004; Tone and Sahoo, 2004）可以看出，2010 年 DMU_4、DMU_5、DMU_6、DMU_7、DMU_9、DMU_{12}、DMU_{13}和 DMU_{14}存在阻塞效应。

表 8-7 2010 年生物领域 15 个研究所投入产出指标情况

研究所	产出			投入		纯技术效率值[式(7-23)]	BCC-DEA 效率值[式(7-1)]	阻塞效应 $\varphi = \eta^*/\theta^*$（WY-TS 模型）
	SCI Pub./篇	High Pub./篇	Grad. Enroll./人	Staff/人	Res. Expen./万元			
DMU_1	325	105	604	640	25 370	1	1	1
DMU_2	368	109	477	367	25 115	1	1	1
DMU_3	207	66	241	172	9 174	1	1	1
DMU_4	256	62	388	435	18 963	0.908 9	0.890 6	0.979 9
DMU_5	259	96	500	472	39 586	0.958 6	0.879 7	0.917 7
DMU_6	216	93	553	543	49 732	1	0.871 9	0.871 9
DMU_7	112	39	190	236	8 945	0.833 1	0.813 9	0.977 0
DMU_8	785	323	1488	1910	93 044	1	1	1
DMU_9	385	125	417	608	53 720	1	0.888 9	0.888 9
DMU_{10}	118	36	235	198	11 128	0.802 2	0.802 2	1
DMU_{11}	216	63	481	289	18 204	1	1	1
DMU_{12}	125	37	267	335	10 185	1	0.996 8	0.996 8
DMU_{13}	189	66	232	356	11 397	1	0.906 4	0.906 4
DMU_{14}	313	64	302	413	21 494	0.989 9	0.944 4	0.954 0
DMU_{15}	83	17	126	180	5 691	1	1	1

数据来源：中国科学院研究所定量监测数据（2010 年）；《中国科学院统计年鉴》（2010 年）

下面分析以上 DMU 单元的方向阻塞效应情况。

步骤 1 采用基于产出的 BCC-DEA 模型[式(7-23)]确定强有效前沿面上 EF_{convex_strong}和弱有效前沿面 EF_{convex_weak}。2010 年中国科学院生物领域 15 个研究所的效率值和松弛变量见表 8-8。

表 8-8　2010 年生物领域 15 个研究所的效率值和松弛变量

研究所	1/效率值	s^{1+}	s^{2+}	s^{3+}
DMU_1	1	0	0	0
DMU_2	1	0	0	0
DMU_3	1	0	0	0
DMU_4	1.1003	0	21.6989	24.4180
DMU_5	1.0432	10.8207	0	0
DMU_6	1	0	0	0
DMU_7	1.2003	20.4207	0	0
DMU_8	1	0	0	0
DMU_9	1	0	0	0
DMU_{10}	1.2465	61.4816	20.3460	0
DMU_{11}	1	0	0	0
DMU_{12}	1	0	0	0
DMU_{13}	1	0	0	0
DMU_{14}	1.0102	0	33.0138	159.5512
DMU_{15}	1	0	0	0

15 个研究所在强有效前沿面 EF_{convex_strong} 上的投影情况见表 8-9。投影的方式如下：

$$\begin{cases} \tilde{x}_{i0} \leftarrow x_{i0} & i = 1, \cdots, m \\ \tilde{y}_{r0} \leftarrow \theta_0^* y_{r0} + s_r^{+*} & r = 1, \cdots, s \end{cases} \tag{8-3}$$

表 8-9　生物领域 15 个研究所在前沿面的投影

研究所	投影点(产出)			纯技术效率值	投影点(投入)	
	SCI Pub. /篇	High Pub. /篇	Grad. Enroll. /人		Staff /人	Res. Expen. /万元
DMU_1	325	105	604	1	640	25 370
DMU_2	368	109	477	1	367	25 115
DMU_3	207	66	241	1	172	9 174
DMU_4	281.674 5	89.916 9	451.330 9	0.908 9	435	18 963
DMU_5	281.016 2	100.149 7	521.613 0	0.958 6	472	39 586

续表

研究所	投影点(产出)			纯技术效率值	投影点(投入)	
	SCI Pub. /篇	High Pub. /篇	Grad. Enroll. /人		Staff /人	Res. Expen. /万元
DMU_6	216	93	553	1	543	49 732
DMU_7	154. 851 0	46. 810 6	228. 051 5	0. 833 1	236	8 945
DMU_8	785	323	1488	1	1910	93 044
DMU_9	385	125	417	1	608	53 720
DMU_{10}	208. 569 6	65. 220 3	292. 929 6	0. 802 2	198	11 128
DMU_{11}	216	63	481	1	289	18 204
DMU_{12}	125	37	267	1	335	10 185
DMU_{13}	189	66	232	1	356	11 397
DMU_{14}	316. 180 7	97. 664 1	464. 620 1	0. 989 9	413	21 494
DMU_{15}	83	17	126	1	180	5 691

步骤 2 根据式(7-35),得到各 DMU 单元的"右侧"和"左侧"的方向阻塞效应情况。以 DMU_1 和 DMU_9 为例进行深入分析。其中,DMU_1 为强有效前沿面 EF_{convex_strong} 上的 DMU 单元,而 DMU_9 为生产可能集 $P_{convex}(X,Y)$ 内部的单元。对 DMU_1 和 DMU_9 来说,不失一般性,设定产出的方向 $\delta_1 = \delta_2 = \delta_3 = 1$,则在不同的投入方向上,DMU_1 和 DMU_9 的方向规模收益情况如表 8-10 所示。

表 8-10 DMU_1 和 DMU_9 在若干投入方向上的方向阻塞效应情况

研究所	ω_1	ω_2	$\underline{\rho}$ (下界)	$\bar{\rho}$ (上界)	方向阻塞效应(右侧)	方向阻塞效应(左侧)
	0. 3	1. 7	0. 68	6. 81	不存在阻塞	不存在阻塞
	0. 5	1. 5	0. 66	4. 86	不存在阻塞	不存在阻塞
	0. 7	1. 3	0. 64	2. 92	不存在阻塞	不存在阻塞
	0. 9	1. 1	0. 41	1. 07	不存在阻塞	不存在阻塞
DMU_1	1	1	0	0. 92	不存在阻塞	不存在阻塞
	1. 1	0. 9	−0. 97	0. 8	存在阻塞	不存在阻塞
	1. 3	0. 7	−2. 92	0. 68	存在阻塞	不存在阻塞
	1. 5	0. 5	−4. 86	0. 63	存在阻塞	不存在阻塞
	1. 7	0. 3	−6. 81	0. 6	存在阻塞	不存在阻塞

续表

研究所	ω_1	ω_2	$\underline{\rho}$（下界）	$\bar{\rho}$（上界）	方向阻塞效应（右侧）	方向阻塞效应（左侧）
DMU_9	0.3	1.7	-18.81	-0.44	存在阻塞	存在阻塞
	0.5	1.5	-13.44	-0.18	存在阻塞	存在阻塞
	0.7	1.3	-8.06	0.08	存在阻塞	不存在阻塞
	0.9	1.1	-2.69	0.49	存在阻塞	不存在阻塞
	1	1	0	1.82	不存在阻塞	不存在阻塞
	1.1	0.9	0.15	3.5	不存在阻塞	不存在阻塞
	1.3	0.7	0.44	8.06	不存在阻塞	不存在阻塞
	1.5	0.5	0.73	13.44	不存在阻塞	不存在阻塞
	1.7	0.3	0.93	18.81	不存在阻塞	不存在阻塞

根据以上案例的分析发现，在 WY-TS 模型中存在阻塞效应的 DMU_9 单元在某些特定的方向（如 $\omega_1 = 1.7, \omega_2 = 0.3; \delta_1 = \delta_2 = \delta_3 = 1$）上不存在方向阻塞效应，而在某些特定的方向（如 $\omega_1 = 0.3, \omega_2 = 1.7; \delta_1 = \delta_2 = \delta_3 = 1$）上存在方向阻塞效应。这一现象与定理 7-8 描述的内容相符。此时，DMU_9 处于前沿面向下的部分，相对于现有产出来讲投入已经过量，因此应减少 DMU_9 投入从而提升资源使用效率。造成阻塞效应的原因需要结合研究所实际情况进行深入分析。而 WY-TS 模型中不存在阻塞效应的 DMU_1 单元"左侧"不存在方向阻塞效应，与定理 7-9 相符。类似地，还可以分析其他 DMU 单元的方向阻塞效应。

8.5 本章小结

本章旨在分析中国科学院生物领域研究所在 2010 年的相对效率和方向规模收益情况。首先，本章提出用于中国科学院生物领域研究所相对效率和方向规模收益分析的投入产出指标；其次，本章通过传统的 CCR-DEA 模型和 BCC-DEA 模型以及第 2 章提出的二阶 DEA-WEI 模型进行相对效率评价；最后，本章采用第 5 ~7 章提出的方向规模收益判定方法、最优投入方向判定方法以及方向阻塞效应的判断方法深入分析中国科学院生物领域部分研究所的方向规模收益、最优投入方向以及方向阻塞效应。

基于以上分析发现，一是中国科学院生物领域15个研究所整体综合效率和纯技术效率都有待进一步提升，因此这些研究所需要进一步提高资源使用效率，扩大或减少组织规模，实现科技资源合理配置和高效利用；二是通过方向规模收益分析，可以找到各研究所方向规模收益递增（递减、不变）的区域，以及投入进一步增加和减少的最优方向，作为研究所调整其组织规模的决策依据之一；三是通过方向阻塞效应的分析发现，部分研究所存在阻塞效应，同时在某些方向上存在方向阻塞效应。在这种情况下，进一步增加投入会导致产出的降低，因此研究所需要深入挖掘导致阻塞效应的原因，避免进一步扩大投入的规模，才能实现科技资源合理配置和高效利用。

这里需要特别指出的是，投入产出指标的选取，是本次分析的前提和基础。这些指标的选取，特别是产出指标并不能完全代表生物领域研究所的所有贡献。15个研究所虽然都是处于生物领域，但是由于具体研究方向及学科特色，这些研究所并不具有完全的一致性。事实上，3个产出指标仅仅涵盖了生物领域研究所基础研究和学生培养的一部分工作。因此，准确地说，3个产出指标衡量的是基础研究和学生培养方面的效率，而不是研究所整体的效率情况。另外，由于科研活动的特殊性，当期投入和产出之间存在时滞，当期产出并不完全是当期投入的结果。因此，本章的研究是对所提方法的一次尝试，后续还需要进一步深入研究。

第 9 章　主要结论与研究展望

本书旨在进行基于 DEA 的科研机构方向规模收益分析方法研究,从投入和组织规模关系的角度出发,研究基于投入产出的科研机构方向规模收益的定量分析方法,并以中国科学院不同领域的研究所为案例,分析其方向规模收益情况。主要研究结论如下:

1)提出方向规模收益的概念,解决规模收益经济学定义与科研机构科研活动实际情况之间的偏差问题。经济学中传统规模收益是生产要素按相同比例变化引起的产出的变化率(径向变化)。但对于多投入多产出的非传统生产过程(如公共部门)来说,其往往并不是按相同比例扩张各类投入要素的。在这种情况下,如何描述生产过程规模变化的过程中的规模收益情况是一个重要的问题。针对这种现象,本项研究在帕累托偏好下,从全局和局部视角,通过引入投入和产出的方向因子定义方向规模收益和方向规模弹性的概念,并给出具体函数表达。当投入和产出的方向因子均为径向时,方向规模收益和方向规模弹性与经济学中传统定义完全相同。

2)解决现有 DEA 框架下方向规模收益和方向规模弹性的估算问题。采用方向规模收益的思想,扩展 DEA 框架下规模收益的概念,并给出科研机构在指定方向上的方向规模收益分析方法和方向规模弹性的定量表达。通过 DEA 方法对 DMU 单元规模收益的测度,常常将 DMU 单元分为两类:一是前沿面上的 DMU 单元(指强有效 DMU 单元)的规模收益情况(可变规模收益假定下);二是生产可能集内部的 DMU 单元(含弱有效 DMU 单元)的规模收益情况。内部的 DMU 单元通过 DMU 单元在前沿面上的投影点的位置,并根据投影点的规模收益情况来推断生产可能集内部的 DMU 单元的规模收益。本书从方向规模收益的一个小的邻域内的局部性质出发,对可变规模收益假定下生产可能集前沿面上的有效 DMU 单元进行方向规模收益分析。采用 FDM 方法和上下界方法从不同角度进行研究,并最终得到相应的方向规模收益的判定程序。根据方向规模收益的分析结果,将投入可能区域划分成方向规模收益递增区、递减区和不变区。不同投入要素按不同比例变化,科研机构方向规模收益可能有所不同。

3)基于指定方向上的方向规模收益情况,研究提出科研机构规模变化的最优投入方向的分析方法。第 6 章讨论了 DEA 框架下如何确定指定方向上的方向规模收益和方向规模弹性的问题。那么,随之而来的问题是如果需要增加(减少)科研机构的规模,那么其最优投入方向是什么?沿什么方向增加(减少)投入,可以最优提升科研机构的规模效率?本部分回答了科研机构最优投入方向的问题,给出了前沿面上的 DMU 单元(含投影点)的方向规模弹性与最优投入方向的分析方法。

4)研究提出方向规模收益与阻塞效应的关系。当投入超过一定的界限后,平均投入产出率有可能会趋于下降,此时称为规模收益递减。如果进一步增加投入,甚至有可能导致阻塞效应,即随着投入的增加,产出反而下降。第 7 章探讨方向规模收益与阻塞之间的关系,以及如何判断 DMU 单元发生了阻塞效应,提出方向阻塞的概念,并通过 FDM 方法和上下界方法从不同角度进行了研究,并对方向阻塞与传统的强阻塞和弱阻塞之间的关系给出了证明。

5)应用以上方法研究成果分析中国科学院生物领域研究所的规模收益变化情况。本书主要采用 2010 年中国科学院生物领域 15 个研究所相关投入产出数据,对各研究所相对效率进行分析,同时针对部分研究所进行了方向规模收益和方向阻塞效应分析。分析结果显示,以上方法研究成果适用于真实的数据,可以提供比现有方法更丰富的信息。

由于作者时间和精力有限,本书的研究内容大都是一些基础性的工作。未来的研究工作还可以从以下几个方面展开:

1)方向规模收益的经济学相关研究。规模收益本身是一个经济学概念,在经济学中有广泛的应用。本书针对规模收益的研究始于规模收益到方向规模收益的扩展,并应用 DEA 方法构造前沿生产函数,对方向规模收益进行估算,以及寻找最优投入方向和方向阻塞效应。因此,我们还将进行一系列基于经济学中常见生产函数的方向规模收益研究,如在科研机构及生产中广泛应用的 Cobb-Douglas 生产函数。

2)DEA 框架下方向规模收益的相关研究。本书主要通过方向规模弹性(方向规模收益的局部定义)的值来对 DMU 单元方向规模收益和方向阻塞效应进行判定,是定量研究的思路。事实上,往往只需要定性判定方向规模收益的情况,因此可以发展新的定性判定 DMU 单元方向规模收益的方法,从而降低计算的复杂度。再有,应用其他各类 DEA 模型判断方向规模收益也是研究内容之一,如 Cobb-Douglas 型 DEA 模型等。其中,在应用非径向 DEA 模型进行方向规模收益估算的过程中存在四类问题:一是线性规划的多重最优解问题;二是多重参照集问题;三是多重支撑超平面问题;四是多重投影问题。这四类问题需要进行深入的研究。

3)投入产出指标研究。投入产出指标是方向规模收益分析的前提和基础,构建符合科研机构实际发展的投入产出指标具有重要的意义,未来需要深入调研若干典型国立科研机构,进一步完善和丰富科研机构投入产出指标模型,选取更适合的投入产出指标,以及研究如何为这些指标设置标杆或目标等。

4)软件工具开发。本书研究提出的二阶 DEA-WEI 模型及方向规模收益的测度等方法,计算复杂度较高,应用现有软件进行计算存在较大的难度,因此未来需要将本书中的部分方法开发成软件工具,以便为广大感兴趣的读者提供界面友好的分析工具。

5)应用研究。本书提出的基于 DEA 的方向规模收益及其测度以及方向阻塞效应的分析方法除了可以应用到科研机构以外,还可以广泛用于多种类型的组织,具有广泛的应用前景和空间。

参 考 文 献

陈慈 . 2009. 网络 DEA 的理论基础 . 北京：中国人民大学 .

陈廷 . 1997. 决策分析 . 北京：科学出版社 .

古斯顿 D. 2010. 在政治与科学之间：确保科学研究的诚信和产出率 . 龚旭，译 . 北京：科学出版社 .

李强，韩伯棠，李晓轩 . 2006. 知识生产函数研究与实践评述 . 经济问题探索，(1)：24-27.

李晓轩 . 2005. 我国国立科研机构绩效评价的实践与思考 . 中国科学院院刊，(5)：395-398.

李晓轩 ，杨国梁 . 2009. 中国科学院研究所评价逻辑模型研究 . 科学学与科学技术管理，(4)：5-8.

孟溦，黄敏，刘文斌 . 2006. 利用 DEA 对科研机构规模收益的分析 . 科研管理，27(4)：20-25，19.

盛昭瀚，朱乔，吴广谋 . 1996. DEA 理论、方法与应用 . 北京：科学出版社 .

魏权龄 . 2004. 数据包络分析 . 北京：科学出版社 .

杨国梁，刘文斌，杨立英 . 2013a. 方向规模收益与方向规模弹性 . 数学的实践与认识，(13)：50-61.

杨国梁，刘文斌，郑海军 . 2013b. 数据包络分析方法(DEA)综述 . 系统工程学报，28(6)：840-860.

杨国梁，刘文斌 . 2014. 基于 DEA 方法的科研机构方向规模收益研究 . 管理工程学报，28(4)：48-59.

杨国梁，刘文斌 . 2015. 基于 DEA 的生物领域研究所规模收益研究 . 科研管理，36(1)：104-111.

杨国梁 . 2012. 科研机构相对效率与方向规模收益分析方法研究 . 北京：中国科学院大学 .

岳超源 . 2003. 决策理论与方法 . 北京：科学出版社 .

翟立新，韩伯棠 ，李晓 . 2005. 基于知识生产函数的公共科研机构绩效评价模型研究 . 中国软科学，(8)：76-80.

张大群，杨国梁，李晓轩 . 2011. 国立科研机构的战略地图与其绩效评估体系研究 . 科学学研究，(12)：1835-1844.

周伟 ，李金生 . 2009b. 西部地区重点建设高校规模收益的实证分析 . 西安电子科技大学学报(社会科学版)，19(5)：115-120.

周伟，李金生 . 2009a. 基于 DEA 方法的总部地区高等教育规模收益的实证研究 . 复旦教育论坛，7(4)：53-57.

Ahn T，Seiford L M. 1993. Sensitivity of DEA to models and variable sets in an hypothesis test setting：the efficiency of university operations//Ijiri Y. Creative and Innovative Approaches to the Science of Management. New York：Quorum Books.

Allen R，Athanassopoulos A，Dyson R G，et al. 1997. Weights restrictions and value judgements in data envelopment analysis: Evolution, development and future directions. Annals of Operations Research, 73: 13-34.

Andersen P, Petersen N C. 1993. A procedure for ranking efficient units in data envelopment analysis. Management Science, 39: 1261-1264.

Banker R D, Chang H, Cooper W W. 1996a. Equivalence and implementation of alternative methods for determining returns to scale in data envelopment analysis. European Journal of Operational Research, 89(3): 473-481.

Banker R D, Bardhan I, Cooper W W. 1996b. A note on returns to scale in DEA. European Journal of Operational Research, 88(3): 583-585.

Banker R D, Chang H, Cooper W W. 1996c. Simulation studies of efficiency, returns to scale and misspecification with nonlinear functions in DEA. Annals of Operations Research, 66(4): 231-253.

Banker R D, Chang H. 2006. The super-efficiency procedure for outlier identification, not for ranking efficient units. European Journal of Operational Research, 175(2): 1311-1320.

Banker R D, Charnes A, Cooper W W. 1984. Some models for estimating technical and scale inefficiencies in data envelopment analysis. Management Science, 30(9): 1078-1092.

Banker R D, Cooper W W, Seiford L M, et al. 2004. Returns to scale in different DEA models. European Journal of Operational Research, 154(2): 345-362.

Banker R D, Maindiratta A. 1986. Piecewise loglinear estimation of efficient production surfaces. Management Science, 32(1): 126-135.

Banker R D, Morey R C. 1986b. The use of categorical variables in data envelopment analysis. Management Science, 32(12): 1613-1627.

Banker R D, Morey R C. 1986a. Efficiency analysis for exogenously fixed inputs and outputs. Operations Research, 34(4): 513-521.

Banker R D, Thrall R M. 1992. Estimation of returns to scale using data envelopment analysis. European Journal of Operational Research, 62(1): 74-84.

Banker R D. 1984. Estimating most productive scale size using data envelopment analysis. European Journal of Operational Research, 17(1): 35-44.

Borger B, Kerstens K. 1996. Radial and nonradial measures of technical efficiency: an empirical illustration for Belgian local governments using an FDH reference technology. Journal of Productivity Analysis, 7(1): 41-62.

Bornmann L, Leydesdorff L, Walch-Solimena C, et al. 2011. Mapping excellence in the geography of sciences: an approach based on Scopus data. Journal of Informetrics, 5(4): 537-546.

Boyd S, Vandenberghe L. 2004. Convex Optimization. Cambridge: Cambridge University Press.

Brinkerhoff R O, Dressler D E. 1990. Productivity measurement: a guide for managers and evaluators. Michigan: Sage Publications.

Byrnes P, Färe R, Grosskopf S. 1984. Measuring productivity efficiency: an application to illinois strip mines. Management Science, 30(6): 653-676.

Chambers R G, Chung Y, Färe R. 1996. Benefit and distance functions. Journal of Economic Theory, 70:407-419.

Chambers R G, Chung Y, Färe R. 1998. Profit, directional distance functions, and nerlovian efficiency. Journal of Optimization Theory and Applications, 98(2): 351-364.

Chang K P, Guh Y Y. 1991. Linear production functions and the data envelopment analysis. European Journal of Operational Research, 52(2): 215-223.

Chang Y L, Sueyoshi T. 1991. An interactive application of data envelopment analysis in microcomputers. Computer Science in Economics and Management, 4(1): 51-64.

Charnes A, Clark C T, Cooper W W, et al. 1984. A developmental study of data envelopment analysis in measuring the efficiency of maintenance units in the U. S. air forces. Annals of Operations Research, 2(1): 95-112.

Charnes A, Cooper W W, Golany B, et al. 1985. Foundations of data envelopment analysis for Pareto-Koopmans efficient empirical production functions. Journal of Econometrics, 30(1-2): 91-107.

Charnes A, Cooper W W, Li S L. 1989a. Using data envelopment analysis to evaluate efficiency in the economic performance of Chinese cities. Socio-Economic Planning Sciences, 23(6): 325-344.

Charnes A, Cooper W W, Rhodes E L. 1978. Measuring the efficiency of decision making units. European Journal of Operational Research, 2(6): 429-444.

Charnes A, Cooper W W, Wei Q L, et al. 1989b. Cone ratio data envelopment analysis and multi-objective programming. International Journal of Systems Science, 20(7): 1099-1118.

Charnes A, Cooper W W, Wei Q L, et al. 1990. Fundamental theorems of nondominated solutions associated with cones in normed linear spaces. Journal of Mathematical Analysis and Applications, 150(1): 54-78.

Charnes A, Cooper W W. 1962. Programming with linear fractional functionals. Naval Research Logistics Quarterly, 9(3-4): 181-186.

Charnes A, Haag S, Jaska P, et al. 1992. Sensitivity of efficiency classifications in the additive model of data envelopment analysis. International Journal of Systems Science, 23(5):789-798.

Charnes A, Neralic L. 1992. Sensitivity analysis in data envelopment analysis. Glasnik Matematicki, 27: 191-201.

Chen Y, Cook W D, Li N. 2009. Additive efficiency decomposition in two-stage DEA. European Journal of Operational Research, 196:1170-1176.

Chen Y. 2003. A non-radial Malmquist productivity index with an illustrative application to Chinese major industries. International Journal of Production Economics, 83(1): 27-35.

Chiou H K, Tzeng G H, Cheng D C. 2005. Evaluating sustainable fishing development strategies using fuzzy MCDM approach. Omega, 33(3): 223-234.

Cobb C W, Douglas P H. 1928. A theory of production. American Economic Review, 18: 139-165.

Cook W D, Chai D, Doyle J, et al. 1998. Hierarchies and groups in DEA. Journal of Productivity Analysis, 10(2): 177-198.

Cook W D, Green R H. 2005. Evaluating power plant efficiency: a hierarchical model. Computers & Operations

Research,32(4): 813-823.

Cook W D,Hababou M,Tuenter H J H. 2000. Multicomponent efficiency measurement and shared inputs in data envelopment analysis: an application to sales and service performance in bank branches. Journal of Productivity Analysis,14(3): 209-224.

Cook W D,Kress M,Seiford L M. 1993. On the use of ordinal data in data envelopment analysis. Journal of the Operational Research Society,44(2): 133-140.

Cook W D, Kress M, Seiford L M. 1996. Data envelopment analysis in the presence of both quantitative and qualitative factors. Journal of the Operational Research Society,47(7): 945-953.

Cook W D,Seiford L M. 2009. Data envelopment analysis (DEA)-Thirty years on. European Journal of Operational Research,192(1): 1-17.

Cook W D, Zhu J, Bi G B, et al. 2010. Network DEA: additive efficiency decomposition. European Journal of Operational Research,207(2): 1122-1129.

Cook W D, Zhu J. 2007. Classifying inputs and outputs in data envelopment analysis. European Journal of Operational Research,180(2): 692-699.

Cook W D,Zhu J. 2006. Rank order data in DEA: a general framework. European Journal of Operational Research, 174(2): 1021-1038.

Cook W D,Zhu J. 2008. CAR-DEA: context-dependent assurance regions in DEA. Operations Research,56(1): 69-78.

Cooper WW,Deng H H,Gu B S,et al. 2001a. Using DEA to improve the management of congestion in Chinese industries(1981-1997). Socio-Economic Planning Sciences,35(4): 227-242.

Cooper WW,Gu B S,Li S L. 2001b. Comparisons and evaluations of alternative approaches to the treatment of congestion in DEA. European Journal of Operational Research,132(1): 62-74.

Cooper WW,Huang Z M,Lelas V,et al. 1998. Chance constrained programming formulations for stochastic characterizations of efficiency and dominance in DEA. Journal of Productivity Analysis,9(1): 53-79.

Cooper WW,Huang Z M, Li S X. 1996. Satisficing DEA models under chance constraints. Annals of Operations Research,66(4): 279-295.

Cooper WW, Huang Z M, Li S X, et al. 2007. Efficiency aggregation with enhanced Russell measures in data envelopment analysis. Socio-Economic Planning Sciences,41(1): 1-21.

Cooper WW,Huang Z M,Li S X. 2004a. Chance constraint DEA//Cooper W W,Seiford L M,Zhu J. Handbook on Data Envelopment Analysis. Norwell,MA: Kluwer Academic Publishers.

Cooper WW,Park K S,Pastor J T. 1999. RAM: a range adjusted measure of inefficiency for use with additive models,and relations to other models and measures in DEA. Journal of Productivity Analysis,11(1): 5-42.

Cooper WW,Pastor J T,Borras,F,et al. 2011a. BAM: a bounded adjusted measure of efficiency for use with bounded additive models. Journal of Productivity Analysis,35(2): 85-94.

Cooper WW, Seiford L M, Tone K. 2000. Data Envelopment Analysis: A Comprehensive Text with Models,

Applications, References and DEA-Solver Software. Boston: Kluwer Academic Publishers.

Cooper WW, Seiford L M, Tone K. 2006. Introduction to Data Envelopment Analysis and Its Uses. New York: Springer Science.

Cooper WW, Seiford L M, Zhu J. 2004b. Handbook on Data Envelopment Analysis. Massachusetts: Kluwer Academic Publishers.

Cooper WW, Seiford L M, Zhu J. 2011b. Handbook on Data Envelopment Analysis. 2nd edition. Massachusetts: Kluwer Academic Publishers.

Cozzens S E. 2002. "Research assessment: what's next?" final report on a workshop. Research Evaluation, 11(2): 65-79.

Debreu G. 1959. Theory of Value: An Axiomatic Analysis of Economic Equilibrium. New York: Wiley.

Debreu G. 1951. The coefficient of resource utilization. Econometrica, 19(3): 273-292.

Deprins D, Simar L, Tulkens H. 1984. Measuring labor efficiency in post offices//Marchand M, Pestieau P, Tulkens H. The Performance of Public Enterprises: Concepts and Meas.

Despotis D K, Smirlis Y G. 2002. Data envelopment analysis with imprecise data. European Journal of Operational Research, 140(1): 24-36.

Despotis D K. 2005a. Measuring human development via data envelopment analysis: the case of Asia and the Pacific. Omega, 33(5): 385-390.

Despotis D K. 2005b. A reassessment of the human development index via data envelopment analysis. Journal of the Operational Research Society, 56(8): 969-980.

Douglas P H. 1976. The Cobb- Douglas production function once again: its history, its testing and some new empirical values. Journal of Political Economy, 84(5):903-915.

Doyle J, Green R. 1994. Efficiency and cross-efficiency in DEA: derivations, meanings and uses. Journal of the Operational Research Society, 45(5): 567-578.

Dyson R G, Thanassoulis E. 1988. Reducing weight flexibility in data envelopment analysis. Journal of the Operational Research Society, 39(6): 563-576.

Ehrenberg R, Smith R. 2005. Modern labor economics theory and public policy. Boston: Pearson Addison-Wesley.

Emrouznejad A, Parker B R, Tavares G. 2008. Evaluation of research in efficiency and productivity: a survey and analysis of the first 30 years of scholarly literature in DEA. Socio-Economic Planning Sciences, 42(3): 151-157.

Entani T, Maeda Y, Tanaka H. 2002. Dual models of interval DEA and its extension to interval data. European Journal of Operational Research, 136(1): 32-45.

Färe R, Grosskopf S, Lovell C A K. 1983. The structure of technical efficiency. Scandinavian Journal of Economics, 85(2): 181-190.

Färe R, Grosskopf S, Lovell C A K. 1985. The Measurement of Efficiency of Production. Boston: Kluwer-Nijhoff.

Färe R, Grosskopf S, Lovell C A K. 1994. Production Frontiers. Cambridge: Cambridge University Press.

Färe R, Grosskopf S. 1983. Measuring congestion in production. Zeitschrift Für Nationalökonomie, 43(3): 257-271.

Färe R, Grosskopf S. 1985. A nonparametric cost approach to scale efficiency. Scandinavian Journal of Economics, 87(4): 594-604.

Färe R, Grosskopf S. 2000. Network DEA. Socio-Economic Planning Sciences, 34(1): 35-49.

Färe R, Grosskopf S. 2004. Modeling undesirable factors in efficiency evaluation: Comment. European Journal of Operational Research, 157(1): 242-245.

Färe R, Grosskopf S, Roos P. 1996. Network and production models of Swedish pharmacies. Mimeo, (11).

Färe R, Lovell C A K. 1978. Measuring the technical efficiency of production. Journal of Economic Theory, 19(1): 150-162.

Färe R, Svensson L. 1980. Congestion of factors of production. Econometrica, 48: 1745-1753.

Färe R. 1991. Measuring Farrell efficiency for a firm with intermediate inputs. Academia Economic Papers, 19 (2): 329-340.

Farrell M J. 1957. The measurement of productive efficiency. Journal of the Royal Statistical Society Series A (General), 120(3): 253-290.

Forman E H, Gass S I. 2001. The analytic hierarchy process—an exposition. Operations Research, 49 (4): 469-486.

Førsund F R, Hjalmarsson L. 2004. Are all scales optimal in DEA? Theory and empirical evidence. Journal of Productivity Analysis, 21(1): 25-48.

Førsund F R. 1996. On the calculation of the scale elasticity in DEA models. Journal of Productivity Analysis, 7(2-3): 283-302.

Fox K J. 2002. Efficiency in the Public Sector. Boston, MA: Springer US.

Fox M F. 1983. Publication productivity among scientists: a critical review. Social Studies of Science, 13(2): 285-305.

Frédéric Bonnans J, Shapiro A. 2000. Perturbation Analysis of Optimization Problems. New York: Springer-Verlag.

Frisch R. 1965. Theory of Production. Drodrecht: D. Reidel.

Fukuyama H. 2000. Returns to scale and scale elasticity in data envelopment analysis. European Journal of Operational Research, 125(1): 93-112.

Fukuyama H. 2003. Scale characterizations in a DEA directional technology distance function framework. European Journal of Operational Research, 144(1): 108-127.

Ganley A, Cubbin J S. 1992. Public Sector Efficiency Measurement: Applications of Data Envelopment Analysis. Netherlands: Elsevier Science Publishers.

Gattoufi S, Oral M, Reisman A. 2004. A taxonomy for data envelopment analysis. Socio- Economic Planning Sciences, 38(2-3): 141-158.

Geisler E. 2000. The Metrics of Science and Technology. New York: Quorum Books.

Golany B, Yu G. 1997. Estimating returns to scale in DEA. European Journal of Operational Research, 103(1): 28-37.

Goldston D D. 2009. The climate to get things done. Nature ,458(7324): 21.

Gonzalez-Brambila C,Veloso F M. 2007. The determinants of research output and impact: a study of Mexican researchers. Research Policy,36(7): 1035-1051.

Green R H, Cook W, Doyle J. 1997. A note on the additive data envelopment analysis model. Journal of the Operational Research Society,48(4): 446-448.

Griliches Z. 1979. Issues in assessing the contribution of research and development to productivity growth. The Bell Journal of Economicsv,10(1): 92-116.

Halkos G E,Salamouris D S. 2004. Efficiency measurement of the Greek commercial banks with the use of financial ratios: a data envelopment analysis approach. Management Accounting Research,15(2): 201-224.

Hatami-Marbini A,Emrouznejad A,Tavana M. 2011. A taxonomy and review of the fuzzy data envelopment analysis literature: Two decades in the making. European Journal of Operational Research ,214(3): 457-472.

Ho W,Xu X,Dey P K. 2010. Multi-criteria decision making approaches for supplier evaluation and selection: a literature review. European Journal of Operational Research,202(1): 16-24.

Hsieh L F,Lin L H. 2010. A performance evaluation model for international tourist hotels in Taiwan-An application of the relational network DEA. International Journal of Hospitality Management,29: 14-24.

Hua Z S, Bian Y W. 2007. DEA with undesirable factors//Zhu J, Cook W D. Modeling Data Irregularities and Structural Complexities in Data Envelopment Analysis. Boston,MA: Springer US.

Huang W C, Chen C H. 2005. Using the Electre Ⅱ method to apply and analyze the differentiation theory. In Proceedings of the Eastern Asia Society for Transportation Studies,5: 2237-2249.

Huang Z,Li S X,Rousseau J J. 1997. Determining rates of changes in data envelopment analysis. Journal of the Operational Research Society,48(6): 591-593.

Hwang C L, Yoon K. 1981. Multiple Attribute Decision Making: Methods and Applications. Berlin, Heidelberg: Springer Berlin Heidelberg.

Jacquet-Lagreze E,Siskos J. 1982. Assessing a set of additive utility functions for multicriteria decision-making,the UTA method. European Journal of Operational Research,10(2): 151-164.

Jahanshahloo G R,Hosseinzadeh Lofti F,Moradi M. 2004. Sensitivity and stability analysis in DEA with interval data. Applied Mathematics and Computation,156(2): 463-477.

Jahanshahloo G R, Hosseinzadeh Lotfi F, Rostamy Malkhalifeh M, et al. 2009. A generalized model for data envelopment analysis with interval data. Applied Mathematical Modelling,33(7): 3237-3244.

Jahanshahloo G R,Soleimani-Damaneh M,Rostamy-Malkhalifeh M. 2005. An enhanced procedure for estimating returns-to-scale in DEA. Applied Mathematics and Computation,171(2): 1226-1238.

Junior H V. 2008. Multicriteria approach to data envelopment analysis. Pesquisa Operacional,28(2): 231-242.

Kao C,Hwang S N. 2008. Efficiency decomposition in two-stage data envelopment analysis: an application to non-life insurance companies in Taiwan. European Journal of Operational Research,185(1): 418-429.

Kao C. 2010. Congestion measurement and elimination under the framework of data envelopment analysis. International Journal of Production Economics,123(2): 257-265.

Kaplan R S, Norton D P. 1992. The Balanced Scorecard: measures that drive performance. Harvard Business Review,70 (1): 71-79.

Kaplan R S,Norton D P. 2001. The strategy-focused organization how balanced scorecard companies thrive in the new business environment. Boston: Harvard Business School Press.

Kaplan R S, Norton D P. 2004. Strategy Maps- Converting Intangible Assets into Tangible Outcomes. Boston: Harvard Business School Press.

Keeney R L,Gregory R S. 2005. Selecting attributes to measure the achievement of objectives. Operations Research, 53(1): 1-11.

Keeney R L,Raiffa H. 1976. Decisions with Multiple Objectives. New York: Wiley.

Kerstens K,Vanden Eeckaut P. 1999. Estimating returns to scale using nonparametric deterministic technologies: a new method based on goodness-of-fit. European Journal of Operational Research,113(1): 206-214.

Khodabakhshi M,Gholami Y,Kheirollahi H. 2010. An additive model approach for estimating returns to scale in imprecise data envelopment analysis. Applied Mathematical Modelling,34(5): 1247-1257.

Kim S, Park C, Park K. 1999. An application of data envelopment analysis in telephone offices evaluation with partial data. Computers & Operations Research,26(1): 59-72.

Koopmans T C. 1951. An Analysis of Production as an Efficient Combination of Activities//Koopmans T C. Activity Analysis of Production and Allocation. New York: Wiley.

Krivonozhko V E,Førsund F R,Lychev A V. 2012. Returns-to-scale properties in DEA models: the fundamental role of interior points. Journal of Productivity Analysis,38(2): 121-130.

Krivonozhko V E,Førsund F R,Lychev A V. 2014. Measurement of returns to scale using non-radial DEA models. European Journal of Operational Research,232(3): 664-670.

Kuosmanen T,Post T. 2002. Quadratic data envelopment analysis. Journal of the Operational Research Society,53: 1204-1214.

Land K C,Lovell C A K,Thore S. 1992. Productive efficiency under capitalism and state socialism: the chance-constrained programming approach. Public Finance = Finances Publiques,47: 109-121.

Land K C,Lovell C A K,Thore S. 1994. Productive efficiency under capitalism and state socialism: an empirical inquiry using chance-constrained data envelopment analysis. Technological Forecasting and Social Change, 46(2): 139-152.

Lane J . 2009. Assessing the impact of science funding. Science,324(5932): 1273-1275.

Lane J. 2010. Let's make science metrics more scientific. Nature,464(7288): 488-489.

Lane J,Bertuzzi S. 2011. Measuring the results of science investments. Science,331: 678-680.

Leibenstein H. 1966. Allocative efficiency vs. "X-efficiency" [1]. The American Economic Review,56(3):

392-415.

Leibenstein H. 1976. Beyond Economic Man: A New Foundation for Microeconomics. Cambridge (MA): Harvard University Press.

Levin S G, Stephan P E. 1991. Research productivity over the life cycle: evidence for academic scientists. American Economic Review, 81(1): 114-132.

Li X J, Wang G. 2009. A review study on two basic models of DEA. Journal of Xi'an University of Arts & Science (Natural Science Edition), 12(2): 67-71.

Liang L, Wu J, Cook W D, et al. 2008. The DEA game cross-efficiency model and its nash equilibrium. Operations Research, 56(5): 1278-1288.

Liu W B, Meng W, Li X X, et al. 2010. DEA models with undesirable inputs and outputs. Annals of Operations Research, 173(1): 177-194.

Liu W B, Sharp J, Wu Z M. 2006. Preference, production and performance in data envelopment analysis. Annals of Operations Research, 145(1): 105-127.

Liu W B, Zhang D Q, Meng W, et al. 2011. A study of DEA models without explicit inputs. Omega, 39(5): 472-480.

Löber G, Staat M. 2010. Integrating categorical variables in data envelopment analysis models: a simple solution technique. European Journal of Operational Research, 202(3): 810-818.

Lotka A J. 1926. Statistics: the frequency distribution of scientific productivity. Journal of the Washington Academy of Sciences, 16(12): 317-323.

Lovell C A K, Pastor J T. 1999. Radial DEA models without inputs or without outputs. European Journal of Operational Research, 118: 46-51.

Lozano S, Gutierrez E. 2009. Efficiency analysis and target setting of Spanish airports. Networks and Spatial Economics, 11(1): 139-157.

Luenberger D G. 1992. Benefit functions and duality. Journal of Mathematical Economics, 21(5): 461-481.

Luenberger D G. 1995. Microeconomic Theory. Boston: McGraw-Hill.

Lyall C, Bruce A, Firn J, et al. 2004. Assessing end-use relevance of public sector research organisations. Research Policy, 33(1): 73-87.

Malmquist S. 1953. Index numbers and indifference surfaces. Trabajos de Estadistica, 4(2): 209-242.

Manandhar R, Tang J C S. 2002. The evaluation of bank branch performance using data envelopment analysis: a framework. Journal of High Technology Management Research, 13(1): 1-17.

Martín J C, Román C. 2006. A benchmarking analysis of Spanish commercial airports. A comparison between SMOP and DEA ranking methods. Networks and Spatial Economics, 6(2): 111-134.

Meng W, Zhang D Q, Qi L, et al. 2008. Two-level DEA approaches in research evaluation. Omega, 36: 950-957.

Merton R K. 1957. Priorities in scientific discovery: a chapter in the sociology of science. American Sociological

Review,22(6): 635-659.

Merton R K. 1968. The Matthew effect in science. Science,159: 56-63.

Mervis J. 2009. Amid the gloom,researchers prepare for a boom in funding. Science,323(3): 1274-1276.

Meyer M W. 2002. Rethinking Performance Measurement: Beyond the Balanced Scorecard. Cambridge: Cambridge University Press.

Mingers J,Liu W,Meng W. 2009. Using SSM to structure the identification of inputs and outputs in DEA. Journal of the perational Research Society,60(2): 168-179.

Muñiz M,Paradi J,Ruggiero J,et al. 2006. Evaluating alternative DEA models used to control for non-discretionary inputs. Computers & Operations Research,33(5): 1173-1183.

Neralic L. 1998. Sensitivity in data envelopment analysis for arbitrary perturbations of data. Glasnik Matematicki, 32: 315-335.

Neralic L. 2004. Preservation of efficiency and inefficiency classification in data envelopment analysis. Mathematical Communications ,9: 51-62.

Olesen O B,Petersen N C. 1995. Chance constrained efficiency evaluation. Management Science,41(3): 442-457.

Panzar J C,Willig R D. 1977. Economies of scale in multi-output production. The Quarterly Journal of Economics, 91(3): 481-493.

Pareto V. 1906. Manual of Political Economy. 1971 translation of 1927 edition. New York: Augustus M. Kelley.

Paster J T,Ruiz J L,Sirvent I. 1999. An enhanced DEA Russell graph efficiency measure. European Journal of Operational Research,115: 596-607.

Pindyck R S,Rubinfeld D L. 2000. Microeconomics. 4th edition. Toronto: Prentice Hall.

Rayeni M M, Saljooghi F H. 2010. Network data envelopment analysis model for estimating efficiency and productivity in universities. Journal of Computer Science,6(11): 1252-1257.

Read L E, Thanassoulis E. 2000. Improving the identification of returns to scale in data envelopment analysis. Journal of Operational Research Society,51(1): 102-110.

Roll Y, Cook W D, Golany B. 1991. Controlling factor weights in data envelopment analysis. IIE Transactions, 23(1): 2-9.

Romer P. 1990. Endogenous technological change. Journal of Political Economy,98(5): S71-S102.

Roper S,Hewitt-Dundas N,Love J H. 2004. An ex ante evaluation framework for the regional benefits of publicly supported R&D projects. Research Policy,33: 487-509.

Rosen D, Schaffnit C, Paradi J C. 1998. Marginal rates and two- dimensional level curves in DEA. Journal of Productivity Analysis,9(3): 205-232.

Rousseau J J,Semple J H. 1995. Two-person ratio efficiency games. Management Science,41: 435-441.

Ruggiero J. 1996. On the measurement of technical efficiency in the public sector. European Journal of Operational Research,90: 553-565.

Ruggiero J. 1998. Non-discretionary inputs in data envelopment analysis. European Journal of Operational Research, 111: 461-469.

Ruggiero J. 2007. Non- discretionary inputs//Zhu J, Cook W D. Modeling Data Irregularities and Structural Complexities in Data Envelopment Analysis. New York: Springer Science Series (Chapter 5).

Ruiz-Torres A J, Lopez F J. 2004. Using the FDH formulation of DEA to evaluate a multi-criteria problem in parallel machine scheduling. Computers & Industrial Engineering, 47: 107-121.

Russell R. 1985. Measures of technical efficiency. Journal of Economic Theory, 35: 109-126.

Russell R. 1988. On the Axiomatic Approach to the Measurement of Technical Efficiency. Measurement in Economics//Eichhorn W. Measurement in Economics. Heidelberg: Physica.

Russell R. 1990. Continuity of Measures of Technical Efficiency. Journal of Economic Theory, 51: 255-267.

Saaty T L. 1980. The analytic hierarchy process: planning, priority setting, resource allocation. New York: McGraw-Hill International Book Company.

Saaty T L. 1986. Axiomatic foundation of the analytic hierarchy process. Management Science, 32(7): 841-855.

Sarrico C S, Dyson R G. 2004. Restricting virtual weights in data envelopment analysis. European Journal of Operational Research, 159: 17-34.

Schrijver A. 1986. Theory of linear and integer programming. Hoboken: John Wiley & Sons.

Seiford L M, Zhu J. 1998a. An acceptance system decision rule with data envelopment analysis. Computers and Operations Research, 25: 329-332.

Seiford L M, Zhu J. 1998b. On piecewise loglinear frontiers and log efficiency measures. Computers and Operations Research, 25(5): 389-395.

Seiford L M, Zhu J. 1999. An investigation of returns to scale in data envelopment analysis. Omega, 27: 1-11.

Seiford L M, Zhu J. 2002. Modeling undesirable factors in efficiency evaluation. European Journal of Operational Research, 142: 16-20.

Seiford L M, Zhu J. 2005. A response to comments on modeling undesirable factors in efficiency evaluation. European Journal of Operational Research, 161: 579-581.

Seitz W D. 1970. The measurement of efficiency relative to a frontier production function. American Journal of Agricultural Economics, 52: 505-511.

Sengupta J K. 1992a. A fuzzy systems approach in data envelopment analysis. Computers and Mathematics with Applications, 24(8-9): 259-266.

Sengupta J K. 1992b. Measuring efficiency by a fuzzy statistical approach. Fuzzy Sets and Systems, 46(1): 73-80.

Sexton T R, Silkman R H, Hogan A J. 1986. Data Envelopment Analysis: Critique and extensions. //Silkman R H. Measuring Efficiency: An Assessment of Data Envelopment Analysis. San Francisco, CA: Jossey-Bass.

Shephard R W. 1970. Theory of Cost and Production Functions. Princeton: Princeton University Press.

Soleimani-Damaneh M, Jahanshahloo G R, Mehrabian S, et al. 2010. Returns to scale and scale elasticity in the presence of weight restrictions and alternative solutions. Knowledge-Based Systems,23: 86-93.

Soleimani-Damaneh M, Jahanshahloo G R, Reshadi M. 2006. On the estimation of returns-to-scale in FDH models. European Journal of Operational Research,174(2): 1055-1059.

Stanford R E. 2004. A frontier analysis approach for benchmarking hospital performance in the treatment of acute myocardial infarction. Health Care Management Science,7(2): 145-154.

Starrett D A. 1977. Measuring returns to scale in the aggregate, and the scale effect of public goods. Econometrica, 45: 1439-1455.

Stephan P E, Levin S G. 1992. How Science is Done; Why Science is Done//Stephan P E, Levin S G. Striking the Mother Lode in Science: The Important of Age, Place, and Time. New York: Oxford University Press.

Stephan P E. 1992. The Economics of Science. Journal of Economic Literature, XXXIV(3): 1199-1235.

Stigler G J. 1976. The xistence of X-efficiency . The American Economic Review,66(1): 213-216.

Stoer J, Witzgall C. 1970. Convexity and Optimization in Finite Dimensions I. Berlin: Springer-Verlag.

Sueyoshi T, Goto M. 2011. Measurement of returns to scale and damages to scale for DEA-based operational and environmental assessment: how to manage desirable (good) and undesirable (bad) outputs? European Journal of Operational Research,211: 76-89.

Sueyoshi T, Sekitani K. 2005. Returns to scale in dynamic DEA . European Journal of Operational Research,161: 536-544.

Sueyoshi T, Sekitani K. 2007. Measurement of returns to scale using a non-radial DEA model: a range-adjusted measure approach. European Journal of Operational Research,176(3): 1918-1946.

Sueyoshi T, Sekitani K. 2009. DEA congestion and returns to scale under an occurrence of multiple optimal projections. European Journal of Operational Research,194: 592-607.

Sueyoshi T. 1990. A special algorithm for an additive model in data envelopment analysis. Journal of the Operational Research Society,41(3): 249-257.

Sueyoshi T. 1992. Comparisons and analyses of managerial efficiency and returns to scale of telecommunication enterprises by using DEA/WINDOW. Communications of the Operations Research Society of Japan, 37: 210-219.

Sueyoshi T. 1999. DEA duality on returns to scale (RTS) in production and cost analyses: an occurrence of multiple solutions and differences between production-based and cost-based RTS estimates. Management Science,45: 1593-1608.

Sun D B. 1988. Evaluation of managerial performance in large commercial banks by data envelopment analysis. Austin, Texas: The University of Texas, Graduate School of Business.

Sutton PP, Green R H. 2002. A data envelopment approach to decision analysis. Journal of the Operational Research Society,53(11): 1215-1224.

Syrjanen M J. 2004. Non-discretionary and discretionary factors and scale in data envelopment analysis. European

Journal of Operational Research, 158(1): 20-33.

Takamura Y, Tone K. 2003. A comparative site evaluation study for relocating Japanese government agencies out of Tokyo. Socio-Economic Planning Sciences, 37: 85-102.

Thanassoulis E, Boussofiane A, Dyson R G. 1996. A comparison of data envelopment analysis and ratio analysis as tools for performance assessment. Omega, 24: 229-244.

Thompson R G, Langemeier L N, Lee C T, et al. 1990. The role of multiplier bounds in efficiency analysis with application to Kansas farming. Journal of Econometrics, 46: 93-108.

Thompson R G, Singleton F D, Thrall R M, et al. 1986. Comparative site evaluation for locating a high-energy physics lab in Texas. Interfaces, 16: 1380-1395.

Thore S. 1987. Chance-constrained activity analysis. European Journal of Operational Research, 30: 267-269.

Tone K, Sahoo B K. 2003. Scale, indivisibilities and production function in data envelopment analysis. International Journal of Production Economics, 89: 165-195.

Tone K, Sahoo B K. 2004. Degree of scale economies and congestion: a unified DEA approach. European Journal of Operational Research, 158: 755-772.

Tone K, Tsutsui M. 2009. Network DEA: a slacks-based measure approach. European Journal of Operational Research, 197: 243-252.

Tone K. 1996. A Simple Characterization of Returns to Scale in DEA. Journal of the Operations Research Society of Japan, 39: 604-613.

Tone K. 2001a. A slack-based measure of efficiency in data envelopment analysis. European Journal of Operational Research, 130: 498-509.

Tone K. 2001b. On returns to scale under weight restrictions in data envelopment analysis. Journal of Productivity Analysis, 16(1): 31-47.

Tone K. 2002. A slacks-based measure of super-efficiency in data envelopment analysis. European Journal of Operational Research, 143: 32-41.

Tracy D L, Chen B. 2005. A generalized model for weight restrictions in data envelopment analysis. Journal of the Operational Research Society, 56(4): 390-396.

Tulkens H. 1993. On FDH efficiency analysis: Some methodological issues and applications to retail banking, courts and urban transit. Journal of Productivity Analysis, 4(1/2): 183-210.

vonWinterfeldt D, Edwards W. 1986. Decisional Analysis and Behavioral Research. New York: Cambridge University Press.

Wang Y M, Chin K S, Jiang P. 2011a. Weight determination in the cross-efficiency evaluation. Computers & Industrial Engineering, 61(3): 497-502.

Wang Y M, Chin K S, Luo Y. 2011b. Cross-efficiency evaluation based on ideal and anti-ideal decision making units. Expert Systems with Applications, 38(8): 10312-10319.

Wang Y M, Chin K S. 2011. The use of OWA operator weights for cross-efficiency aggregation. Omega, 39: 493-503.

Wang Y M, Luo Y. 2006. DEA efficiency assessment using ideal and anti-ideal decision making units. Applied Mathematics and Computation, 173: 902-915.

Wei Q L, Yan H. 2004. Congestion and returns to scale in data envelopment analysis. European Journal of Operational Research, 153: 641-660.

Wichsteed P H. 1894. An Essay on the coordination of the Laws of Distribution. 1932 edition. London: L. S. E.

Wilson P W. 1995. Detecting influential observations in data envelopment analysis. Journal of Productivity Analysis, 6(1): 27-45.

Wu D S. 2006. A note on DEA efficiency assessment using ideal point: an improvement of Wang and Luo's model. Applied Mathematics and Computation, 183: 819-830.

Yang G L, Rousseau R, Yang L Y, et al. 2014. A Study of Directional Returns to Scale. Journal of Informetrics, 8: 628-641.

Yang G L, Zhang D Q, Liu W B. 2012. Utility Theory and DEA Models without Explicit Input. Working paper.

Yang T, Kuo C. 2003. A hierarchical AHP/DEA methodology for the facilities layout design problem. European Journal of Operational Research, 147: 128-136.

Zadeh L A. 1965. Fuzzy sets. Information and Control, 8: 338-353.

Zadeh L A. 1975. The concept of a linguistic variable and its application to approximate reasoning—I. Information Sciences, 8(3): 199-249.

Zadeh L A. 1978. Fuzzy sets as a basis for a theory of possibility. Fuzzy Sets and Systems, 1: 3-28.

Zarepisheh M, Khorram E, Jahanshahloo G R. 2010. Returns to scale in multiplicative models in data envelopment analysis. Annals of Operations Research, 173(1): 195-206.

Zeleny M. 1982. Multiple Criteria Decision Making. New York: McGraw-Hill.

Zhang D Q, Li X X, Meng W, et al. 2009. Measure the performance of nations at Olympic Games using DEA models with different preferences. Journal of the Operational Research Society, 60: 983-990.

Zhu J, Shen Z H. 1995. A discussion of testing DMUs' returns to scale. European Journal of Operational Research, 81: 590-596.

Zhu J. 1996. Data envelopment analysis with preference structure. Journal of the Operational Research Society, 47(1): 136-150.

Zhu J. 1998. Data envelopment analysis vs. principal component analysis: an illustrative study of economic performance of Chinese cities. European Journal of Operational Research, 111: 50-61.

Zhu J. 2001. Super-efficiency and DEA sensitivity analysis. European Journal of Operational Research, 129(2): 443-455.

Zieschang K O. 1984. An extended Farrell technical efficiency measure. Journal of Economic Theory, 33(2): 387-396.